Arbeit - Arbeitslosigkeit - Erwachsenenbildung

Zur Kritik der Arbeitslosenbildung aus erziehungswissenschaftlicher Sicht

STUDIEN ZUR ERWACHSENENBILDUNG

Herausgegeben von
Klaus Harney und Dieter H. Jütting

Band 6

PETER LANG
Frankfurt am Main · Bern · New York · Paris

Maria Icking

Arbeit – Arbeitslosigkeit – Erwachsenenbildung

Zur Kritik der Arbeitslosenbildung aus erziehungswissenschaftlicher Sicht

PETER LANG 1990
Frankfurt am Main · Bern · New York · Paris

CIP-Titelaufnahme der Deutschen Bibliothek

Icking, Maria:

Arbeit - Arbeitslosigkeit - Erwachsenenbildung : zur Kritik der Arbeitslosenbildung aus erziehungswissenschaftlicher Sicht / Maria Icking. - Frankfurt am Main ; Bern ; New York ; Paris : Lang, 1990
(Studien zur Erwachsenenbildung ; Bd. 6)
Zugl.: Paderborn, Univ., Diss., 1989
ISBN 3-631-42626-7

NE: GT

D 466
ISSN 0177-378X
ISBN 3-631-42626-7

Printed in Germany 1 2 3 5 6 7

"Mama, mußt Du jetzt nie mehr arbeiten?"

Manuel, 5 Jahre,
nach Fertigstellung
der vorliegenden Arbeit

Inhalt

0. Einleitung

Arbeitslosigkeit ist ein individuelles und gesellschaftliches, sicherlich auch ein gesellschaftspolitisches Problem; warum und wozu sie zu einem Bildungsproblem wird, ist nicht unmittelbar einsichtig. Es geht in dieser Arbeit um das prekäre Verhältnis von Erwachsenenbildung und Arbeitslosigkeit, das aus erziehungswissenschaftlicher Sicht, d.h. aus der Sicht der Wissenschaft von der Erwachsenenbildung, einer Begründung und Beurteilung bedarf.

Dabei sind von den Akteuren der Arbeitsmarkt- und Sozialpolitik längst Fakten geschaffen worden. Allein die Bundesanstalt für Arbeit förderte 1987 die berufliche Weiterbildung mit 2,8 Milliarden DM[1], gemessen an den Ausgaben für 1986 und 1985 mit jeweils jährlichen Steigerungsraten von ca. 30 %; 64 % (über 380.000 Personen) der geförderten Teilnehmer waren 1987 vor Beginn der Weiterbildung arbeitslos gemeldet. Nach Auffassung der Arbeitsmarktpolitik wie im Bewußtsein der überwiegenden Zahl der arbeitslosen Teilnehmer ist die Weiterbildung dabei kein mehr oder weniger sinnvoller Zeitvertreib während der Zeit der Arbeitslosigkeit, sondern eine arbeitsmarktbezogene Investition, von der verbesserte Reintegrationschancen in Beschäftigungsverhältnisse erwartet werden.

Die berufsbezogene Weiterbildung für Arbeitslose wird von der Bundesanstalt nicht selbst durchgeführt, sondern sie greift dabei auf Angebote der Einrichtungen der Weiterbildung zurück bzw. beauftragt entsprechende Einrichtungen mit der Durchführung von sog. Maßnahmen für Arbeitslose. Trotz des Umfangs, den diese Weiterbildung mittlerweile erreicht hat, ist im einzelnen wenig bekannt, wer sie durchführt, welche inhaltlichen und methodischen Schwerpunkte gesetzt werden und von welcher pädagogischen Qualität die Angebote sind. Dies ist nicht zuletzt Folge der weitgehend fehlenden empirischen Forschung in diesem Bereich, was wiederum damit zusammenhängen mag, daß dieses Thema wie die Arbeitslosigkeit allgemein trotz ihres Umfangs und ihrer Verfestigung als Dauerarbeitslosigkeit nur noch wenig öffentliches Interesse weckt. Vorliegende Einzeluntersuchungen

1 ohne Leistungen zur Unterhaltssicherung der Teilnehmer

bzw. zusammenfassende Darstellungen beziehen sich entweder auf die berufliche Weiterbildung allgemein (Faulstich 1981, Pflüger 1983, Voigt 1986), auf einzelne Trägerbereiche (Sauter/Fink 1980, Kehnen u.a. 1979), oder die Daten sind bereits veraltet (Sauter u.a. 1984).

Auch im Hinblick auf theoretische Grundlagenforschung mangelt es zwar nicht an grundsätzlichen Überlegungen (vgl. Brödel 1983, Faulstich 1985, Voigt 1985, Ebert u.a. 1986a), wohl aber an ausgearbeiteten erwachsenenbildungsspezifischen Begründungen und Konzepten für die Bildungsarbeit mit Arbeitslosen, die über eine Kritik an den arbeitsmarkt- und sozialpolitischen Begründungen dieser Weiterbildung hinausgehen.

Vor diesem Hintergrund beabsichtigt die vorliegende Arbeit, das Verhältnis von Erwachsenenbildung und Arbeitslosigkeit auf zwei Ebenen zu untersuchen. Auf der ersten Ebene werden die für diesen Zusammenhang zentralen Kategorien "Arbeit" und "Bildung" entwickelt, um diese dann in einem didaktischen Konzept zu bündeln, das als berufsbezogenes Weiterbildungskonzept über eine kurzfristige Anpassungsqualifizierung an einen für große Gruppen der Arbeitslosen sowieso nicht mehr existierenden Arbeitsmarkt hinausweisen soll. Die zweite Untersuchungsebene ist die Analyse der Praxis berufsbezogener Weiterbildung für Arbeitslose. Auf der Grundlage von aktuellen statistischen Daten und neueren, zum größten Teil unveröffentlichten oder schwer zugänglichen Materialien verschiedener Einrichtungen und Trägerverbände soll hier sowohl ein Überblick gegeben werden über Umfang und Schwerpunkte der Arbeitslosenweiterbildung wie auch vor dem Hintergrund des entwickelten didaktischen Konzepts eine Beurteilung dieser Praxis versucht werden, soweit dies mit den verfügbaren Daten möglich ist.

Die herrschende Arbeitslosigkeit ist das Ergebnis eines krisenhaften Strukturwandels der Arbeitsgesellschaft. Mit der Diskussion über den Wandel der Arbeitsgesellschaft ist auch der Arbeitsbegriff in die Diskussion geraten. Der historische Entwicklungsprozeß hat gezeigt, wie sich mit der industriell-kapitalistischen Gesellschaft die lohnabhängige Erwerbsarbeit als herrschende Arbeitsform entwickelt hat und andere Arbeitsformen, vor allem die unbezahlte Haus- und Familienarbeit von Frauen, zwar nicht überflüssig, aber gesellschaftlich marginalisiert wurden. Andererseits ist die Erwerbsarbeit als Arbeitsform nicht mehr auf den Bereich der materiellen Produktion begrenzt, sondern hat vor allem als personenbezogene Dienstleistungsarbeit die symbolische Reproduktion der Gesellschaft längst erreicht. Spätestens da wird deutlich, wie wenig der Arbeitsbegriff noch als technisch-instrumentelles Handeln zu fassen ist. Weder die Bestimmung von Arbeit als lohnabhängige Erwerbsarbeit, die dadurch charakterisiert ist, daß Arbeitskraft - im Prinzip gleichgültig gegenüber Zwecken und Zielen - gegen Einkommen auf Märkten getauscht wird, noch eine emphatische Begriffsbestimmung als Tätigkeit oder Praxis, in der Arbeit von anderen menschlichen Lebensäußerungen tendenziell nicht mehr unterscheidbar ist, kann Arbeit heute zureichend erklären.

In der Theorie des kommunikativen Handelns bei Habermas wurde das begriffliche Instrumentarium gefunden, Arbeit als soziales Handeln zu fassen, bei dem Zwecktätigkeit mit sozialer Handlungskoordination unmittelbar verknüpft ist, wobei die Handlungskoordination verständigungsorientiert oder strategisch sein kann. Diese Begriffsbestimmung ermöglicht sowohl eine Kritik an den repressiven Sozialformen kapitalistischer Arbeit wie den Bezug zu lebensweltlich verankerten Arbeitsformen mit kommunikativen Rationalitätsbezügen. Auch Perspektiven im Hinblick auf eine Überwindung der Arbeitslosigkeit können nicht länger alleine auf das System lohnabhängiger Erwerbsarbeit bezogen werden. Vollbeschäftigung nach altem Muster ist auf absehbare Zeit weder realistisch noch wünschbar, nicht zuletzt in Anbetracht der ökologischen Folgen industriell-kapitalistischer Arbeit. Es geht vielmehr um ein neues Verteilungsmuster zwischen formeller und informeller Arbeit mit qualitativen Veränderungen auf beiden Seiten. Dieser Zusammenhang wird im **ersten Kapitel** der Arbeit entwickelt.

Die Diskussion des Bildungsbegriffs und seine Konsequenzen für die Erwachsenenbildung ist Problemgegenstand des **zweiten Kapitels**. Einem kommunikationstheoretisch reformulierten Arbeitsbegriff, der Arbeit aus dem Dualismus von romantisch verklärter autonomer Tätigkeit und instrumentellem Handeln löst, entspricht auf der anderen Seite ein Bildungsbegriff, der sich ebenfalls weder an einem emphatischen Subjektbegriff noch an einem Verständnis von Bildung als Qualifikation von Arbeitskraft orientiert. Auch Bildung ist letztlich eine soziale Kategorie, wohl wissend, daß nur Individuen lernen können, der

Sinn von Bildung aber nicht in der Entfaltung autonomer Subjektivität liegt, sondern in der Intersubjektivität von Lebenspraxis verortet ist. Lebensweltbezogene und verständigungsorientierte Ansätze in der Erwachsenenbildungstheorie gehen grundsätzlich von einem solchen Bildungsverständnis aus, d.h. sie fundieren Erwachsenenbildung in den konkreten Handlungsvollzügen lebensweltlicher Praxis. Eine Kritik dieser Ansätze scheint da notwendig, wo sie Gefahr laufen, die Realität ursprünglicher Sozialität in den Lehr-Lernsituationen der Erwachsenenbildung theoretisch nicht ausreichend zu berücksichtigen und aus diesem Grund tendenziell die Möglichkeiten reflektierender und deutender Bewußtseinsleistungen überschätzt und die Grenzen der Verständigung etwa zwischen Menschen aus unterschiedlichen gruppen- und kulturspezifisch ausgeformten Lebenszusammenhängen unterschätzt werden.
In der Bildungsarbeit mit Arbeitslosen ist Erwachsenenbildung mit dem gesellschaftlichen Problem Arbeitslosigkeit wie mit dem lebenspraktischen Problem der davon betroffenen arbeitslosen Adressaten und Teilnehmer konfrontiert. Sie kann dieses Problem bildungsökonomisch aus der Sicht des Arbeitsmarkts betrachten und mit entsprechenden Qualifizierungsstrategien reagieren, die allerdings wegen der globalen und gruppenbezogenen Ungleichgewichte am Arbeitsmarkt zunehmend in eine Legitimationskrise geraten sind. Ein lebensweltlich fundiertes Verständnis von Erwachsenenbildung versteht dagegen Arbeitslosigkeit aus einem Gesamtlebenszusammenhang, in dem Arbeitslosigkeit als lebensbiographisches Ereignis verarbeitet werden muß. In einem solchen Ansatz ist ein arbeits- und berufsbezogenes Bildungsprogramm nicht von Deutungs- und Verständigungsprozessen im Hinblick auf die persönliche Bewältigung des Problems getrennt.
Das **dritte Kapitel** bündelt die vorangegangenen theoretischen Überlegungen in einem didaktischen Konzept arbeitsorientierter Erwachsenenbildung[1], das prinzipiell nicht auf die Zielgruppe der Arbeitslosen beschränkt ist. Im Hinblick auf die Umsetzung dieses Konzepts in der Arbeitslosenbildungsarbeit ist allerdings zu fragen, auf

---

1 Wenn im folgenden nicht der Begriff arbeitsorientierte Erwachsenenbildung, sondern die Formulierung berufsbezogene Weiterbildung gewählt wird, dann deshalb, weil dieser Begriff im allgemeinen Sprachgebrauch für diesen Teilbereich der Erwachsenenbildung verwendet wird, und es soll damit der Anspruch bekräftigt werden, daß das hier formulierte didaktische Konzept genau für diesen Bereich der auf Arbeit und Beruf bezogenen Bildung gelten soll.

welche spezifischen Bedingungen didaktisches Handeln auf den jeweiligen Handlungs- und Entscheidungsebenen trifft. Vor allem sind hier die durch das Arbeitsförderungsgesetz gesetzten Einschränkungen und die spezifischen Trägerinteressen eines pluralistischen Erwachsenenbildungssystems relevant.

Wenn das didaktische Konzept einer berufsbezogenen Weiterbildung für Arbeitslose auf den entsprechend begrifflich entwickelten Kategorien "Arbeit" und "Bildung" fußen soll, dann muß dieses Konzept sich umfassend und kritisch auf gesellschaftliche Arbeit beziehen, die über die berufsförmige und lohnabhängige Erwerbsarbeit hinausgeht, und dieses Konzept muß neben der Vermittlung der für die zweckgerichteten Arbeitsprozesse notwendigen fachlichen Kenntnisse und Fähigkeiten auch die Vermittlung sozialer und kommunikativer Kompetenzen enthalten, die sich antizipatorisch auf die Gestaltung bzw. Neugestaltung der Strukturen gesellschaftlicher Arbeit beziehen. Unter einem Bildungsanspruch kann das didaktische Konzept nicht bei einer sozialpädagogischen Hilfe bei der Bewältigung der durch Arbeitslosigkeit ausgelösten lebensweltlichen Problemlagen stehenbleiben, sondern ist darauf angelegt, daß die Teilnehmer entsprechender Bildungsangebote vor dem Hintergrund ihrer lebensbiographischen Situation und ihres lebensweltlichen Zusammenhangs individuelle und gesellschaftliche Veränderungsmöglichkeiten entdecken und neue lebenspraktische Entwürfe entfalten können. Ein Bildungsbegriff allerdings, der Bildung nicht als individuale Kategorie zur Entfaltung subjektiver Potentialität faßt, sondern Bildung als soziale Kategorie in der Intersubjektivität mitmenschlichen Zusammenlebens verortet, das zu verbessern Ziel von Bildung sein sollte, hat Konsequenzen für die methodisch-didaktische Gestaltung von Weiterbildung. Wichtige Inhalte und Ziele arbeits- und erfahrungsorientierter Lernprozesse lassen sich nur als Gruppenlernprozesse realisieren, die die Möglichkeit von Selbstorganisation und Kooperation, von Argumentation und Verständigung nicht nur theoretisch vermitteln, sondern praktisch erfahrbar machen. Diese Überlegungen sollen in der Formulierung didaktischer Leitprinzipien zusammengefaßt werden.

In der Praxis der berufsbezogenen Weiterbildung für Arbeitslose - so die These dieser Arbeit - haben solche eigenständigen, aus erziehungswissenschaftlicher Sicht formulierten Begründungen im Vergleich zu arbeitsmarktpolitischen und sozialpolitischen Begründungen keine wesentliche Bedeutung. Bevor unter diesem Blickwinkel die Praxis dieser Weiterbildung im **vierten Kapitel** genauer untersucht wird, ist zu fragen, ob die Ergebnisse soziologischer Untersuchungen der Arbeitslosigkeit überhaupt einen relevanten Zusammenhang zwischen Ursachen der Arbeitslosigkeit und den vorhandenen Qualifikationsprofilen derjenigen, die arbeitslos sind, herstellen. In gleicher Weise besteht die Frage an die eher sozialpsychologisch ausgerichtete Arbeitslosenforschung, wie sich die durch Arbeitslosigkeit ausgelösten individuellen Problemlagen darstellen und ob sie durch die spezifischen Interventionsstrategien der Erwachsenenbildung zu bearbeiten sind. Die Analyse der Bildungsarbeit beinhaltet einmal eine eher beschreibende Darstellung des Umfangs und der Schwerpunkte der Bildungsarbeit nach einzelnen Trägergruppen und zum zweiten den Versuch einer Bewertung und Beurteilung dieser Praxis vor dem Hintergrund des verfügbaren Materials und nach den Kriterien der didaktischen Leitprinzipien.

1. Arbeit und Arbeitslosigkeit im entwickelten Kapitalismus

Arbeitslosigkeit ist als gesellschaftliches Problem im heutigen Sinne ein vergleichsweise junges Phänomen. Arbeitslosigkeit konnte erst als Problem erscheinen, als im Zuge gesellschaftlicher Entwicklung die kapitalistische Lohnarbeit sowohl sozialstrukturell wie im Bewußtsein der Menschen zur dominierenden Arbeitsform wurde. Erst die kapitalistische Lohnarbeit produziert jenen Typus von Arbeitslosigkeit (im Unterschied zu sonstigen Formen von Nicht-Arbeit), der dadurch gekennzeichnet ist, daß Menschen, die über keine Produktionsmittel zur Sicherung des Lebensunterhalts mehr verfügen und die von Lohnarbeit existentiell abhängig sind, im Fall des Verlustes der Arbeit auf Armenfürsorge, später auf kollektive oder staatliche Unterstützung als Ersatz für Lohn angewiesen sind. "Jenseits der moralischen Ächtung der Nicht-Arbeit erschien sie (die Arbeitslosigkeit, M.I.) als eine 'erzwungene, zeitweilige Erwerbslosigkeit', die nicht allein auf 'moralische Mängel' reduziert werden konnte, sondern subjektunabhängige Ursachen hatte" (Bonß/Heinze 1984,12).[1]

Arbeitslosigkeit ist als Erwerbslosigkeit begrifflich an die kapitalistische Lohn- und Erwerbsarbeit gebunden. Aber Lohnarbeit ist - obgleich dominierend - keineswegs die einzige Arbeitsform in entwickelten kapitalistischen Gesellschaften und auch selbst als Begriff nicht mehr aussagekräftig genug, die Vielfältigkeit der Lohnarbeitsverhältnisse und Lohnarbeitsbedingungen zu fassen (vgl. Offe 1984a,23).

Erst vor dem Hintergrund der komplexen Struktur der modernen Arbeitsgesellschaften und einer kritischen Bewertung ihres Strukturwandels läßt sich Arbeitslosigkeit als individuelles und gesellschaftliches Problem zureichend bestimmen und lassen sich Perspektiven für Lösungen formulieren.

---

1 Die moralische Ächtung der Nicht-Arbeit ist Voraussetzung wie Ergebnis der Durchsetzung der Vergesellschaftung über (Lohn)-Arbeit.

1.1 Zur historischen Entwicklung von Arbeit und Arbeitsformen

Um moderne Gesellschaften zu charakterisieren, benutzt Habermas die zwei analytisch zu trennenden Ordnungsbegriffe "Lebenswelt" und "System" (vgl. Habermas 1986b, 379). Je nach Betrachtung stellt sich die Gesellschaft dar als Lebenswelt, die über Mechanismen der Verständigung und des kommunikativen Handels sozial integriert ist, oder als System, in dem systemintegrierende Mechanismen über spezifische Steuerungsmedien funktionieren. Die zugehörigen Rationalitätsformen sind auf der einen Seite die kommunikative Rationalität und auf der anderen Seite eine funktionalistische Systemrationalität.

Habermas' zentrale Idee ist dabei, daß sich im Zuge der gesellschaftlichen Entwicklung zwei gegenläufige Prozesse zeigen, bei der einerseits eine sich ausdifferenzierende Lebenswelt wachsende kommunikative Rationalität entbindet, andererseits der gesellschaftliche Rationalisierungsprozeß sich in der Bildung verselbständigter Subsysteme mit einem Anwachsen funktionalistischer Vernunft zeigt (vgl. Berger 1986a,259).

Ich will im folgenden versuchen, anhand von Habermas' Beschreibung der Entwicklungsprozesse moderner Gesellschaften die Entwicklung von Arbeit und Arbeitsformen so zu beschreiben, daß daran die Vielfältigkeit von Arbeitsformen mit ihren unterschiedlichen Rationalitätsbezügen deutlich wird.

In archaischen Stammesgesellschaften sind Lebenswelt und System noch nicht getrennt bzw. ist Gesellschaft als Lebenswelt noch empirisch zu fassen. Die Sozialstruktur ist gekennzeichnet durch ein Verwandtschaftssystem von Familien, wo mythische Weltbilder als kulturelle Deutungsmuster in hohem Maße mit subjektiven Relevanzstrukturen korrespondieren und mit alltäglichen Handlungsroutinen verbunden sind (vgl. Habermas 1981,II,233ff).

"In archaischen Gesellschaften ist Arbeit als von anderen unterschiedene gesellschaftliche Tatsache kaum faßbar; eine Trennung zwischen Arbeit und Nicht-Arbeit bildet keine reale Erfahrung. Die verschiedenen Tätigkeiten, die sich alle auf die unmittelbare Existenzsicherung beziehen, sind voll in die Verwandtschaftsgruppen eingeschlossen. Rudimentäre Formen der Arbeitsteilung innerhalb der Familie, die an natürliche Unterschiede zwischen Menschen (Geschlecht, Alter, Kraft,

Intelligenz) anknüpfen, sind zwar weitverbreitete, wenn nicht universelle Erscheinungen; sie begründen aber noch keine spezialisierten 'Rollen'" (Luckmann/Sprondel 1972,12; vgl. auch Beck/Brater 1978,78).
Erste Ansätze zu Differenzierungen ergeben sich aus Tauschhandlungen, die aber noch nicht ökonomisch begründet sind, sondern aus exogamen Heiratsregeln, die Beziehungen zwischen den Verwandtschaftsgruppen notwendig machen, entstehen. Eine weitere Ebene der Differenzierung entsteht, wenn sich auf besonderes Ansehen und Prestige begründete Hierarchisierungen von Abstammungsgruppen bilden, wo dominierende Familien bevorrechtigt Leitungs- und Organisationsfunktionen übernehmen.
Aber sowohl die Tauschvorgänge als auch erste Machtbildungen bleiben normativ gebunden und Teil der sozial integrierten Stammesgesellschaften (vgl. Habermas 1981, II,240). Sobald sich die Machtstrukturen aus dem Verwandtschaftssystem herauslösen und sich auf einer neuen Ebene politische Macht mit eigener Legitimation durch Amtsautorität und Verfügung über richterliche Sanktionsmittel konstituiert, entsteht als neue Institution der Staat. "Erst entwickelte Hochkulturen erreichen den Stand sozialer Differenzierung, bei dem sinnvoll von Frühformen des Berufs die Rede sein kann. In ihnen ist Arbeit mit bestimmter wirtschaftlicher Funktion als langfristig spezialisierte Tätigkeit aus der Verwandtschaftsgruppe ausgegliedert; und andererseits ist für einen kleinen Teil der Bevölkerung die Entlastung von Arbeit ein gesellschaftlich systematisches Privileg. Neben die Institutionen der Familie, der Herrschaft und der Religion tritt die Berufsstruktur, die zunehmend zum gesellschaftlichen Kernbereich fortschreitender sozialer Differenzierung wird" (Luckmann/Sprondel 1972,13). Die gesellschaftliche Arbeitsteilung zwischen den Berufsständen und Statusgruppen führt aber zunächst noch nicht zu Binnendifferenzierungen der Stände, Basis der Arbeitsteilung bleibt die ständische Gruppe, nicht das einzelne Individuum (vgl. Beck/Brater 1978,80).
Die dominante Wirtschaftsform des Mittelalters bis zur frühen Neuzeit ist die "große Haushaltsfamilie". Das "ganze Haus" ist Produktions- und Reproduktionsstätte für alle Familienmitglieder und Hausangehörigen, Arbeits- und Lebensbereiche sind noch nicht getrennt. Zwar sind die Geschlechtsrollen fest verteilt, aber wegen des engen Zusammenhangs zwischen gesellschaftlicher Produktion und Hauswirtschaft ist die

Hausarbeit der Frau sozial nicht weniger hoch bewertet wie die Produktionsarbeit des Mannes (vgl. Erd-Küchler 1981,9f).
Eine weitere Differenzierung der Gesellschaft ist dann erreicht, wenn nicht mehr nur der Staat als Ganzes die kollektive Handlungsfähigkeit der Gesellschaft verkörpert, sondern sich selbständige Subsysteme formieren. "Das kapitalistische Wirtschaftssystem markiert den Durchbruch zu dieser Ebene der Systemdifferenzierung; es verdankt seine Entstehung einem neuen Mechanismus, dem Steuerungsmedium Geld. Dieses Medium ist auf die vom Staat abgegebene Funktion des Wirtschaftens spezialisiert und bildet die Grundlage für ein normativen Kontexten entwachsenes Subsystem" (Habermas 1981,II,255). Zwar existieren auch in vorkapitalistischen Gesellschaften Märkte und Güterverkehr, aber erst im Kapitalismus gewinnt das über Geld funktionierende Tauschprinzip seine universale Bedeutung. Der Kapitalismus verwandelt nicht nur Güter von Gebrauchswerten in Tauschwerte, sondern greift als monetär gesteuertes Subsystem auch auf die nicht-ökonomische Umgebung (private Haushalte und Staat) über (vgl. Habermas 1981,II,256). Nicht nur Güter, sondern auch Arbeitskraft, Boden und sogar Geld selbst werden zu Waren und über spezielle Märkte getauscht, obwohl letztere nicht wie Güter und Dienstleistungen für den Tausch produziert werden, somit als Waren fiktiv bleiben (vgl. Polanyi 1944/1978,102ff).
An dieser Fiktion der Ware Arbeitskraft setzte auch Marx seine Analyse der kapitalistischen Klassenverhältnisse an. Habermas hebt an Marx' Ansatz positiv heraus, daß er in der Lage ist, die Zusammenhänge des ökonomischen Systems und der Lebenswelt der lebendigen Arbeit begrifflich zu fassen. "Arbeitskraft wird einerseits in konkreten Handlungen und Kooperationszusammenhängen verausgabt, andererseits als abstrakte Leistung für einen unter Verwertungsgesichtspunkten formal organisierten Arbeitsprozeß vereinnahmt. Insofern bildet die vom Produzenten veräußerte Arbeitskraft eine Kategorie, in der die Imperative der Systemintegration mit denen der Sozialintegration zusammentreffen: als Handlung gehört sie der Lebenswelt des Produzenten, als Leistung dem Funktionszusammenhang des kapitalistischen Betriebes und des Wirtschaftssystems im ganzen an" (Habermas 1981,II,493). Obwohl das Lohnarbeitsverhältnis unter Systemimperativen die Arbeitskraft monetarisiert und zu einer Leistungsgröße macht, bleibt sie

von allen anderen Waren unterschieden, weil sie "1. nicht zum Zwecke der Verkäuflichkeit entsteht, 2. nicht von ihrem Eigentümer zu trennen ist und 3. nur durch ihren Eigentümer in Bewegung gesetzt werden kann" (Offe 1979,315).
Die kapitalistische Industrialisierung "schafft die Zerlegung ehemals einheitlicher Produktionsprozesse in Teilarbeiten und bindet diese an den Rhythmus von Produktionsmaschinen. Rentabilitäts- und Rationalisierungsmaßnahmen haben für die berufliche Arbeit das Auseinandertreten von Planungs- und Leitungsfunktionen einerseits und Ausführungsfunktionen andererseits sowie die endgültige Trennung der Arbeiter von den Produktionsmitteln als Dauererscheinung zur Konsequenz. Arbeit als Lohnarbeit ist für die überwiegende Mehrzahl der Berufstätigen die Regel" (Luckmann/Sprondel 1972,15; vgl. auch Bravermann 1985). Das industriell-kapitalistische Wirtschaftssystem trennt nun auch die betriebliche, über den Markt gegen Einkommen getauschte arbeitsteilige, in den Anfängen zumindest auf Warenproduktion beschränkte Berufsarbeit von der weiterhin lebensweltlich verankerten unbezahlten Dienstleistungsarbeit im Haushalt, die überwiegend von Frauen - oft zusätzlich zur Fabrikarbeit - geleistet wird. Verbunden bleiben die Bereiche über die Funktion, die die familiäre Hausarbeit für die Produktion und Reproduktion der Arbeitskraft erbringt, deren Verkauf wiederum umgekehrt die materielle Basis für die Existenz von Familie und Haushalt bildet (vgl. Ostner/Willms 1983; Ostner 1986).
Verbunden war dieser Entwicklungsprozeß mit einem Jahrhunderte dauernden kulturellen Umbau in der Bedeutung und Rolle der Arbeit für die Menschen. Oft genug durch Zwang und Gewalt unterstützt, lernten die Menschen, den (Lohn)-Arbeitszwang zu verinnerlichen, die Nicht-Arbeit moralisch zu ächten und die (Berufs)-Arbeit religiös und ethisch zu überhöhen (vgl. Negt 1984,41ff).[1]
Im weiteren Ausdifferenzierungsprozeß der nun immer mehr im monetär gesteuerten Subsystem Ökonomie institutionalisierten materiellen Produktion entwickelt sich ein neuer Typus von Arbeit, die Dienstleistungsarbeit. Mit der quantitativen und qualitativen Ausdehnung der Produktion werden im Betrieb technische und kaufmännische Aufgaben,

1 In der Gleichsetzung arbeitslos = arbeitsscheu wider alle Fakten wirkt dieser Zusammenhang auch heute noch unterschwellig nach.

aber auch die Überwachung und Kontrolle der Einhaltung von Arbeitsnormen nicht mehr vom Eigentümer allein, sondern in gesonderten Arbeitsrollen von mehr oder weniger privilegierten Angestellten ausgeführt.

Daneben existiert kommerzielle Dienstleistungsarbeit, die wie im Handel, bei Banken, in Reparaturbetrieben zwar auf die Warenproduktion bezogen ist, aber als Ware selbst auf dem Markt auftritt und an dessen Ertragskriterien gebunden ist.

Die Dienstleistungsarbeit im staatlich-öffentlichen Bereich ist zwar auch über Geld (im öffentlichen Haushalt) an das ökonomische System gebunden, unterliegt aber nicht in gleicher Weise den dort herrschenden Kosten- und Ertragsgesichtspunkten. Gemeint sind hier solche Dienstleistungen, die aus Gründen mangelnder Rentabilität nicht vom privaten Sektor ausgeführt werden, andererseits aber unter Kriterien der Erhaltung von System- und Sozialintegration unverzichtbar sind.[1]

Offe (1984b) versucht trotz der ausgeprägten Inhomogenität der Dienstleistungsarbeit (hinsichtlich Organisation, Status, Arbeitsinhalte etc.), gemeinsame Merkmale dieser Arbeit in nicht bloß negativ abgrenzender Form zu beschreiben. Seiner Begriffsbildung "liegt die Vorstellung zugrunde, daß es sich bei Dienstleistungen um Tätigkeiten handelt, die auf die Gewährleistung gesellschaftlicher 'Normalzustände' bezogen sind, wobei das Problem dieser Gewährleistung sich darstellt als das des Schutzes und der Bewahrung der ausdifferenzierten Elemente der Sozialstruktur und der Vermittlung zwischen ihnen" (Offe 1984b,295).

Kennzeichen der Dienstleistungsarbeit ist die Notwendigkeit, jeweils zwischen allgemeinen Regeln und Ordnungsvorstellungen, die der Arbeit zugrundeliegen, und den spezifischen Besonderheiten des einzelnen Falls bzw. der Arbeitsaufgabe zu vermitteln, so daß geradezu die Vermittlungs-, Anpassungs- und Koordinationsleistung als spezifisches Leistungsziel von Dienstleistungsarbeit bezeichnet werden kann. Das setzt auf der Ebene der handelnden Personen voraus, daß in der Arbeit genügend Dispositions- und Interpretationsspielräume offengehalten werden müssen, die dann dort "unter Rückgriff auf normative Orientie-

---

1 vgl. zur internen Gliederung des Dienstleistungssektors Berger/Offe 1984,244ff)

rungen, Erfahrungen, professionelle Ethik und spezifische Interaktionskompetenzen" genutzt werden können (ebd., 297).
Sobald Dienstleistungsarbeit als kontraktuelle Erwerbsarbeit im Dienst einer verfaßten Organisation verrichtet wird, tritt ein weiteres Spannungsverhältnis hinzu. Dann kollidieren die Rationalitätskriterien der Lohnarbeit wie Effizienz, Kontrolle und Schematisierung mit den aus der Aufgabe resultierenden Anforderungen an Autonomie und Flexibilität. Dienstleistungsarbeit nimmt sich "als ein vom Regime formaler ökonomischer Erwerbsrationalität zwar keineswegs 'emanzipierter', aber doch nur äußerlich begrenzter, nicht innerlich strukturierter, wenn auch gewiß funktional unerläßlicher 'Fremdkörper' aus" (Offe 1984a,25), die unter handlungstheoretischen Gesichtspunkten ausschließlich zweckrational-strategisch und ohne ein Minimum an Verständigungsorientierung nicht zu begreifen ist.
Insbesondere für personenbezogene Dienstleistungsarbeit[1] gilt das Charakteristikum einer eigenständigen Rationalität, weil sich gerade hier weder im Sinne technischer Rationalität eine bestimmbare Zweck-Mittel-Relation vorgeben läßt, noch im Sinne ökonomischer Rationalität sich berechenbare Kosten-Nutzen-Kalküle anstellen lassen (vgl. Offe 1984a,24).
Die Arbeit stellt an den Arbeitenden spezifische Anforderungen: Umfassende Wahrnehmung, Verstehen, Empathie, emotional relevante Selbstdarstellung, angemessene Kontrolle eigener Gefühle, Interaktionskompetenz, Improvisationsfähigkeit sind zusammen mit den spezifisch fachlichen Wissenskomplexen unmittelbar Inhalt der Arbeitskompetenzen im Bereich personenbezogener Dienstleistung.[2] Da diese Fähigkeiten häufig in lebensweltlichen Zusammenhängen ausgebildet bzw. nicht in besonderen Qualifikationsprozessen erlernt wurden, scheint es kein Zufall, daß im Bereich personenbezogener Dienstleistungsarbeit der Frauenanteil deutlich über der Frauenbeschäftigungsquote in anderen Berufsbereichen liegt (vgl. Gerhards 1988,57f).

---

1 vgl. zu dieser Unterscheidung im Gegensatz zu sachbezogener Dienstleistung Gross 1983, ebenso Rauschenbach/ Trede 1988

2 Zu den emotionalen Dimensionen dieser Arbeit und ihren spezifischen Belastungen vgl. Dunkel 1988; Gerhards 1988

Ein besonderer Teil der personenbezogenen Dienstleistungsarbeit ist die professionelle Dienstleistungsarbeit. Professionelle Dienstleistungsarbeit hat ihre Ursachen in kulturellen Rationalisierungsprozessen, in deren Verlauf sich objektivierende Wissenschaften, universalistische Moral- und Rechtssysteme und autonome Kunst als selbständige Wertsphären, in denen Fachleute unter den jeweils geltenden Aspekten Wahrheits-, Gerechtigkeits- und Geschmacksfragen in theoretischen und praktischen Diskursen und in der ästhetischen Kritik verhandeln, herausbilden (vgl. Habermas 1981,II,480ff).

In dem Maße, wie sich diese eigensinnigen Geltungsbereiche aus lebensweltlichen Zusammenhängen lösen, entwickeln sich in ihnen auch Berufsformen und die zugehörigen Regelungen, die im Hinblick auf Ausbildung und Zugangsvoraussetzungen, Berufsnormen, Autonomiespielräume und Entscheidungskompetenzen Tätigkeiten in diesen Bereichen regeln.

Das Handlungsfeld professioneller Dienstleistungsarbeit ist die symbolische Reproduktion der Lebenswelt. Nach Habermas sind in diesem Bereich traditionale Lebensformen und traditionell beglaubigte Interpretationen und Wertorientierungen weitgehend aufgelöst und müssen durch Verständigung bzw. Mechanismen der verständigungsorientierten Handlungskoordination ersetzt werden (vgl. Habermas 1981,I,456). In dem Maße aber wie durch die Rationalisierung der Lebenswelt die Alltagspraxis der Menschen kulturell verarmt und zudem durch systemisch induzierte Verdinglichung manifest gefährdet ist (vgl. Habermas 1981,II,483), nimmt die Fähigkeit der Beteiligten zu eigenständigen Interpretations- und Verständigungsleistungen ab und wächst die Anforderung an professionelles Handeln.

Das professionelle Handeln hat sich zwar in den ausdifferenzierten kulturellen Geltungssphären verselbständigt und von der Alltagspraxis losgelöst, dadurch aber, daß sich in ihnen Formen der rationalen Argumentation entwikelt und kognitive Potentiale aufgebaut haben, ist professionelles Handeln geeignet, dieses Wissen über Prozesse kommunikativen Handelns wieder mit der Alltagspraxis zu verbinden (vgl. Buschmeyer 1987,190).

Professionelles Handeln in Bereichen der symbolischen Reproduktion der Lebenswelt - und das ist hier das kritische Moment - unterscheidet sich vom bloß zweck-orientierten Handeln der Experten. "Experten ...

sind Mitglieder funktional ausdifferenzierter Subsysteme, die mit administrativ-zweckrationalen Übergriffen auf die Lebenspraxis fortschreitend deren traditionale Tätigkeits- und Entscheidungsräume 'kolonialisieren', während Professionsangehörige, obgleich ebenso Teile funktionsspezifisch ausgegrenzter Handlungssysteme, in sprachlichen Verständigungssituationen lediglich stellvertretend für Lebenspraxis bestimmte Handlungs-, Entscheidungs- und Deutungsmuster anbieten, mit denen dann die Klienten außerhalb der professionell organisierten Interaktionssituation selbständig weiterinterpretieren oder -handeln können" (Jung 1985,391f).

Eine so verstandene professionalisierte Dienstleistungsarbeit kann, obzwar Teil systemintegrierender Mechanismen und beteiligt an weiteren Rationalisierungen der Lebenswelt, als gegenläufige Begrenzung des monetär-administrativen Komplexes betrachtet werden, dessen die Lebenswelt kolonialisierende Auswirkungen Habermas an der Verrechtlichung der Bereiche der symbolischen Reproduktion beschreibt (vgl. Habermas 1981,II,522ff).

1.2 Formen informeller Arbeit

Der formal verfaßten und vertragsförmig gebundenen Erwerbsarbeit in öffentlichen und privaten Betrieben und Organisationen stehen Arbeitsformen gegenüber, die ich als informelle Arbeit bezeichnen möchte.[1] Gemeinsames Kennzeichen dieser informellen Arbeitsformen ist ihre relative Distanz zu den monetär- und machtgesteuerten Subsystemen, wobei relative Distanz meint, daß dieser Bereich nicht vollständig unabhängig ist, sondern in vielfacher Weise mit der formalen Ökonomie und der bürokratischen Politik verflochten ist.

Ich unterscheide im folgenden im Bereich der informellen Arbeit a) die Hausarbeit, b) die unentgeltliche Gemeinschaftsarbeit, c) die Schwarzarbeit und d) die Arbeit in alternativ-ökonomischen Betrieben (vgl. Vonderach 1982, 39ff).

---

1 vgl. zum Bereich der informellen Arbeit auch Berger 1982, Heinze/Olk 1982, Vonderach 1982, Huber 1984, Berger 1985, Berger 1986b

Hausarbeit und Gemeinschaftsarbeit gemeinsam ist die Tatsache, daß diese Arbeit im wesentlichen unentgeltlich geleistet wird. Auf der anderen Seite ist die Hausarbeit auf vielfältige Weise an die Marktökonomie angebunden. Joerges (1983) bezeichnet den Kern familien- und haushaltszentrierter Arbeit als Konsumarbeit, die sich zwischen die Erwerbsarbeit und den unmittelbaren Konsum schiebt und die ihrerseits "industriell-bürokratische Züge annimmt" (ebd., 249). Er sieht in der Kapitalisierung und Technisierung der Haushalte, in der Professionalisierung des Verbraucherverhaltens und in dem Wachstum spezieller Dienstleistungen für den Haushalt den Beleg, wie sich neben den industriell-bürokratischen Kernsystemen ein technisch-ökonomisches System der Haushalte mit ähnlichen Handlungsregeln entwickelt. Gründe für diese Entwicklung liegen sowohl in einem Wertewandel bezogen auf die Bedeutung der Erwerbsarbeit für die Individuen als auch in der möglichen partiellen Substitution der Erwerbsarbeit durch Konsumarbeit, sei es aus Rationalisierungsaspekten aus dem Blickwinkel der Haushalte oder aus Rentabilitätserwägungen aus dem Blickwinkel der Wirtschaft und des Staates (vgl. Joerges 1983,255ff). Auch Berger/Offe sehen in der hauswirtschaftlichen Tätigkeit einen Bereich, der in die Substitutions- und Verschiebestrategien zwischen Dienstleistungssektoren und Warenproduktion einbezogen ist (vgl. Berger/Offe 1984,251ff).
Ostner/Willms (1983) dagegen erweitern die eher ökonomische Sicht der Hausarbeit, wenn sie betonen, daß die Hausarbeit trotz ihrer Annäherung an die Logik industriell organisierter Arbeit "Beziehungs"-Arbeit bleibt. "Haushalt als Ort der Reproduktion und Regeneration der Arbeitskraft betont - komplementär zur Erwerbssphäre und kritisch gegen diese gewendet - das emotionale, kommunikative Moment und verlangt eher eine Perspektive, die zwischen technisch ökonomischer und kommunikativer Rationalität des Handelns zu unterscheiden und zu vermitteln weiß" (ebd., 211).
Die Entwicklung der Hausarbeit ist m.E. auch ein Beispiel für das, was Habermas als Kolonialisierung der Lebenswelt bezeichnet (vgl. Habermas 1981,II,522ff). Auf der einen Seite verwandelt sich die Hausarbeit in eine industriell-technisch geformte Konsumarbeit, läßt aber auf der anderen Seite eine auf die Funktion der Regeneration, Kompensation und Sozialisation reduzierte "Beziehungsarbeit" zurück, die im Fall des Konflikts oder des Scheiterns den sozialen, juristischen oder

pädagogischen Experten auf den Plan ruft, weil das kulturell verarmte und fragmentierte Alltagsbewußtsein (vgl. Habermas 1981,II,522) zu eigenständiger Konfliktlösung nicht mehr fähig ist.
Gegenläufige Begrenzungen systemischer Übergriffe lassen sich m.E. nur dort ausmachen, wo selbstversorgende Eigenarbeit, in der zweckrationale und kommunikative Handlungsorientierungen verbunden sind, die Hausarbeit, die auch nicht länger als Angelegenheit überwiegend von Frauen betrachtet wird, qualitativ verändert.
Die Kolonialisierung der Lebenswelt durch Systemimperative mit der Folge einer einseitig rationalisierten Alltagspraxis ist der Hintergrund für das breite Emanzipations-, Protest- und Widerstandspotential der neuen sozialen Bewegungen, das sich gegen ökologische, militärische und technologische Bedrohung, gegen soziale Ausgrenzung und ökonomisch-bürokratische Übergriffe richtet.[1]
Innerhalb dieser Bewegung entwickeln sich neue Formen von im Prinzip unentgeltlicher **Gemeinschaftsarbeit** in Selbsthilfeeinrichtungen von Kranken, Eltern, alten Menschen etc., in Stadtteil-, Wohn- und Bauprojekten, in Frauengruppen und Arbeitslosenzentren. Gemeinsam ist ihnen, die Autonomie lebensweltlicher Zusammenhänge zu erhalten bzw. zurückzugewinnen und Gegeninstitutionen zu bilden, die "einen Teil der formal organisierten Handlungsbereiche entdifferenzieren, dem Zugriff der Steuerungsmedien entziehen und diese 'befreiten Gebiete' dem handlungskoordinierenden Mechanismus der Verständigung zurückgeben" (Habermas 1981,II,582).
Neben diesen Arbeitsformen in den neuen sozialen Bewegungen existieren weiterhin traditionelle Formen nachbarschaftlicher Hilfe und ehrenamtlicher Arbeit in etablierten Einrichtungen wie Parteien, Kirchen, Sportvereine und Wohlfahrtsverbände.
Schwarzarbeit ist insofern informelle Arbeit, als sie staatlich nicht erfaßt und besteuert wird und kaum institutionalisiert ist. In ihren Ursachen ist Schwarzarbeit jedoch eher Folge von internen krisenhaften Prozessen der formalen Systeme Wirtschaft und Politik, weil sie im Zusammenhang steht mit Arbeitslosigkeit, hohen Abgabelasten auf

---

1 vgl. Habermas 1981,II,579; Habermas unterscheidet allerdings solche Ansätze, die sich auf die Verteidigung traditioneller und sozialer Besitzstände beziehen von denen, die unter Anerkennung der Rationalisierungen der Lebenswelt neue Formen der sozialen Integration erproben.

formelle Arbeit und hohen Preisen für Dienstleistungen. Nur in selteneren Fällen ist Schwarzarbeit freiwillige Gelegenheitsarbeit von "halben Aussteigern" (Vonderach 1982,42) vor dem Hintergrund eines Wertewandels formeller Erwerbsarbeit.
Dagegen teilt die **Arbeit in alternativ-ökonomischen Betrieben** eher die Perspektive der Gemeinschaftsarbeit in den neuen sozialen Bewegungen. Sie unterscheidet sich aber von den anderen Formen informeller Arbeit dadurch, daß sie der Einkommenssicherung der Arbeitenden dient, diese mit ihren Arbeitsergebnissen den Markt betreten und die Arbeit betriebs- und berufsförmig organisiert und institutionalisiert ist. Auf der anderen Seite unterscheiden sich informelle Erwerbsarbeit und formelle Erwerbsarbeit in vielen Punkten (vgl. Voigt-Weber 1984,38ff). Das Organisationsziel alternativ-ökonomischer Betriebe ist nicht die Profitmaximierung, sondern die Herstellung sozial nützlicher und ökologisch unschädlicher Produkte und Dienstleistungen verbunden mit individueller Einkommenssicherung. An die Stelle hierarchischer Entscheidungsstrukturen treten vor dem Hintergrund faktisch gleicher Teilhabe am Produktivvermögen und am Ertrag "diskursiv-partizipatorische Formen" (Berger 1982,103) des Entscheidens und entdifferenzierte Organisationsstrukturen: Aufhebung geschlechts- und funktionsbezogener Arbeitsteilung, Integration von "Leben" und "Arbeiten", Kooperation zwischen Produzenten und Konsumenten, ökologisch und sozial angepaßter Einsatz von Technologie.
Am Ende dieser Beschreibung der informellen Arbeit stellt sich die Frage, in welchem Verhältnis dieser Sektor zu den Kernsystemen von Ökonomie und Politik steht. Ist der informelle Sektor funktional notwendig zur Stützung der formellen Ökonomie (vgl. Schiel 1987, 100)? Ist das Ziel eine besser balancierte Dualwirtschaft, in der der informelle Sektor autonom und stabil genug ist, um nicht länger von der herrschenden Ökonomie und Politik marginalisiert werden zu können (vgl. Huber 1984,216ff) oder ist der informelle Sektor zusammen mit dem Konzept der Arbeiterselbstverwaltung der Ansatzpunkt einer Demokratisierung der Wirtschaft insgesamt (vgl. Nottenbohm 1983,46ff), die die Dualwirtschaft überflüssig macht?
Habermas formuliert die Aufgabe defensiv. Er geht nicht davon aus, daß das Wirtschaftssystem als institutionalisierter Handlungsbereich der Arbeit in modernen Gesellschaften sich durchgehend auf das Steue-

rungsmedium Partizipation umstellen läßt. Andererseits sollen sich die Fähigkeiten zur Selbstorganisation soweit entfalten lassen, "daß die radikaldemokratischen Willensbildungsprozesse in einer an Gebrauchswerten, überhaupt an Zwecken orientierten Lebenswelt auf Reglermechanismen und Randbedingungen der mediengesteuerten Subsysteme einen bestimmenden Einfluß gewinnen. Es geht darum, die systemischen Imperative eines interventionistischen Staatsapparats ebenso wie die des Wirtschaftssystems in Schach zu halten" (Habermas 1986b,392f).

Exkurs:
Zur Reformulierung eines kritischen Arbeitsbegriffs im Licht von Habermas' Theorie des kommunikativen Handelns

Die Kategorie Arbeit ist von zentraler Bedeutung in der Gesellschaftstheorie des Historischen Materialismus. Als ökonomischer Begriff in der Arbeitswertlehre der Klassischen Ökonomie wie in der von Marx hat nur die produktive menschliche Arbeit wertschöpfende Potenz und ist damit Grundlage wirtschaftlichen Wachstums.

Marx verknüpft den ökonomischen Arbeitsbegriff mit der Philosophie seiner Zeit, besonders mit der Subjektphilosophie Hegels: "Zu diesem Zweck braucht Marx innerhalb des Modells der neuzeitlichen Philosophie nur die Akzente zu verschieben. Dieses zeichnet ja zwei gleichursprüngliche Subjekt-Objekt-Beziehungen aus; wie sich das erkennende Subjekt wahrheitsfähige Meinungen über etwas in der objektiven Welt bildet, so führt das handelnde Subjekt am Erfolg kontrollierte Zwecktätigkeiten aus, um in der objektiven Welt etwas hervorzubringen. Zwischen Erkennen und Handeln vermittelt sodann das Konzept des Bildungsprozesses; über das Medium von Erkennen und Handeln treten Subjekt und Objekt in immer neue Konstellationen, von denen diese selbst in ihrer Gestalt affiziert und verändert werden. Die Reflexionsphilosophie, die die Erkenntnis privilegiert, begreift den Bildungsprozeß des Geistes (nach dem Modell der Selbstbeziehung) als Bewußtwerdung; die Praxisphilosophie, die die Beziehung zwischen dem handelnden Subjekt und der Welt manipulierbarer Gegenstände privilegiert, begreift den Bildungsprozess der Gattung (nach dem Modell der Selbstentäuße-

rung) als Selbsterzeugung. Ihr gilt nicht Selbstbewußtsein, sondern Arbeit als das Prinzip der Moderne" (Habermas 1984,80).
In der Auseinandersetzung mit dem anthropologischen Materialismus von Feuerbach (vgl. Marx 1969) setzt Marx einen dritten Akzent in seiner Bestimmung von Arbeit. Arbeit vermittelt als praktisch-sinnliche Tätigkeit zwischen Mensch und Natur; sie ist als solche "ewige Naturbedingung menschlicher Existenz" (ebd., 57). So sehr der Mensch in seiner organischen Verfaßtheit der Natur selbst angehört, so sehr setzt er sich als Subjekt die Natur als Objekt gegenüber, wenn er damit beginnt, aufgrund des ursprünglichen Zwangs zur Produktion von Lebensmitteln die ihn umgebende Natur und damit sich selbst zu verändern und zu gestalten. Dies impliziert insofern auch ein Stück Unabhängigkeit der Natur. Arbeit bezieht sich als vermittelnder Prozeß auf Natur also in dreifacher Hinsicht, auf die der Natur angehörenden bedürftigen Subjekte, auf die vergegenständlichte objektivierte Natur und auf die der Arbeit als Grundlage und Horizont vorausgesetzte Natur an sich (vgl. Habermas 1984,396; ders. 1973,36ff; ders. 1986a,505ff).
Auf drei Funktionsebenen hat Marx der Kategorie Arbeit die zentrale Bedeutung zuweisen wollen (vgl. Honneth 1980,186).
Erkenntnistheoretisch wird Arbeit als kooperative Naturbearbeitung privilegiert. Der jeweils erreichte Stand der Verfügungsgewalt über Naturprozesse bestimmt nicht nur die jeweilige Reproduktionsform menschlichen Lebens, sondern auch die Erkenntnisleistungen der Menschen, mit denen sie sich die Wirklichkeit erschließen.
Gesellschaftstheoretisch ist Arbeit die zentrale Kategorie, die die Entwicklung von Produktivkräften und Produktionsverhältnissen bestimmt und die damit zum "Schlüssel einer soziologischen Analyse der Vergesellschaftungsprozesse" wird (ebd., 186).
Normativ-praktisch soll der Marxsche Arbeitsbegriff kategorial das Emanzipationspotential enthalten, das als revolutionäre Praxis die negativen Zustände, die durch die menschliche Arbeit geschaffen wurden, überwindet. Im Arbeitsbegriff müssen auch die Maßstäbe für eine Kritik des Leidens an und durch Arbeit liegen.
Auf erkenntnistheoretischer Ebene sieht Habermas die Ursache der grundbegrifflichen Schwierigkeiten der Marxschen Bestimmung von Arbeit als Praxis sehr grundsätzlich in der Aporie der Subjektphilosophie, der seiner Auffassung nach auch die marxistische Praxisphiloso-

phie verhaftet bleibt (vgl. Habermas 1984,402). Zwar sieht sie die subjektzentrierte Vernunft nicht in der Reflexion des erkennenden Subjekts, sondern in der Zweckrationalität des handelnden Subjekts verankert, aber auch Marx bestimmt den gesellschaftlichen Prozeß der Selbsterzeugung der Gattung durch Arbeit in den Kategorien von Entäußerung und Aneignung. In der kapitalistischen Lohnarbeit ist dieser schöpferische Prozeß unterbrochen und paralysiert, weil die Arbeitskraft unter der Regie der Kapitalverwertung funktionalisiert und zu einer abstrakten Arbeitsleistung verwandelt wird. Die ursprüngliche Subjekt-Objekt-Beziehung verwandelt sich in ihr Gegenteil: Das Kapital als Vergegenständlichung bisheriger Arbeit tritt als selbständiges Subjekt der lebendigen Arbeit als Objekt gegenüber. In dem Prozeß der Selbstentäußerung ist die Notwendigkeit zur Selbstobjektivierung angelegt, aber "aus dem selben Prinzip, aus dem die Errungenschaften und die Widersprüche der modernen Gesellschaft hervorgegangen sind, soll auch die transformierende Bewegung, die Freisetzung der vernünftigen Potentiale dieser Gesellschaft erklärt werden" (ebd., 79).
Marx' hypostasierter Arbeitsbegriff bleibt auch deswegen zweideutig, weil er nicht begründen kann, wie die in der handelnden Naturbearbeitung verkörperte Zweckrationalität mit der Rationalität emanzipatorischer gesellschaftlicher Praxis verbunden ist. Habermas versteht unter Naturbearbeitung Naturbeherrschung und schließt daher folgerichtig[1]: Es kann keine emanzipatorische Vernunft mehr geben, wenn diese selbst materialistisch Resultat und Teil des Selbsterzeugungsprozesses der Gattung ist, der von je her in der Beherrschung der äußeren Natur auch die Unterdrückung der inneren Natur enthielt, "der Zwang zur Objektivierung ins Innerste der kritisierenden Vernunft selbst eingreift" (ebd., 85; vgl. auch Horkheimer/Adorno 1969).

1 Habermas' Kritik an Marx ist allerdings auch nur folgerichtig vor dem Hintergrund dieser Gleichsetzung Naturbearbeitung = Naturbeherrschung. In einem Verständnis von Natur, das Menschen als Teil der Natur versteht, ohne von einer kategorialen Subjekt-Objekt-Spaltung in Mensch und äußere Natur auszugehen, muß begrifflich kein Gegensatz in der Rationalität des Handelns bzw. der Praxis entstehen. Habermas selbst hält in seiner Kritik an diesem einseitigen Naturbegriff fest (vgl. auch Eder 1988,33).

Habermas kritisiert die Hypostasierung des Marxschen Arbeitsbegriffs auf der erkenntnistheoretischen Ebene.[1] Im folgenden wird es darum gehen, ob das Produktionsparadigma noch für eine gesellschaftstheoretische Analyse tauglich ist. Kern der marxistischen Gesellschaftstheorie ist das Produktionsparadigma als Einheit von materieller Produktion und gesellschaftlicher Reproduktion, bzw. auf einer anderen Ebene als Arbeits- und Verwertungsprozeß. G. Márkus erschließt diesen Zusammenhang über den Begriff der Konsumtion als wesentliches Moment praktischer Tätigkeit (vgl. Márkus 1980,24ff). Die von Menschen hergestellten Dinge haben Eigenschaften, die die menschlichen Bedürfnisse ausdrücken, zu deren Zweck sie hergestellt wurden. Die Gegenstände haben also eine Bedeutung, die durch die Konventionen ihres Gebrauchs gebildet wird, wobei Bedeutung den spezifischen Gebrauchswert der Dinge meint. Die Gebrauchskonventionen lassen sich unterscheiden in technisch-utilitäre Konventionen, in denen sich das praktische Verhältnis von Mensch und Natur ausdrückt und in soziale Konventionen, deren Normen differentielle Zugänge zu Macht und Reichtum regeln und damit gesellschaftliche Bedingungen begründen, unter denen menschliche Tätigkeiten, Fähigkeiten und Bedürfnisbefriedigungen individuell festgelegt sind; aber: "Das durch diese Normen umschriebene Feld ist nicht nur ein Feld von Legitimationen, sondern ebenso von gesellschaftlicher Kritik, von Konflikten und Veränderungen" (Márkus 1980,36).
Márkus hält daran fest, daß sowohl der Arbeitsprozeß als Interaktionsprozeß zwischen Mensch und Natur als auch der Reproduktionsprozeß gesellschaftlicher Beziehungen als Interaktionsprozeß zwischen Mensch und Mensch im Produktionsparadigma als Einheit gedacht werden müssen, die zusammen die Lebenswelt der Menschen als materielle Realität konstituieren. Der gesellschaftliche Interaktionsprozeß, weil er die Bedingungen der gesellschaftlichen Verwendung der von Menschen

---

1 Die Habermasche Kritik an der erkenntnistheoretischen Funktion des Marxschen Arbeitsbegriffs schließt an frühere Arbeiten an. In "Erkenntnis und Interesse" sieht Habermas den Kern des Marxschen Arbeitsbegriffs allein in einem am Zweck der Naturbearbeitung orientierten instrumentellen Handlungsbegriff, der erkenntnistheoretisch das aus der Arbeit gewonnene Produktionswissen als Verfügungswissen für alle gesellschaftlichen Lebensprozesse privilegiert und darunter auch das selbstbewußte Reflexionswissen subsumiert. Jetzt ist seine Kritik insofern radikaler, als er grundsätzlich das Paradigma des Selbstbezugs, sei es Selbstreflexion oder Selbsterzeugung, zugunsten des Paradigmas der Verständigung ersetzen will.

produzierten Dinge und Gegenstände verkörpert, bleibt an den Produktionsprozeß gebunden. Allerdings ist die empirische Verquickung von Technischem und Gesellschaftlichem besonderes Kennzeichen des Kapitalismus und der vorkapitalistischen Produktionsweisen; der Sozialismus als praktisches Projekt ist gekennzeichnet durch die institutionelle Trennung der Bereiche. Im Sozialismus sind "die materiell-produktiven Tätigkeiten der Menschen auf das reduziert, was sie ihrer Bestimmung nach sind und immer waren, nämlich aktiv-rationaler Stoffwechsel mit der Natur, rein 'technische' Tätigkeit jenseits sowohl von Konventionen wie von sozialer Herrschaft" (ebd., 51). Der Grad der Vernünftigkeit einer Gesellschaft bemißt sich demnach nicht nach dem Entwicklungsstand der Naturbeherrschung durch Arbeit, sondern danach, ob und wie eine Gesellschaft die Möglichkeit bietet, daß die Menschen ihre Bedürfnisse artikulieren und gemeinsam zu interaktiven Prozessen Ziele und Mittel finden, diese Bedürfnisse zu befriedigen.

Für Habermas zeigt sich an dieser Argumentation, "daß die Emanzipationsperspektive gerade nicht aus dem Produktionsparadigma, sondern aus dem Paradigma verständigungsorientierten Handelns hervorgeht" (Habermas 1984,103). Der normative Gehalt findet sich entgegen den Behauptungen der Praxisphilosophie nicht in einem als produktive Praxis ausgelegten Arbeitsbegriff, sondern in den Verständigungsprozessen der Menschen, für die "Produktion lediglich ein Gegenstand oder ein Inhalt für normative Regelungen" ist (ebd., 101).

Wenn also auch auf gesellschaftstheoretischer Ebene ein kritischer Arbeitsbegriff nicht mehr zu gewinnen ist, stellt sich die Frage, ob Arbeit als normativ-praktische Kategorie auf handlungstheoretischer Ebene zu begründen ist.

Für Honneth (1980) ist diese dritte Ebene von systematischem Interesse. Er identifiziert bei Marx zwei unterschiedliche Argumentationsmodelle, in denen er sich der emanzipatorischen Bedeutung gesellschaftlicher Arbeit vergewissern wollte. Im Zusammenhang mit der Entfremdungstheorie der Frühschriften formuliert Marx vor dem Hintergrund eines anthropologischen Arbeitsbegriffs als Vergegenständlichungsprozeß menschlicher "Wesenskräfte" die These, daß aus der entfremdeten Arbeit selbst heraus die Befreiung der Arbeitenden zu erklären ist. Seine empirische Wirklichkeit findet dieser Arbeitsbegriff in der

ganzheitlichen autonomen und qualifizierten Tätigkeit des Handwerkers, die die normative Folie für die Untersuchungen der Formen entfremdeter kapitalistischer Industriearbeit gibt.
Das zweite Denkmodell findet sich in dem ökonomischen Hauptwerk von Marx. Dort geht er davon aus, daß der kapitalistisch organisierte Arbeitsprozeß neben Entfremdung und Unterdrückung auch positive sozialisierende Wirkung hat, weil er die Arbeiterklasse kooperativ vereint, diszipliniert und durch die Anwendung von Technologie schult und qualifiziert (ebd., 195f). Diese damit verbundene Handlungskompetenz fördert und ermöglicht die Umsetzung kritischen Emanzipationsbewußtseins in revolutionär-praktischer Aktion.
An beiden Denkmodellen kritisiert Honneth, daß sie nicht in der Lage sind, überzeugend genug darzustellen, wie das behauptete Emanzipationspotential in den Handlungsstrukturen der Arbeit selbst verankert sein soll. Im ersten Modell bleibt unklar, wie das schöpferische Potential der Arbeit durch die Entfremdung kapitalistischer Lohnarbeit unterdrückt werden kann und gleichzeitig das Potential sein kann, das aus dieser Unterdrückung auch herausführen soll. Im zweiten Modell wird ein kritisches Bewußtsein schon vorausgesetzt, das durch die Erfahrung unterdrückender, aber auch kooperativer und zunehmend verwissenschaftlichter Fabrikarbeit nur noch geschult und gestützt werden muß. Trotz dieser bekundeten Defizite in der Argumentation von Marx und vor allem gegen die nachfolgende Ausdünnung des Arbeitsbegriffs in der Sozialphilosophie (auch in der marxistischen) hält Honneth an der Notwendigkeit fest, einen Arbeitsbegriff zu formulieren, der die Realverhältnisse der empirischen Arbeit nicht bloß widerspiegelt, sondern in der Lage ist, die Differenz zwischen ganzheitlich autonomen und partialisierten, entfremdeten Arbeitshandlungen kategorial aufzunehmen. Er bezieht sich auf Ergebnisse industrie-soziologischer Forschung aus Frankreich, wenn er ansatzweise einen Arbeitsbegriff formuliert, den er mit dem Begriff "Aneignung" kennzeichnet (vgl. Honneth 1980,223f). Die Ergebnisse dieser Forschung deuten an, daß "die taylorisierte, sinnentleerte Industriearbeit immer von einem gegenläufigen Handlungsprozeß begleitet" ist, "in dem die Arbeitssubjekte kooperativ die Kontrolle über ihre eigene Tätigkeit zurückzugewinnen versuchen; aller entfremdeten Arbeit wäre dann ein Moment praktischer Erinnerung eigentümlich, daß ihr ungerechtfertigte Herrschaft innewohnt" (ebd.,

225). Ein emanzipatorischer Arbeitsbegriff muß in der Lage sein, solche empirischen Erscheinungen kategorial aufnehmen zu können.
Habermas entgegnet dieser Argumentation mit der Anmerkung, daß Honneth ein "genetischer Fehlschluß" unterlaufen sei. Auch auf der Ebene der konkreten Arbeitshandlung beharrt er darauf, daß der Anspruch auf autonome und selbstregulierte Tätigkeit seine Rationalität nicht aus einer Logik der Aneignung, sondern aus der "Logik der Rechtfertigungsbedürftigkeit von Normen" gewinnt, d.h. den Prämissen verständigungsorientierten Handelns unterliegt (Habermas 1986a,486).
In der Auseinandersetzung Habermas' mit den Vertretern der Praxisphilosophie deutet sich ein Mißverständnis an, dessen Ursachen m.E. auf den unterschiedlichen Abstraktionsebenen liegen, auf denen argumentiert wird (vgl. Habermas 1986a,484). Arbeit, vor allem als kooperative, vergesellschaftete Arbeit, hat einen anderen Abstraktionsgrad als Zweckrationalität und Kommunikation, die als analytische Elemente in empirischen Handlungsvollzügen wiederzufinden sind.
Um diesen Gedanken weiterzuverfolgen, will ich auf die soziologische Handlungstheorie von Habermas zurückgreifen, um daran zu zeigen, wie Arbeit in einem Begriff zu fassen ist, der sowohl zweckrationale als auch kommunikative bzw. strategische Handlungselemente enthält.
Soziologischen Handlungstheorien gemeinsam ist die Definition von Handlung als Realisierung eines Handlungsplans, der sich auf eine Situationsdeutung stützt. Gemeinsam ist ihnen ferner das Interesse an einer Klärung des Begriffs des sozialen Handelns, was bedeutet, daß sich das Interesse an der teleologischen Struktur von Handlungen, d.h. der Orientierung an dem Handlungszweck oder dem Handlungsziel verschiebt auf ein Interesse an der Klärung der Mechanismen der Handlungskoordination (vgl. Habermas 1986c,571). Habermas identifiziert zwei Mechanismen der Handlungskoordination: "Einverständnis" und "Einflußnahme". Beim Modell des Einverständnisses stützen sich die Interaktionsteilnehmer auf ein gemeinsames Wissen, das sie als intersubjektiv verbindlich akzeptieren bzw. das sie durch Anerkennung von kritisierbaren Geltungsansprüchen als Einverständnis konstituieren. Das Modell der Einflußnahme hat dagegen einseitigen Charakter, weil im Sinne kausaler Einwirkung die Interaktionsteilnehmer ausschließlich am Erfolg orientiert sind. Diese erfolgsorientierte Einstellung charakterisiert soziales Handeln als strategisches Handeln, das dann gegeben ist,

"wenn in das Erfolgskalkül des Handelnden die Erwartung von Entscheidungen mindestens eines weiteren zielgerichtet handelnden Aktors eingehen kann" (ebd., 576). Strategisch ist zum Beispiel das Tauschverhalten von Marktpartnern in ökonomischen Beziehungen, die wechselseitig durch Angebot oder Nachfrage ihre Handlungen beeinflussen, aber nicht an Kooperation, sondern am größtmöglichen Nutzen als Erfolgsmaßstab orientiert sind. Vom zweckorientiert-instrumentellen Handeln als nicht-soziales Handeln und vom strategischen Handeln als soziales Handeln, die beide erfolgsorientiert sind, grenzt Habermas das soziale Handeln ab, das er das kommunikative Handeln nennt und das dadurch charakterisiert ist, daß "die Handlungspläne der beteiligten Aktoren nicht über egozentrische Erfolgskalküle, sondern über Akte der Verständigung koordiniert werden" (Habermas 1981,I,385).

Im Verständigungsprozeß muß unterschieden werden, worüber sich die Beteiligten verständigen und woraus sie ihre Interpretationsleistungen bestreiten. Thematisch können sich die Beteiligten auf drei verschiedene Weltbezüge orientieren, auf die Welt existierender Tatsachen und Sachverhalte, auf die soziale Welt von Normen und interpersonalen Beziehungen und auf die subjektive Welt von Gefühlen und Erlebnissen. Unter dem Anspruch der Verständigung über diese Themen erheben die Interaktionsteilnehmer dabei wechselseitig kritisierbare Geltungsansprüche auf Wahrheit, Richtigkeit und Wahrhaftigkeit ihrer Äußerungen.

Eine Situation ist im Hinblick auf einen Aspekt ein aus diesen Weltbezügen ausgegrenzter Bereich der Lebenswelt. "Wenn wir Handeln als die Bewältigung von Situationen verstehen, dann schneidet der Begriff des kommunikativen Handelns aus der Situationsbewältigung vor allem zwei Aspekte heraus: den teleologischen Aspekt der Ausführung eines Handlungsplans und den kommunikativen Aspekt der Auslegung der Situation und der Erzielung eines Einverständnisses. Konstitutiv für verständigungsorientiertes Handeln ist die Bedingung, daß die Beteiligten ihre Pläne in einer gemeinsam definierten Handlungssituation einvernehmlich durchführen" (Habermas 1986c,589).

Für ihre Interpretationsleistungen können die Handlungsbeteiligten auf einen in den Strukturen der Lebenswelt verankerten, kulturell überlieferten und sprachlich organisierten Vorrat an Deutungsmustern zurückgreifen.

Die handlungstheoretische Perspektive aus dem Blickwinkel der Teilnehmer wird erweitert, wenn Habermas nach den Funktionen des verständigungsorientierten Handelns für die Reproduktion der Lebenswelt fragt, wobei er die symbolische, nicht die materielle Reproduktion meint (vgl. Habermas 1986c,594f). Wenn Kultur, Gesellschaft und Person die strukturellen Komponenten der Lebenswelt sind, dann dient kommunikatives Handeln der Tradition und Erneuerung kulturellen Wissens, unter dem Aspekt der Handlungskoordination dient es der sozialen Integration und der Herstellung von Solidarität, und unter dem Aspekt der Sozialisation dient es der Ausbildung von personalen Identitäten.

Die materielle Reproduktion der Lebenswelt vollzieht sich über das Medium der Zwecktätigkeit, an der kommunikative oder strategische Handlungen beteiligt sind. Anders als Zwecktätigkeit und Kommunikation, die sich nur analytisch trennen lassen und die als Verfolgung eines Handlungsziels und als verständigungsorientierte Handlungskoordination in sozialen Handlungen als Elemente enthalten sein können, schließen sich kommunikatives und strategisches Handeln wechselseitig aus.

Zurückkehrend zur Ausgangsfrage läßt sich mit Hilfe dieser Komponenten auf handlungstheoretischer Ebene ein kritischer Arbeitsbegriff formulieren: Arbeit als soziale Handlung ist sowohl gekennzeichnet durch eine teleologische Struktur, die den Handlungszweck, z.B. die Erzeugung von Gütern und Dienstleistungen, hervorhebt, als auch durch die spezifischen Mechanismen der Handlungskoordination (gemeinsame Situationsdeutung, Abstimmung von Handlungsplänen), die verständigungsorientiert oder strategisch sein können. Ein solcher Begriff von Arbeit ist in der Lage, die vielfältigen empirischen Formen von Arbeit zu fassen, nicht nur solche Arbeitsformen wie die industrielle Warenproduktion mit ihren ökonomisch-strategischen Rationalitätsmaßstäben, sondern auch z.B. die wachsende Dienstleistungsarbeit in privaten wie öffentlichen Betrieben, die sich mit den herkömmlichen Kosten-Nutzen-Kalkülen nicht mehr normieren läßt und bei der ohne ein Mindestmaß an kommunikativen Handlungsmöglichkeiten der intendierte Zweck nicht zu erreichen ist (vgl. Offe 1984b,296f).

Gleichzeitig ist ein kommunikationstheoretisch reformulierter Arbeitsbegriff in der Lage, sich kritisch auf die vorfindlichen Arbeitsstrukturen in modernen kapitalistischen Gesellschaften zu beziehen. Im Begriff des verständigungsorientierten Handelns als Mechanismus der Handlungskoordination ist ein normativer Anspruch enthalten, der gegen die repressiven Sozialformen kapitalistischer Arbeit eine Arbeitsorganisation ins Recht zu setzen sucht, in der die beteiligten Aktoren nicht nur Ansprüche erheben auf die Gestaltung von Dingen und Ereignissen, sondern ebenso Ansprüche auf rechtfertigungsbedürftige Normsetzung und authentische Selbstdarstellung in und durch Arbeit, die im kommunikativen Handeln bei Habermas reflexiv zusammengebunden sind.

Diese handlungstheoretische Fassung des Arbeitsbegriffs hat Konsequenzen für die gesellschaftstheoretische Verortung der Arbeit. Sie kann als bloß (materiell)-technische Verfügungsgewalt über Natur nicht länger der (symbolischen) Interaktion als Medium der Vergesellschaftung gegenübergestellt werden (vgl. Habermas 1968,9ff). Empirisch ist Arbeit nicht nur Teil der materiellen, sondern auch Teil der symbolischen Reproduktion der Lebenswelt, und nicht zuletzt verweist die ökologische Problematik auf das theoretische Defizit dieses Dualismus' von Arbeit und Interaktion. Die Annahme, über Natur könne unbegrenzt verfügt werden, hat zu unübersehbaren Schädigungen geführt, und eine theoretische wie praktische Lösung kann nur darin liegen, Natur in den gesellschaftlichen Verständigungsprozeß kategorial einzubeziehen.

Vor dem Hintergrund auch der Darstellung in den ersten beiden Abschnitten möchte ich thesenartig zusammenfassen:

- Arbeit als gesonderter Handlungsbereich menschlicher Tätigkeit entwickelt und verändert sich im fortschreitenden Ausdifferenzierungs- und Rationalisierungsprozeß gesellschaftlicher Entwicklung.
- Arbeit hat ihren Ort sowohl in der materiellen wie auch in der symbolischen Reproduktion der Lebenswelt.
- Arbeit ist allein weder aus dem Blickwinkel des Systems noch aus der Perspektive der Lebenswelt zureichend zu erfassen. Vom Inhalt her ist sie auf die materielle und symbolische Reproduktion der Lebenswelt bezogen, ihrer Form nach ist sie überwiegend über das Geldmedium (kontraktuelle Erwerbsarbeit) systemisch integriert. Das kapitalistische Wirtschaftssystem dehnt das Tauschprinzip auf die Ware Arbeitskraft aus und bewirkt dadurch die Subsumtion der

lebendigen Arbeit unter die Imperative des Kapitals (Marx) und die Kolonialisierung der Lebenswelt (Habermas).[1]

- Gegenläufige Begrenzungen der Systemimperative im Handlungsbereich Arbeit finden sich schon dort, wo zweckrational-strategisches Handeln als ausschließlicher Koordinationsmechanismus kontraproduktiv wäre und durch kommunikative Orientierungen ergänzt werden muß. Begrenzungen der Systemimperative werden unabweisbar, wo die ökologischen Schäden durch Arbeit die Lebensgrundlage nicht mehr nur reproduzieren, sondern tendenziell gefährden.
- Im Bereich der informellen Arbeit sind noch Arbeitsformen erhalten bzw. entwickeln sich neu, die Arbeit als zweckorientiertes Handeln mit verständigungsorientiertem Handeln verbinden und die noch lebensweltlich integriert sind.

1.3 Alternativen zur Arbeitslosigkeit und zur Lohnarbeit

Die bislang beschriebene Entwicklung von Arbeit und Arbeitsformen zeigt auf der einen Seite die Vielfältigkeit von Tätigkeiten, die als Arbeit bezeichnet werden, weil sie Grundlage der materiellen und symbolischen Reproduktion der Gesellschaft sind, zeigt aber auf der anderen Seite auch, daß im Zuge historischer Entwicklung eine bestimmte Arbeitsform, die Lohnarbeit, zur Normalarbeitsform erhoben wurde mit der gleichzeitigen Folge der Abwertung und Marginalisierung anderer nichterwerbsförmiger Arbeitsformen.
Die Lohnarbeit ist die herrschende Arbeitsform industriell-kapitalistischer Gesellschaften, in der die Produktion von Gütern für einen anonymen Markt vorrangig den Profitinteressen von Kapitalbesitzern

---

1 Habermas (1986b,390f) relativiert seine ursprüngliche These, die Kolonialisierung der Lebenswelt beginne erst dort, wo die Systemimperative die symbolische Reproduktion bedrohen (vgl. Habermas 1981,II,549). Daß die materielle Reproduktion sich diesen Imperativen "schmerzlos" gefügt habe, nennt er nun eine empirische Beobachtung und nimmt das Attribut "schmerzlos" ausdrücklich zurück.

dient und auch das menschliche Arbeitsvermögen, als verkäufliche Arbeitskraft von seinen Besitzern abgespalten, diesem Marktgeschehen unterworfen ist.

Das kapitalistische Normalarbeitsverhältnis hat über die direkt an den Arbeitsprozessen Beteiligten hinaus weitreichende Folgen für alle Gesellschaftsmitglieder und für alle Lebensbereiche:

- Über durch Lohnarbeit erzieltes Erwerbseinkommen muß nicht nur die materielle Reproduktion und soziale Sicherung der Erwerbstätigen, sondern auch die von nichterwerbstätigen Haushaltsangehörigen gewährleistet werden. Über Pflichtbeiträge von und Steuern auf Erwerbseinkommen finanzieren sie zudem das System der sozialen Sicherung (Renten-, Kranken- und Arbeitslosenversicherung).
- Trotz sinkender Erwerbsarbeitszeit pro Beschäftigtem ist die pro Haushalt aufgewendete Zeit für Erwerbsarbeit in der Nachkriegsentwicklung bis zum Beginn der Krise Mitte der 70er Jahre gestiegen. Diese Entwicklung hat u.a. zu einer wachsenden Abhängigkeit der Haushalte vom Geldeinkommen und damit vom Arbeitsmarkt geführt und eine auf Eigenarbeit und Selbstversorgung beruhende Bedarfsdeckung der Haushalte in relativer Distanz zu den Arbeits- und Gütermärkten reduziert (vgl. Offe/ Heinze 1986,471).
- Individuelle Arbeitszeitverkürzung und Veränderungen in der technologischen und arbeitsorganisatorischen Gestaltung der Arbeitsplätze haben keineswegs zu einer Verringerung der Belastungen durch Arbeit geführt. Leistungsverdichtung, Arbeitsintensivierung, Monotonie, soziale Isolierung, Schichtarbeit, verstärkte Kontrolle und Überwachung der Arbeit führen gerade auch in technologisch innovativen Betrieben zu hohen, wenn auch veränderten Belastungen, die sich u.a. in physisch-emotionalen Streßsymptomen und Krankheitsbildern ausdrücken (vgl. Müller-Wichmann 1987,49ff). Die Folge dieser Entwicklung ist, daß erhebliche Anteile der sog. Nicht-Arbeitszeit für die Erholung und Regeneration der Arbeitskraft verwendet werden müssen und auch unter zusätzlicher Berücksichtigung der hohen Wegezeiten "von umfangreicher Freizeit während der Arbeitswoche für Vollberufstätige derzeit keine Rede sein" kann (ebd., 54).
- Kapitalistische Lohnarbeit bedeutet nicht nur Ausbeutung individueller menschlicher Arbeitskraft, sondern auch Ausbeutung der

natürlichen Lebensgrundlagen. Die von dieser Arbeitsform ausgehenden Gefährdungspotentiale, die als Umweltkrise oder Umweltzerstörung vielfältige Gestalt annehmen[1], sind längst universal und global geworden und keineswegs mehr als arbeitsplatz- und betriebsbezogene Gefährdung durch Lärm, Gift, Staub, Klima etc. ein Risiko der jeweils Erwerbstätigen (vgl. Beck 1986,17). Ähnliche Bedrohungen gehen von der ungehemmten Rüstungsproduktion und -vermarktung aus.

Die Wachstums- und Prosperitätsperiode der westdeutschen Gesellschaft nach dem Krieg bis etwa Mitte der 70er Jahre war durch Vollbeschäftigung gekennzeichnet und erweckte den Glauben, daß eine Wirtschaft mit ausreichendem Wachstum, sozialstaatlichen Interventionen und sozialpartnerschaftlichem Ideologieüberbau durchaus in der Lage sein könnte, über den Ausbau des Systems der Erwerbsarbeit Wohlstand für alle auf Dauer zu sichern (vgl. Berger 1983,309ff). Die seit mehr als 10 Jahren anhaltend hohe Arbeitslosigkeit hat diese Erwartungen grundlegend widerlegt. Ursachen für diese Entwicklung werden vor allem in folgenden Problemkomplexen gesehen (vgl. Bonß/Heinze 1984,7):

- Aufgrund der demographischen Entwicklung und des veränderten Erwerbsverhaltens von Frauen wächst das Arbeitskräftepotential, das Erwerbsarbeit auf dem Arbeitsmarkt nachfragt.
- Die hohen ökonomischen Wachstumsraten der Nachkriegszeit waren untypisch und lassen sich unter heutigen Bedingungen als Voraussetzung für Vollbeschäftigung nicht mehr erreichen.
- Neue Technologien ermöglichen ökonomisches Wachstum ohne zusätzliches Arbeitsvolumen, d.h. die Steigerungsraten der Arbeitsproduktivität werden auf längere Sicht über den Steigerungsraten des Bruttosozialprodukts liegen (vgl. Vobruda 1989).

Vor dem Hintergrund der Prognosen, die eher noch von einer Steigerung der Arbeitslosenzahlen zumindest bis ins nächste Jahrhundert

---

1 Solche Umweltzerstörungen sind: die rücksichtslose Ausbeutung begrenzter Bodenschätze; die Belastungen von Wasser, Luft und Boden durch Abgase, Abfälle, Abwärme und Abstrahlung; Klimaveränderungen durch Zerstörung der Ozonschicht; die Zerstörung natürlicher Lebensräume für Pflanzen und Tiere; die Abnahme der Bodenfruchtbarkeit durch Monokulturen, Überdüngung und Überlastung mit Giften; das Aussterben von Pflanzen- und Tierarten (vgl. Schöne 1988,19).

ausgehen (vgl. Klauder u.a. 1984,41ff), stellt sich die Frage nach den Perspektiven für die zukünftige Entwicklung des Arbeitsmarkts bzw. der Arbeit überhaupt. In der Diskussion kristallisieren sich gegenwärtig drei mögliche Szenarien heraus (vgl. Offe 1984c, Vobruda 1989):
Die erste Perspektive läuft auf die Fortschreibung der bisherigen Situation hinaus. Sie wird getragen von einer orthodoxen Position, die weiterhin an den "Selbstheilungskräften" des Marktes festhält bzw. allenfalls die Rahmenbedingungen für wirtschaftliches Wachstum verbessern will. Das Ergebnis wird weiterhin hohe Massenarbeitslosigkeit im "stabilen Zustand" einer gespaltenen Gesellschaft sein, in der Arbeitslose, mit einer notdürftigen Existenzsicherung ausgestattet, dauerhaft ausgegliedert sind.
Die zweite Perspektive ist die einer "naturwüchsigen Dualisierung" der Gesellschaft, allerdings mit mehr Möglichkeiten des Wechsels zwischen Erwerbsarbeit und Arbeitslosigkeit. Auf der einen Seite wächst der Anteil ungeschützter Arbeitsverhältnisse (befristete Arbeitsverhältnisse, ungesicherte Teilzeitarbeit, selbständige Arbeit auf niedrigstem Einkommensniveau), auf der anderen Seite sollen Hausfrauenarbeit, ehrenamtliche Gemeinschaftsarbeit etc. gesellschaftlich aufgewertet und mit geringsten Entschädigungen kostensparend in die staatlich organisierte soziale Dienstleistung integriert werden.[1]
Die dritte Perspektive ist die einer "ökologischen Sozialreform" (Opielka 1985), die auch die Grundlagen der kapitalistischen Produktionsverhältnisse nicht unangetastet läßt. Auf diese Perspektive möchte ich im folgenden etwas ausführlicher eingehen, weil hier ein Konzept gegen die Arbeitslosigkeit mit einer qualitativen Veränderung der Arbeitsstrukturen insgesamt verbunden ist.
Wesentliche Punkte dieses Konzepts sind:
- die Entkoppelung von Arbeit und Einkommen,
- ein ökologischer Umbau von Produktion und Konsum und die Schaffung demokratischer Unternehmensverfassungen,
- die Förderung von Eigenarbeit und Selbstversorgung,
- die Förderung alternativ-ökonomischer Arbeitsformen.

Die Entkopplung von Arbeit und Einkommen ist eine erste wesentliche

1 Eine Fülle von Aussagen zu dieser Perspektive findet sich in den Äußerungen "fortschrittlicher" CDU-Politiker und zunehmend auch mehr in der SPD.

Forderung in dieser Perspektive. Konkret bedeutet dies, daß erstens Einkommen an Nicht-Erwerbstätige in ausreichender Höhe unabhängig vom bisherigen Arbeitseinkommen gezahlt wird und zweitens, dieses Einkommen nicht mehr lohnsummenabhängig, sondern ertragsabhängig finanziert wird und damit auch kapitalintensive Betriebe an der Finanzierung stärker beteiligt wären. "Eine solche egalitäre materielle Grundsicherung, die den Status eines Bürgerrechts (statt den eines Anspruchs auf Gegenleistung für gezahlte Beiträge) hätte, wäre zugleich ein erster ernsthafter Schritt in die Richtung einer wirksamen Entlastung der Angebotsseite des Arbeitsmarkts. Es würde dann für alle Schichten und Gruppen der (potentiell) Erwerbstätigen - und nicht nur für (Haus)-Frauen - im Ernst wählbar, ob Beschäftigung gesucht oder auf eine Teilnahme an Erwerbsarbeit verzichtet wird: Denn auch letztere Option bliebe dann materiell zumutbar" (Offe 1984c,355). Vor dem Hintergrund dieses Modells sind dann auch vielfältige Kombinationen und Verknüpfungen zwischen Erwerbsarbeit und grundgesichertem Einkommen denkbar und möglich: z.B. Teilzeitarbeit mit Einkommensausgleich, erwerbsarbeitsfreie Zeiten für Kindererziehung, Weiterbildung, ehrenamtliche Tätigkeiten etc.

Dieses Modell einer gerechteren und solidarischeren Verteilung des Einkommens bleibt unvollständig, solange die Erwerbsarbeit und die Logik kapitalistischer Produktion dadurch unangetastet bleiben. Zwar können durch höhere individuelle Autonomie bei der Arbeitswahl die individuellen Belastungen z.B. durch schädigende Arbeitsbedingungen sinken, aber insgesamt bleiben die negativen Folgen industriell-kapitalistischer Wachstumsökonomie bestehen. Alternativen dazu liegen vor in den Szenarien eines ökologischen Umbaus verschiedener Sektoren und Bereiche (vgl. Opielka 1985,300) wie in den Überlegungen zu Produktkonversionen in der Schiffbau-, Stahl- und Luftfahrtindustrie bzw. in der Rüstungsproduktion, die von Belegschaftsgruppen und Gewerkschaften angestellt werden (vgl. Briefs 1986).

Diese Vorschläge leiden allerdings an dem Dilemma, daß in ihnen Überlegungen fehlen, wie denn diese Veränderungen dauerhaft durchzusetzen wären, ohne auf die herkömmlichen Mittel etatistischer Interventionen zurückzugreifen. Auf der Ebene des Unternehmensverfassungsrechts formuliert Ulrich (1986) dazu die Idee einer offenen Unternehmungsverfassung auf der Basis neutralisierten Kapitals, das den

personalistischen Verfügungsrechten von Privat- wie Kollektiveigentümern ebenso wie den Verfügungsrechten des Staates entzogen ist.[1] "Damit wird überhaupt erst die strukturelle Grundlage geschaffen, auf der echte Chancen einer rationalen Verständigung über den sinnvollen und effizienten - kurz: verantwortbaren - Kapitaleinsatz und die Ergebnisverteilung innerhalb einer 'entschränkten' unternehmungspolitischen Kommunikationsgemeinschaft entstehen" (Ulrich 1986,442). Diese offene Unternehmungsverfassung sichert nicht nur die uneingeschränkte Willensbildung der mitarbeitenden Betriebsangehörigen, sondern auch die Partizipationsrechte für extern Betroffene, die über gesetzlich geregelte Anhörungs-, Klage- und Mitspracherechte "für alle, die sich betroffen fühlen und sich veranlaßt sehen, ihren Bedürfnissen und Interessen in der unternehmungspolitischen Willensbildung Gehör zu verschaffen" gewährleistet werden können (ebd., 427).
Andere Vorschläge, die mehr in die Richtung größerer Unabhängigkeit von der Geldökonomie gehen, setzen bei der Stärkung der Wohlfahrtsproduktion der Haushalte durch Eigenarbeit und Selbstversorgung an, die den Bedarf an Geldeinkommen senkt und damit auch die Notwendigkeit von Erwerbsarbeit reduziert (vgl. Offe 1984c, Offe/Heinze 1986). Die Schwierigkeiten der Verwirklichung solcher Vorschläge liegen in der hohen Abhängigkeit der Haushalte von Güter- und Arbeitsmärkten, in fehlenden Qualifikationen für diese Arbeit und in der Größe der modernen Haushalte, die einen ökonomischen Einsatz von Selbstversorgungsarbeit verhindert. Lösungen dieser Probleme ergeben sich dann, wenn man sich dabei nicht auf den privaten Kleinfamilienhaushalt bezieht, sondern auf größere Einheiten räumlich benachbarter Haushalte, die frei assoziiert und mit der notwendigen Infrastruktur an Räumen, Geräten etc. ausgestattet, in der Lage wären, Güter gemeinsam zu nutzen und Dienstleistungen zu tauschen, ohne dafür Geld als Tauschmittel einzusetzen (vgl. Offe/Heinze 1986,492ff).[2] In solchen

---

1 Stiftungen und Genossenschaften sind schon im heutigen Gesellschaftsrecht Ansätze von neutralisiertem Eigentumsrecht (vgl. Ulrich 1986,398ff).

2 Solche Modell unterscheiden sich fundamental von Vorstellungen, in denen Familien und damit Frauen unbezahlte oder schlecht bezahlte Lückenbüßerfunktionen bei versagender Markt- und Staatsversorgung übernehmen sollen, was vor allem von Teilen der Frauenbewegung auch im Hinblick auf Vorstellungen zur Dualwirtschaft aus "grün-alternativer" Richtung heftig kritisiert wurde (vgl. z.B. von Werlhof 1985,164ff).

Organisationsmodellen haushaltlicher Wohlfahrtsproduktion ist nicht nur deren Funktionstüchtigkeit gesichert, sondern auch eher gewährleistet, daß "jene begrenzte Sphäre der informellen Eigenarbeit institutionell anerkannt, gefördert, gesichert, ausgebaut und zumindest den gleichen Kriterien sozialer Gerechtigkeit unterstellt werden kann, die für den formellen Sektor der Arbeitsgesellschaft Geltung beanspruchen" (Offe 1984c,358).

Ein weiterer Vorschlag liegt in der Förderung alternativ-ökonomischer Projekte, Betriebe und Beschäftigungsinitiativen. Vorschläge in diese Richtung verknüpfen kurzfristige Ansätze partieller Lösungen der Arbeitsmarktkrise durch Schaffung neuer Arbeitsplätze mit langfristigen Perspektiven der Veränderung industriell-kapitalistischer Arbeits- und Wirtschaftsformen. In gewisser Weise sind in den Ansätzen und Ideen der Alternativökonomie die Perspektiven der vorherigen Überlegungen zusammengeführt: In den Organisationen alternativer Arbeit gelten die Prinzipien demokratischer Entscheidungsstrukturen, neutralisiertes Kapital und möglichst direkten Kontakt zu Kunden und Vernetzung mit anderen Projekten. Die Arbeit soll ganzheitlich sein und Selbstverwirklichung ermöglichen, nicht vom übrigen Leben getrennt sein und den Lebensunterhalt sichern. Arbeitsziele sind sozial nützliche und ökologisch unschädliche Produkte und Dienstleistungen (vgl. Jäger 1988,161f). Offe und Heinze stellen die These auf, daß die alternativökonomischen Ansätze auf eine "Verhaushaltlichung" betrieblicher Arbeit hinauslaufen (ebd., 490). Solidarität, Reziprozität und ein Nebeneinander von produktiven und konsumtiven Funktionen sind eher haushaltstypische Sozialbeziehungen, die sich von denen einer marktvermittelten, hierarchisch strukturierten Ökonomie unterscheiden.

Zusammenfassend läßt sich sagen, daß alle Vorschläge in dieser dritten Perspektive eine Vollbeschäftigung nach altem Muster weder für realistisch halten noch als wünschbar anstreben. Hier geht es vielmehr um ein neues Verteilungsmuster zwischen formeller und informeller Arbeit mit qualitativen Veränderungen in beiden Sektoren.

2. Bildungstheoretische Grundlegungen

2.1 Das Verhältnis von Allgemeinbildung und Berufsbildung in der kritischen Bildungstheorie bei H. Blankertz

Die Trennung von Allgemeinbildung und Berufsbildung in bildungstheoretischen wie bildungspolitischen Diskussionen zu behaupten, ist heute eher die Ausnahme als die Regel.[1] Diese Gemeinsamkeiten nicht bloß zu postulieren, sondern in systematischer Ausdeutung des historischen Quellenmaterials bildungstheoretisch zu begründen, ist das Verdienst Blankertz'. Blankertz (1963/1985) unternimmt hier in Anlehnung an die leitenden Kategorien der neuhumanistischen Bildungstradition den Versuch der Begründung einer Theorie der Bildung durch den Beruf, der als eigenständiger Beitrag zur erziehungswissenschaftlichen Theoriebildung weder von der Disziplin der Berufs- und Wirtschaftspädagogik noch von der Allgemeinen Pädagogik angemessen zur Kenntnis genommen wurde.[2]
Um die im Konzept des Neuhumanismus angelegte Trennung von Allgemeinbildung und Berufsbildung begreifen zu können, verweist Blankertz auf die historische Situation im 18. Jahrhundert und auf die pädagogische Bewegung des Philanthropismus als die Theorie der Pädagogik der Aufklärung und des Merkantilismus. Mit der Aufklärung und den ökonomischen Reformen durch den Merkantilismus wächst die Bedeutung der institutionalisierten Erziehung, die nun nicht mehr bloß zur Gelehrsamkeit zu erziehen, sondern "zur Bewährung in der Wirklichkeit des Lebens zu führen" hat (Blankertz 1963/1985,29).
Das Bildungswesen behält bzw. entwickelt trotz seines auf Nutzen und Nützlichkeit gerichteten Erziehungsgedankens seine strikte standesgebundene Gliederung: die Ritterakademien für den Adel, die Real- und Fachschulen für die bürgerliche Mittelschicht und die Armen-, Industrie- und Bauernschulen für die unteren Schichten.

---

1 Hervorzuheben sind hier besonders die neokonservativen Begründungen einer auf Funktionalität orientierten Allgemeinbildung. Vgl. Kommission Weiterbildung des Landes Baden-Württemberg, Bericht der Kommission "Weiterbildung". Stuttgart 1984, Wilms, D. 1985

2 G. Kutscha im Vorwort zu Blankertz 1963/1985

Blankertz erläutert dann an den Arbeiten von Campe und Villaume wesentliche Inhalte des pädagogischen Denkens des Philanthropismus (vgl. ebd., 36ff). Campe geht davon aus, daß die natürliche Bestimmung aller Menschen in der gleichmäßigen Entwicklung ihrer ursprünglichen Kräfte liegt und damit auch erst die Möglichkeit einer optimalen Gemeinnützigkeit gegeben ist. Diese formale Bildungstheorie ist gegenüber Bildungsinhalten nicht gleichgültig, aber im Prinzip ist jegliche Berufsbildung jeglichen Standes trotz der Spezifität geeignet, vielseitige und geübte Kräfte auszubilden und zu entwickeln.

Während Campe an einer naturrechtlichen und vermögenspsychologischen Begründung seines pädagogischen Optimismus, der in der Tendenz zumindest die Standesgrenzen überwindet, festhält, werden bei Villaume die Widersprüche zwischen einer an Brauchbarkeit und gesellschaftlicher Nützlichkeit orientierten Erziehung und dem Erziehungsideal nach umfassender Ausbildung der menschlichen Wesenskräfte deutlicher. Das Gegebene des Standes und die damit verbundene spezifische Nützlichkeit von Bildung begrenzen bei ihm allemal die nach Vollkommenheit strebenden Ziele aufklärerischer Menschenbildung.

Blankertz verfolgt dann weiter sein Hauptanliegen, nämlich zu zeigen, wie der Neuhumanismus als pädagogische Bewegung sich zwar einerseits deutlich gegen die Standes- und Berufserziehung der Philanthropen und ihre unmittelbaren Nützlichkeitserwägungen in der merkantilen Gesellschaft richtet, andererseits dies aber keinesfalls bedeutet, daß die neuhumanistische Bildungstheorie den Gedanken der Berufsbildung aus ihrer Konzeption als "denkunmöglich" ausschließt. So lehnt der Neuhumanist Niethammer nicht nur die utilitaristischen Vorstellungen der Aufklärungspädagogik ab, sondern verweist auch die alte Gelehrtenbildung des Humanismus als beschränkt und einseitig in ihre Grenzen (vgl. ebd., 81). Dagegen wird die Idee der formalen Bildung entwickelt, die nur solche Inhalte zuläßt, die die Kräfte des Menschen unabhängig von allen unmittelbaren gesellschaftlichen Bedürfnissen entfaltet und darin den eigentlichen Auftrag der Erziehung und Bildung sieht. Dies bedeutet nicht, daß die Berufsbildung als diesem Bildungsideal unangemessen abgelehnt würde, vielmehr wird neben Sprachen und anderen humanistischen Inhalten auch der Bildungswert sogenannter Realien und anderer tätigkeitsbezogener Inhalte anerkannt. Freilich sollte die Berufsbildung im engeren Sinne wie auch die auf die Universität vorbereitende Bildung erst in einer zweiten Phase der humanen Individualitätsbildung in der allgemeinen Volksschule folgen (vgl. ebd., 87).[1]

Bei Humboldt findet Blankertz nun die grundlegenden Ansätze des Individualitätsdenkens der Neuhumanisten. Humboldt faßt den Prozeß der Selbstverwirklichung des Menschen unter einem Doppelgesichtspunkt. "Denn wenn einerseits der Mensch in seiner Einmaligkeit und Unverwechselbarkeit dazu angelegt sein soll, seine jeweils eigene Eigentümlichkeit zu gewinnen und in Kraft und Bildung zu entfalten, so ist doch andererseits der fortschreitende Prozeß der Individualisierung ein Bildungsvorgang, der sich an den Inhalten der objektiven Welt vollziehen muß" (ebd., 89f). Bildung bedeutet nicht Assimilierung des Menschen an die objektiven Anforderungen der äußeren Welt, da diese äußere Welt ja selbst als Objektivation subjektiver Leistung und als Allgemeines, als verkörperte Universalität im Begriff der Individualität enthalten ist. Die Einmaligkeit jeglicher menschlicher Individualität in der Erscheinungsform empirischer Subjektivität repräsentiert dabei die Idealität einer Menschlichkeit, die im Begriff der Vernunft, des Geistes oder als transzendentale Subjektivität "in seiner majestätischen Unableitbarkeit am Anfang und am Ziel dieser Bildungsphilosophie" steht (ebd., 90).

Am Beispiel der Humboldtschen Sprachphilosophie wird das Gemeinte deutlicher. "Die Sprache leistet die gesuchte Doppel-Funktion, sie ist das Medium des Allgemeinen, des Logos, kraft dessen die Individuen miteinander verbunden sind und sie ist zugleich auch die Schöpfung des individuellen Geistes, sie verbürgt das Menschsein des Menschen und garantiert damit den Weg des sich bildenden Geistes zu sich selbst" (ebd., 90). Zwar ist für Humboldt Sprache ein bevorzugtes Medium des Bildungsprozesses, weil sie als allgemeine und zugleich individuelle Kategorie in besonderer Weise konstitutiv ist für die Möglichkeit menschlicher Bildung, aber im Grunde ist jede Sache, jeder Gegenstand, jede Tätigkeit geeignet, den Bildungsprozeß des Menschen in der Verwirklichung der ihm jeweils eigenen Möglichkeiten zu vollenden (vgl. ebd., 93).

---

1 vgl. auch Tenorth 1986, der mehr noch auf die Geschichtlichkeit der Theorien des Neuhumanismus und die bildungspolitischen Folgen aufmerksam macht.

Blankertz zieht daraus den Schluß: "Vom Grundgedanken des Bildungsideals her muß die Apologie der Menschenbildung in eine Theorie der Berufsbildung, wenn freilich auch eine solche ohne Utilität, einmünden, nämlich in der Frage, unter welchen Bedingungen, wie Welt und Leben überhaupt, die Gegebenheiten des Berufs zum Bildungsmittel mediatisierbar sind" (ebd., 98f).
Er sieht es deswegen auch als folgerichtig, wenn die Berufsbildungstheorie zu Beginn dieses Jahrhunderts (Spranger, Kerschensteiner u.a.) in ihren Begründungen an die Bildungstheorie des Neuhumanismus anknüpfen (vgl. ebd., 107). So wehrt sich Spranger gegen die Trennung von Allgemeinbildung und Berufsbildung unter inhaltlichen Gesichtspunkten und bezeichnet jede Bildung als Spezialbildung, sofern sie als materiale Bildung gefaßt sei und jede Spezialbildung als Allgemeinbildung der Form nach, allgemeine Form jeder besonderen Bildung (vgl. ebd., 190f).
Um den philosophischen Kern dieser Aussage, derzufolge die Wahrheit der Allgemeinbildung in der besonderen oder beruflichen Bildung zu finden sei, herauszuarbeiten, greift Blankertz auf die Hegelsche Dialektik von Herrschaft und Knechtschaft zurück, weil hier die Fragestellung über den Neuhumanismus hinaus radikalisiert sei. Hegel zeigt, daß nur der Knecht, an seine Arbeit gefesselt, in der Lage ist, eben durch die Bildungskraft der Arbeit, die er reflexiv durchdringen kann, zu selbständigem Bewußtsein gelangt, während der Herr in der entfremdeten Existenz des bloßen Genusses, der sein Selbstbewußtsein negiert, verbleibt (vgl. ebd., 119ff).
Diese frühe Arbeit von Blankertz verdient m.E. auch heute noch Beachtung, weil sie das in der Folge des Neuhumanismus sich herausbildende pädagogische Denken, daß Berufsbildung der Allgemeinbildung sowohl zeitlich wie logisch nachgeordnet sei, durch die Interpretation der Klassiker selbst widerlegt. Gleichwohl darf nicht übersehen werden, daß durch die Weiterentwicklung kritischer Gesellschaftstheorie und kritischer Erziehungswissenschaft, an der nicht zuletzt Blankertz wesentlich beteiligt war, diese Überlegungen einer Weiterführung und Kritik bedürfen.
Mit Hegel wollte Blankertz das bildungstheoretische Problem radikalisieren, aber insofern als an der Dialektik von Herr und Knecht das Trennende, das Unversöhnte, das entfremdete Moment einer geschichtli-

chen Situation deutlich wird, das die neuhumanistischen Bildungstheoretiker vorschnell in ihren schulpädagogischen Entwürfen von Allgemeinbildung übergangen haben, führt der Gedanke von Bildung als Versöhnung in eine Aporie. Diese Aporie im geschichtsphilosophischen Denken der klassischen Bildungslehre liegt darin, daß ja im Grunde dieselbe Vernunft, die im geschichtlichen Prozeß auch die Entfremdung des Menschen von Natur, seiner Arbeit, seinem Bewußtsein und der Sittlichkeit mitmenschlichen Zusammenlebens verursacht hat, über Bildung auch die Rückkehr aus dieser Selbstentfremdung ermöglichen soll.[1]

Der zweite Ansatz einer Kritik steckt in der ideologiekritischen Konfrontation des klassischen Bildungsgedankens mit der gesellschaftlichen Wirklichkeit und der spezifischen Funktionalität von Bildung und Erziehung. Blankertz selbst weist auf den Mißbrauch der Bildungstheorie als ideologische Legitimationsinstanz hin. "Die verschwiegene politische Funktion des Vorgangs (nämlich die Allgemeinbildung als eigentlich wahre Menschenbildung von der Berufsbildung als funktionale Anpassungsbildung zu trennen, M.I.), bestand darin, daß eine von politisch-gesellschaftlichen, ökonomischen und technologischen Bezügen freigehaltene 'Allgemeinbildung' die fraglichen Handlungsgebiete aus der schulmäßig eingeübten Kritik entläßt. Vernünftige Kritik war dann beschränkt auf Sprach-, Text- und Kunstkritik, während die gesellschaftliche, die ökonomische und die technologische Tätigkeit des Menschen gerade durch die Trennung, die angeblich dem Prinzip der Bildung zufolge notwendig sein sollte, der Reflexion entzogen wurde" (Blankertz 1974,68).

Aber alle Ideologiekritik und kritische Wissenschaftslehre zerstören bei Blankertz nicht den Kern des Idealismus seiner subjektphilosophischen Bildungslehre. Zwar betont er unter dem Eindruck der Prämissen der Kritschen Theorie und insbesondere der von Adorno und Horkheimer formulierten Dialektik der Aufklärung den Widerspruch zwischen der unter dem Signum der Aufklärung gefaßten Befreiung des Menschen von blindem Naturzwang und unbefragter Herrschaft, die im Zuge der historischen Entwicklung von Wissenschaft und Technik als Sachzwang dem Menschen als neue Form von Herrschaft begegnet, aber er deutet

1 vgl. dazu den Exkurs im ersten Kapitel

diese Kritik als Wissenschaftskritik und nicht als zumindest im Ansatz radikale Vernunftkritik (vgl. Blankertz 1982,72). Die Begriffe Freiheit, Vernunft, Menschlichkeit stehen nun nicht mehr in ihrem Absolutheitsanspruch dar, sondern werden reflektiert vor dem Hintergrund konkrethistorischer Verhältnisse, und Bildung wird unter Bezug auf Heydorn[1] gefaßt als Kraft, sich gegen gesellschaftlichen Außendruck, auch gegen den erzieherischen Anspruch selbst, zu behaupten. Ziel bleibt die Bildung als Befreiung des Menschen zu sich selbst, zu Urteil und Kritik" (vgl. ebd., 75). Dieses widerständige Moment aller Bildung beruft sich auf ein Allgemeines, das als in Wissenschaft und Philosophie verkörperte Vernunft der transzendentale Bezugspunkt auch der kritischen Bildungstheorie bei Blankertz bleibt.

Blankertz steht hier exemplarisch für die Tradition der Kritischen Erziehungswissenschaft.[2] Deren Ansatz und Problematik hat Brunkhorst (1983) einer kritischen Reflexion unterzogen.[3] Seine wesentlichen Argumente lauten: Die Kritische Erziehungswissenschaft habe kurzschlüssig das Programm einer kritisch rationalen Erziehungs**wissenschaft**, ihre Verfahren und Aussagesysteme, mit der **Praxis** der Erziehung zusammenbinden wollen. Praktisch-pädagogische Emanzipation wurde dem nachgebildet, was als Selbstreflexion zentrales Moment einer emanzipatorischen Interessen verpflichteten Erziehungswissenschaft war, ohne ausreichend die sozialen und funktionalen Bedingungen, in die Erziehungs- und Bildungsprozesse eingebunden sind, zu reflektieren. Zweitens halte auch die Kritische Erziehungswissenschaft an dem aus der geisteswissenschaftlichen Tradition kommenden Postulat der Autonomie der Pädagogik gegenüber Politik und Ökonomie fest, auch wenn sie dabei ideologiekritisch verfährt und die Wertbasis der alten geisteswissenschaftlichen Pädagogik als Flucht vor der Wirklichkeit erkennt. Der Kritischen Erziehungswissenschaft gelingt es aber nicht, einen ausreichend "plausiblen Verweisungszusammenhang" (Brunkhorst 1983,83) zwischen pädagogischer Autonomie und der gesellschaftlichen, auch der materiellen Produktion herzustellen.

---

1 vgl. Heydorn 1969

2 Wichtige andere Vertreter sind K. Mollenhauer und W. Klafki.

3 Ähnlich argumentiert Gruschka (1988), der seine Kritik vor allem an der selektiven "Verwendung" der Kritischen Theorie durch die Kritische Erziehungswissenschaft festmacht.

Diese Schwierigkeiten haben sicherlich dazu beigetragen, daß etwa seit den sechziger Jahren weniger von Bildung und mehr von Qualifikation die Rede ist. In der Verwendung des Qualifikationsbegriffs wird nicht aus einem bestimmten Persönlichkeitsideal heraus bestimmt, was Erziehung und Bildung zu bewirken habe, sondern hier wird der Ausgangspunkt bei den Anforderungen gesetzt, die aus Lebenssituationen, insbesondere Arbeitssituationen, erwachsen. "Qualifikation kann definiert werden als Arbeitsvermögen, als die Gesamtheit der je subjektiv-individuellen Fähigkeiten, Kenntnisse und Fertigkeiten, die es dem einzelnen erlauben, eine bestimmte Arbeitsfunktion zu erfüllen; Qualifikation bedeutet somit die an das arbeitende Subjekt gebundenen Voraussetzungen des Produktions- und Reproduktionsprozesses" (Baethge 1974,479).[1]

Je nach Art und Inhalt der Anforderungen werden unterschiedliche Inhalte und Ebenen von Qualifikationen definiert. Vor dem Hintergrund eines gegebenen Standes technischer Entwicklung, arbeitsorganisatorischer Gestaltung und berufsförmiger Differenzierung lassen sich fachliche, funktionale, prozeßgebundenen oder instrumentelle Qualifikationen identifizieren, die auf den Vollzug konkreter Arbeitsanforderungen abstellen.

Extrafunktionale, prozeßunabhängige Qualifikationen oder Schlüsselqualifikationen verwiesen dagegen auf die Dynamik in den Arbeitsstrukturen industrie-kapitalistischer Gesellschaften. In der Definition von Mertens (1988) sind Schlüsselqualifikationen überwiegend intellektuell bestimmte Kenntnisse, Fähigkeiten und Fertigkeiten mit Transferqualitäten, die es Menschen ermöglichen, verschiedene Tätigkeiten alternativ auszuüben oder im Lauf des Lebens sich veränderten Anforderungen im Arbeitsfeld anzupassen.

In den Bestimmungen, die der Begriff Schlüsselqualifikationen vor allem durch die Vertreter betrieblicher Aus- und Weiterbildung erfährt, findet sich unter diesem Begriff eher ein Katalog von Mitarbeitertugenden, der überwiegend Persönlichkeitsmerkmale enthält, die den komplexen Anforderungen industrieller Produktion gerecht werden, z.B.

---

1 In der Schulpädagogik wie in der Erwachsenenbildung ist die Verwendung des Qualifikationsbegriffs nicht auf den Handlungsbereich Arbeit begrenzt, sondern auf eine Vielzahl möglicher Verwendungssituationen erweitert worden (vgl. Robinsohn 1967, Siebert 1974).

Verantwortungsbewußtsein, Zuverlässigkeit, Disziplin, Flexibilität, Konzentrations- und Entscheidungsfähigkeit für teure Produktionsanlagen und hochgradig riskante Produktionsverfahren.[1]
Aus kapitalismus-kritischer Sicht ist der Qualifikationsbegriff um die Dimension der gesellschaftlich-politischen Formbestimmung von Arbeit erweitert worden. Integriert wurden dadurch soziale und politische Qualifikationen, die sich auf die Durchsetzungsfähigkeit der besonderen Interessen abhängig Beschäftigter bezogen.[2]
Im erweiterten Qualifikationsbegriff ist die alte Trennung zwischen Berufsbildung und Allgemeinbildung/Politische Bildung aufgehoben, auf der anderen Seite ist diese Integration beschränkt auf die inhaltlichen Aspekte des Qualifikationsbegriffs (vgl. Kade 1983,863). Berücksichtigt man dagegen auch die Formseite des Qualifikationsbegriffs, wird die Problematik dieses Begriffs erst deutlich. "Qualifikationen sind gegenüber den konkreten Handlungssubjekten und Handlungssituationen verselbständigte Fähigkeiten bzw. Fähigkeitsbündel" (Kade 1983,864), in denen eine gesellschaftliche Durchschnittlichkeit zum Ausdruck kommt, die tendenziell jegliche individuelle Besonderheit in der Ausführung einer Handlung tilgt.
Qualifikation ist der Bildungsmodus einer spezifischen Vergesellschaftungsform der Arbeit, der kapitalistisch-industriellen Lohnarbeit. Qualifikationen verweisen zwar auf Anwendung, der Prozeß des Erwerbens von Kenntnissen und Fähigkeit ist aber davon gelöst, der Anwendungsbezug besteht nur der Möglichkeit nach. Wenn Qualifikationen nicht nachgefragt werden, "verschleißen" oder "veraltern" sie; die Möglichkeit von Qualifikation auf Vorrat" wird erwogen, als könnten tatsächlich menschliche Fähigkeiten und Kenntnisse von den realen Vollzügen in der Lebens- und Arbeitspraxis abgelöst werden.
Alternativen zum Qualifikationsbegriff liegen allerdings nicht in einem zweckfreien Bildungsbegriff, dessen kritischer Impuls sich aus dem Gegensatz zu Politik und Ökonomie speist. Qualifikationsbegriff wie subjektbezogenem Bildungsbegriff gemeinsam ist die Tendenz, den Zusammenhang zwischen Individuum und Gesellschaft nach der einen oder anderen Seite hin universalistisch zu hypostasieren. Während unter

1 vgl. die verschiedenen Beiträge u.a. aus Arbeitgebersicht in Nuissl/Siebert/Weinberg 1988

2 Zum Begriff der Lohnarbeiterqualifikation vgl. Baethge/ Schumann 1973.

der abstrakten Allgemeinheit des Qualifikationsbegriffs das Individuum der Tendenz nach unter Verwertungsimperativen funktionalisiert wird, neigt der Bildungsbegriff dazu, individuelle Entwicklung als Entfaltung von Subjektqualitäten zu überhöhen.
Im folgenden ist zu prüfen, ob ein phänomenologisch-kommunikationstheoretisch formulierter Bildungsbegriff aus dieser dualistischen Betrachtung von Individuum und Gesellschaft herausführen kann.

2.2 Die phänomenologisch-kommunikationstheoretische Formulierung des Bildungsbegriffs

Habermas bezieht sich in seiner Formulierung des Begriffs der kommunikativen Rationalität u.a. auf Humboldts Sprachphilosophie (vgl. Habermas 1986b,328ff). Aber anders als Blankertz, der Humboldts Gedanken immer wieder in den Konfigurationen der Subjekt-Objekt-Beziehung faßt und damit auch die Sprache als Objektivation menschlichen Geistes im Bildungsprozeß selbstbezüglicher Subjektivität verortet, sieht Habermas bei Humboldt ein Spannungsverhältnis zwischen einerseits den subjektphilosophischen Denkfiguren vom Subjekt als empirische und transzendentale Monade und Welt (Menschheit) als Objekt und andererseits "der kommunikationstheoretischen Grundfigur der Verständigung zwischen sprach- und handlungsfähigen Subjekten über etwas in der Welt; für sie ist die Beziehung von Ego zu einem **gleichursprünglichen** Alter Ego konstitutiv" (ebd., 332). Dieser Verständigungsprozeß konstituiert soziale Räume, Lebenswelten, individuelle Lebensformen, Sprachformen und Weltansichten, die in ihrer Mannigfaltigkeit nicht bloß Erscheinungen einer das ganze umgreifenden substantiellen Vernunft sind, sondern deren Allgemeinheit in der kommunikativen Rationalität der Verständigungsprozesse liegt, über die sie sich reproduzieren. "Der Begriff der kommunikativen Rationalität erstreckt sich jedoch nicht nur auf Prozesse der absichtlichen Konsensbildung, sondern auch auf Strukturen des Vorverständigtseins in einer intersubjektiv geteilten Lebenswelt" (ebd., 339). Kommunikative Rationalität ist also sowohl in der ungebrochenen Intersubjektivität lebensweltlicher Vorverständigung als auch in der

gebrochenen Intersubjektivität sprachlicher Verständigung verkörpert.[1] Verständigungsprozesse im Sinne kommunikativer Rationalität kennzeichnen weiter die Vermittlungsprozesse innerhalb und zwischen den rationalisierten und verselbständigten Wertsphären (Wissenschaft, Moral, Kunst) und die Vermittlung dieser Expertenkulturen mit den "diffusen Selbstverständigungsprozessen des Alltags" (ebd., 340).[2]
Ein Bildungsbegriff, der nicht länger idealistisch an die Totalität des Individuums gebunden, sondern an Kategorien wie Kommunikation und Intersubjektivität orientiert ist, muß sich auf alle drei, nur analytisch zu trennende Ebenen kommunikativer Rationalität beziehen.
Habermas setzt seine Lesart der Humboldtschen Sprachphilosophie nicht in Beziehung zu dessen bildungstheoretischen Überlegungen, wie überhaupt es bei Habermas kaum Hinweise gibt, wie seine Theorie kommunikativen Handelns in Beziehung zu setzen ist zum Gegenstandsbereich von Bildung und Erziehung (vgl. Miedema 1987,748; Oelkers 1983,273; Rauschenbach/Trede 1988,22).
Auf der anderen Seite gibt es phänomenologisch orientierte Ansätze in der pädagogischen Theoriebildung, die bei aller Unterschiedlichkeit gleich sind in der Ablehnung personalistischer Bildungs- und Erziehungskonzepte und bei denen implizit durchaus Bezüge zur Theorie des kommunikativen Handelns herstellbar sind (vgl. Meyer-Drawe 1984, Lippitz 1980, Schaller 1987). Ich möchte mich im folgenden auf die als Programm formulierte Pädagogik der Kommunikation beziehen, um daraus Hinweise auf eine Neuformulierung des Bildungsbegriffs zu beziehen.
Die Pädagogik der Kommunikation hat ihre sozialphilosophischen Grundlagen in der Phänomenologie. Die Bildungstheorie der Pädagogik der Kommunikation fußt in der grundlegenden Ablehnung personalisti-

---

1 Eine solche Fassung des Begriffs löst Kommunikation aus dem Idealismus des Diskursbegriffs, in dem Rationalität kontrafaktisch immer schon sichergestellt ist. An einen solchen Diskursbegriff orientiert Mollenhauer seine pädagogische Theoriebildung (vgl. Mollenhauer 1972,62ff).

2 Habermas warnt davor, die philosophische Frage nach den Bedingungen der Möglichkeit dieser Vermittlungsprozesse vorschnell mit der empirischen Frage nach den faktischen Vollzügen zu vermischen. Die empirische Frage kommt ohne die soziologische Analyse des Einflusses der mediengesteuerten Subsysteme nicht aus. So ist m.E. der Bildungsbereich nur unter empirischen Gesichtspunkten als zwischen System und Lebenswelt angesiedelt zu bezeichnen, dem Begriff nach gehören Bildung und Erziehung zum durch Verständigung strukturierten Bereich der Lebenswelt.

scher Konzeptionen, die sich an der Idee der Subjektivität orientieren. Der Ausgangspunkt ist nicht das Subjekt als Monade, das die Welt, seine Gegenstände und Mitmenschen zum Zwecke des eigenen Bildungsanspruchs mediatisiert und das nur zu eigener Selbstverwirklichung drängt, sondern die leiblich-fundierte, präreflexive, unhintergehbare Inter-Subjektivität menschlichen Daseins.[1]
In dieser Inter-Subjektivität "fungiert sozialer Sinn, dessen Genese nicht auf die konstituierenden Leistungen agierender Subjekte reduzierbar ist, sondern der, Produkt historischer Praxis, seinerseits Intentionen aktualer Praxis vorstrukturiert, indem er einen Horizont unthematisch fungierenden Sinns als intentionalen Möglichkeitsraum vorzeichnet, innerhalb dessen sich Subjekte immer schon handelnd, sprechend und denkend bewegen und den kein reflexiver Akt auf eine Sphäre geschichtsentlasteter transzentaler Transparenz hin zu übersteigen vermag" (Rustemeyer 1985,73f).
Schaller nennt den Vollzug von Inter-Subjektivität oder primordialer Sozialität Kommunikation (vgl. Schaller 1987a). Er unterscheidet von dieser Kommunikationsebene (KO I), auf der die die Subjekte umschließende Lebenswelt sich konstituiert, die Kommunikation (KO II), die als wechselseitiger Prozeß zwischen individuellen Subjekten definiert ist und wo die durch Kommunikation vollzogene Intersubjektivität jeweils von den beteiligten Subjekten her verstanden wird.[2]
Die pädagogische Theorie hat beide Ebenen der Kommunikation zu thematisieren. "Pädagogisch läßt sich über die Wechselwirkung von Subjekten (KO II) Verbindliches nur sagen, wenn im Blick bleibt, daß sie je individuelle Perspektiven des im Vollzug von Inter-Subjektivität konstituierten Horizonts gemeinsamen sozialen Sinns (KO I) sind" (ebd., 223).
In der primordialen Gemeinsamkeit menschlicher Existenz sieht Schaller dann auch eine Vernunft verkörpert, die wegen der Partikularität der Lebensformen und den historisch kontingenten Sinnordnungen moderner Gesellschaften keinen universalen Charakter in traditionellem Sinn mehr

---

1 Die leiblich-körperliche Dimension sozialen Handelns ist ein bei Habermas vernachlässigter Aspekt in der Theorie des kommunikativen Handelns, vgl. Honneth 1985,210.

2 Die bei Habermas getroffene Unterscheidung zwischen ungebrochener und gebrochener Intersubjektivität findet sich hier in der unterschiedlichen Schreibweise von Inter-Subjektivität und Intersubjektivität wieder.

haben kann, dennoch in den Grenzerfahrungen der Bedrohung menschlichen Lebens und in der Erwartung menschenwürdigen Lebens zum Ausdruck kommt (vgl. Schaller 1987,60f). "So wie Individuum und Gesellschaft 'Artikulationen' einer fundamentalen Struktur intersubjektiver Praxis sind, so zielt die Vernunft der Pädagogik der Kommunikation auf Demokratisierung und Rationalisierung, also Humanisierung intersubjektiv-gesellschaftlicher Praxis, in die ihrerseits das Programm dieser Vernunft als kollektive Erwartung, das heißt aber auch der wie immer unausdrücklichen Erwartung der Einzelnen eingelassen ist. Weil nun die Pädagogik der Kommunikation davon ausgeht, daß Vernunft in diesem Sinne der gesellschaftlichen Praxis zwar nicht als realisierte, aber als programmatisch antizipierte verbindliche Erwartung inhäriert, müssen Politik und Pädagogik kooperativ das auch für sie verpflichtende Ziel dieser Praxis anstreben: Demokratie und Rationalität. Für die Pädagogik der Kommunikation besagt dies, daß der Begriff der Bildung als soziale und nicht individuale Kategorie eben das historische Vernunftprojekt der bürgerlichen Moderne beschreibt und daß Erziehung ihre Aufgabe in der Herstellung humaner Handlungsorientierung findet" (Rustemeyer 1985,75).

Humane Handlungsorientierung findet also ihr Ziel nicht in der Qualifikation von Subjekten, sondern in der Qualität der Gesellschaft, wobei der Pädagogik die Aufgabe zufällt, den Anspruch auf "Demokratisierung der Lebensverhältnisse" und "Rationale Lebensführung", solange er gesellschaftlich nicht realisiert ist, im Bewußtsein wachzuhalten und in ihrem Bereich antizipatorisch zu praktizieren (vgl. ebd., 75).[1]

1 Ich kann an dieser Stelle nicht auf die möglichen theoretischen Defizite der Pädagogik der Kommunikation eingehen (vgl. dazu Rustemeyer 1985, Meyer-Drawe 1984). Wichtig war mir festzuhalten, daß ähnlich wie bei Habermas kommunikative Rationalität (auch in einem bildungstheoretischen Konzept) kein kontrafaktisches Idealbild ist, sondern in der praktischen Verständigung und der Sozialität lebensweltlichen Zusammenlebens gründet. Daß Habermas diese Rationalität eher aus der Analyse von Sprechakten gewinnt, während sich die phänomenologisch orientierte Pädagogik der Kommunikation mehr auf die ursprüngliche Gemeinsamkeit menschlichen In-der-Welt-Seins bezieht, sollte dabei nicht verschwiegen werden.

2.3 Zum Bildungsverständnis in der Erwachsenenbildung - Lebensweltbezug und Verständigungsorientierung

Im Hinblick auf bildungstheoretische Entwürfe in der Erwachsenenbildung sind es vor allem lebensweltbezogene Ansätze, die den im vorhergehenden Abschnitt angesprochenen Zusammenhang aufgreifen. Ich will im folgenden zwei Ansätze aus dieser Richtung darstellen, kritisch diskutieren und erweitern.

In der Tradition der phänomenologischen Soziologie (Schütz, Merleau-Ponty) und der Sozialpsychologie Meads versteht **Schmitz** (1983, ders. 1984) Lebenswelt als den Wirklichkeitsbereich, in der der Mensch primär über seine Leiblichkeit physisch eingebunden ist (Naturwelt), der aber auch immer ein intersubjektiv geteilter Wirklichkeitsbereich ist, insofern Sozialwelt. Die Lebenswelt nötigt zu ständiger Problembewältigung, in der Erkennen und Handeln verknüpft sind. Der Prozeß des Erkennens fußt wiederum auf sinnlich-physischer Wahrnehmung und bedeutungsbezogener Wahrnehmung, da die Lebenswelt als umgebender Horizont schon immer eine in Symbolen gefaßte, interpretierte Umwelt ist.

Eine wesentliche Sozialisationsleistung besteht darin, daß Kinder die Regeln und ihre Bedeutung aus der Lebenswelt, in die sie hineingeboren werden, übernehmen. Schmitz faßt diesen Prozeß in der Meadschen Dialektik von I und Me: "Der Begriff des I bezeichnet das Prinzip der Kreativität und Spontaneität, gleichzeitig aber auch die biologisch gegebene Triebausstattung des Menschen, der damit - so eine der Annahmen der Sozialpsychologie - über einen konstitutiven Antriebsüberschuß verfügt. Dieser Antriebsüberschuß wird durch gesellschaftliche Verhaltenserwartungen kanalisiert, schafft sich aber, wenn seine Realisierung verhindert wird, auch in Phantasien Raum. Instanz der vernunftmäßigen Kanalisierung von Verhaltensimpulsen ist das Me, das durch die Übernahme von Verhaltenserwartungen Anderer im Prozeß der Interaktion entsteht. Dabei kommt es sowohl zu einer Verinnerlichung gesellschaftlicher Normierungen als auch zu einem aus den Erwartungen Anderer konstruierten Selbstbild (Identität) des Subjekts".[1] Sozialisation als Herausbildung von Subjektivität wird hier also nicht

---

1 Schmitz 1984,99f

verstanden als bloße Entfaltung eines Potentials, als Selbstbildung, die sich über die soziale und physische Umwelt bloß vermittelt, sondern als Ergebnis intersubjektiver Praxis gleichursprünglicher Ego und Alter Ego vor dem Hintergrund ihrer triebgebundenen Leiblichkeit.[1]
Die Wahrnehmungs-, Erkenntnis- und Handlungsprozesse in der alltäglichen Lebensbewältigung kumulieren in einem Alltagswissen, das als Bestand von Begriffen und Regeln routinemäßig bei neuen Handlungsproblemen angewandt werden kann. Obwohl diese Prozesse selten reflektiert und auf ihre Angemessenheit überprüft stattfinden, gelingen sie in der Regel, eben weil "das Alltagswissen über die Lebenswelt ... nicht etwas subjektiv Beliebiges ist, sondern dem Handelnden durch die Strukturen seiner Umwelt aufgedrängtes Muster dieser Wirklichkeit" ist (Schmitz 1984,102).
Schmitz bezeichnet im folgenden dann - sich auf Berger und Luckmann berufend - dieses Alltagswissen als "subjektive Wirklichkeit", was m.E. mißverständlich ist, weil im Anschluß an die vorherige phänomenologisch orientierte Argumentation "intersubjektive Wirklichkeit" angemessener wäre. Dies mag seinen Grund darin haben, daß Schmitz letztlich zwar Intersubjektivität als zentrale Kategorie der alltäglichen Lebenswelt hervorhebt, den daraus resultierenden sozialen Sinn aber nicht mehr in den konkreten sozialen Handlungsvollzügen, sondern in den individuellen Bewußtseinsleistungen und in der Selbstauslegung des einzelnen auffindet.[2]
Wegen dieser Betonung der deutenden und interpretativen Leistungen der Subjekte geht Schmitz dann auch im folgenden von einer Dualität zwischen subjektiver und objektiver Wirklichkeit aus. "Die in der primären Sozialisation angeeignete subjektive Wirklichkeit verändert sich für den Heranwachsenden und Erwachsenen weiter, indem er im System der gesellschaftlichen Arbeitsteilung Rollen übernimmt, deren Handlungsregeln und Sinnstrukturen spezialisierte Ausschnitte aus der subjektiven Wirklichkeit des Berufs, der Familienrolle, der politischen Funktionen und so weiter darstellen. Die Lebenswelt und ihre Deutung durch die Handlungssubjekte sind also mit der Differenzierung und dem

---

1 Zur Dialektik von Konstitution und Personalisation - "Ich mache mich zu dem, der ich bin" vgl. auch Habermas 1981,II,166f; Brunkhorst 1983,85

2 vgl. dazu auch eine ähnliche Kritik an Schütz bei Meyer-Drawe (1984,123ff)

Wandel der objektiven Wirklichkeit sowie durch den Wechsel der Lebensalter einer ständigen Veränderung unterworfen" (Schmitz 1984,106).

In diese Prozesse sekundärer Sozialisation verortet Schmitz Erwachsenenbildung als lebensweltbezogenen Erkenntnisprozeß. Erwachsenenbildung wird "- als ein spezifischer Typus pädagogischer Interaktion - theoretisch gefaßt als ein außerhalb der unmittelbaren Lebenspraxis angesiedelter, aber auf diese intentional bezogener kommunikativer Prozeß der deutenden Übersetzung zwischen den Bedeutungszusammenhängen der subjektiven und der objektiven Wirklichkeit" (ebd., 95) verstanden. Die Interventionsform Erwachsenenbildung ist immer dann gefragt, wenn Erwachsene Handlungsprobleme in ihrer Lebenspraxis nicht mehr mit herkömmlichen Möglichkeiten des Alltagsgesprächs, des autodidaktischen Wissenserwerbs oder auch des Ausweichens lösen können und diese Probleme dann zum Thema in der Erwachsenenbildung werden (vgl. Schmitz 1983,66).[1] Bildung wird verstanden als Aufklärung, nämlich als Aufklärung über die Begründungsdefizite alltäglicher individueller Deutungsschemata unter den Bedingungen sich ständig verändernder objektiver Wirklichkeit.

Dieser Ansatz in der Erwachsenenbildung läuft m.E. Gefahr, trotz seiner Bezugnahme auf die lebensweltlichen Bezüge und ihre kommunikative Praxis, wegen der Bevorzugung der deutenden und reflektierenden Bewußtseinsleistungen der Individuen die präreflexiven, sozialen und non-egologischen ebenso wie die widersprüchlichen und ungerichteten Anteile in Bildungsprozessen zu vernachlässigen.

Obwohl Schmitz seinen Lebensweltbegriff phänomenologisch fundiert und obwohl er Erwachsenenbildung als gesonderten Erfahrungsraum von der Lebenswelt abgrenzt, bleiben doch beide Bereiche über den Aneignungsmodus, der als subjektive Bewußtseinsleistung zu charakterisieren ist, verbunden. Entsprechend definiert er Erwachsenenbildung zwar als Interaktion, begrenzt diese aber auf Vermittlungsprozesse zwischen Wissensformen (Alltagswissen und wissenschaftliches Wissen). Ausgeblendet bleiben umfassendere Aspekte der Konstitution sozialer Realität in der Erwachsenenbildung.

---

1 Andere mögliche Interventionsformen sind Therapie und Beratung.

Am Beispiel von Störungen in Lehr-Lern-Prozessen der Erwachsenenbildung, ein in der Theorie der Erwachsenenbildung bislang wenig beachtetes Problem, läßt sich die Gefahr der Idealisierung von Bildungsprozessen verdeutlichen (vgl. Kade 1985). Störungen machen auf den Bruch aufmerksam, der zwischen dem in Bildungstheorien der Erwachsenenbildung formulierten Anspruch auf Reflexion der Begründungsdefizite alltäglicher Lebensbewältigung und dem Vollzug dieser praktischen Bewältigung des Alltags, für den begründetes und zielgerichtetes Handeln weniger typisch ist als die gebrochenen, ambivalenten und diskontinuierlichen Interaktionsformen alltäglicher Lebenszusammenhänge, bestehen kann. Die Grenze zwischen Alltagspraxis und Lehr-Lernsituation ist nur aus der Perspektive und aus der Situation des Kursleiters heraus scharf gezogen. Für den Teilnehmer ist sie weitaus durchlässiger. Lebensweltliche Interessen, die mit lebensweltbezogenen Lern- und Bildungsinteressen nicht umstandslos gleichzusetzen sind, beeinflussen das Lerngeschehen in der Erwachsenenbildung mehr oder weniger stark, so daß der Kurs durchaus zu einem Moment des Alltags werden kann (vgl. Kade 1985,25).
Dies soll nun in der Umkehrung nicht heißen, Bildungsprozesse an die Alltagskommunikation zu assimilieren und die Grenzen zwischen Erwachsenenbildung und Alltag zu verwischen. Um aber der Gefahr zu begegnen, daß auf neuer Ebene die erwachsenen Teilnehmer "als zu verurteilende und beurteilende Objekte" begriffen werden, verlangen "bildungsorientierte Kooperations- und Kommunikationsformen, die sich nicht über den analysierten Strukturbruch in der Erwachsenenbildung hinwegsetzen wollen, durch praktische Ausgrenzung oder theoretische Idealisierung, ... ein höheres Maß an Sensibilität und Offenheit für das, was nicht in eine kollektive, von Kursleitern und allen Teilnehmern gleichermaßen geteilte Kurskonzeption integriert, aber als Moment des Kurses toleriert werden kann" (ebd., 28).
Es stellt sich nun die weitergehendere Frage, ob und wie sich die geregelten und ungeregelten Bildungsprozesse in der Erwachsenenbildung auch theoretisch auf den Begriff bringen lassen. M.E. könnte ein Ansatz in dem von **Schlutz** vorgenommenen Versuch liegen, den Bildungsbegriff an den bei Habermas entlehnten Verständigungsbegriff zu binden (vgl. Schlutz 1985).

Auf drei Ebenen expliziert er Verständigung als analytische, als normative und als kritische Kategorie.
Als analytischen Begriff hebt Verständigung auf deren doppelsinnige Bedeutung als Prozeß des Austausch von Informationen und als Ergebnis von Auseinandersetzungen in der Form der Einigung ab. Sprache ist dabei nicht nur ein Instrument der Verständigung, sondern auch der Inhalt und der Horizont der gemeinsamen Wirklichkeit, in der und über die sich die beteiligten Partner verständigen. Über Sprache vollziehen sich auch wesentliche Prozesse der Sozialisation und der gesellschaftlichen Integration.
Über diese Mechanismen alltäglicher Verständigung durch Sprache kommt Schlutz zu einer vorläufigen Festlegung von Erwachsenenbildung. "Als Erwachsenenbildung sollten alle solche Verständigungssituationen und -prozesse betrachtet werden, die - ein Stück weit bewußt - der personalen Sozialisation, der sozialen Integration und der Verarbeitung von Wirklichkeitsdeutungen dienen, ob sie nun eigens dafür geplant oder ad hoc dazu genutzt werden, ob sie Bestandteil von Weiterbildungsprogrammen sind oder sich in anderen Formen öffentlicher Verständigung vollziehen" (ebd., 567).
Unter dem theoretisch-normativen Aspekt des Begriffs Verständigung geht es Schlutz dann darum, Erwachsenenbildung als Verständigungsprozeß weiter zu qualifizieren. Verständigungsprozesse in der Erwachsenenbildung heben sich von alltäglichen lebensweltlichen Kommunikationsprozessen und ihrem oft genug verdinglichten Sprachgebrauch ab, weil sie eher auf die Grundfigur der diskursiven Verständigung abzielen. "Verständigung bedeutet zunächst Auseinandersetzung, die mit Argumenten geführt wird. Ihr Ziel ist ein Einverständnis, das nicht auf Gleichgestimmtheit beruht, sondern auf dem Prozeß der Argumentation, und das daher begründet und verbal ausformuliert werden kann" (ebd., 569). In diesem Prozeß der Auseinandersetzung ist ein Lernprozeß verwoben, der mithin in der Verknüpfung von Verständigung und Selbstverständigung dem Bildungsprozeß "das Monologische und Monadische" nimmt (ebd., 570).[1]
Allerdings sind die Praxismöglichkeiten diskursiver Verständigung und Argumentation z.B. angesichts der herrschenden Verfassung von Arbeit

1 vgl. zum Problem kollektiver Lernprozesse Kap. 3.2.2 dieser Arbeit

und Politik kaum noch vorhanden bzw. müssen mühsam restituiert werden. Mit der Analyse des Verständigungsbegriffs als empirisch-kritischer Begriff versucht Schlutz nun diesen Aspekt, der mehr beinhalten soll als der schlechten Realität eine kontrafaktische Idealität gegenüberzustellen, näher zu fassen.
Verständigung wird nicht nur durch institutionelle Bedingungen und pädagogische Arrangements eingegrenzt und behindert, sondern durch gesellschaftliche Widersprüche, die - in widersprüchlichen Argumentationen und verdinglichtem Sprachgebrauch ausgedrückt - auf einen strukturellen Hintergrund verweisen, der durch einfühlendes Verstehen allein nicht aufklärbar ist. Ein kritischer Verständigungsbegriff in der Erwachsenenbildung schließt daher wissenschaftliche und gesellschaftstheoretische Erklärungen und Erkenntnisse der ausdifferenzierten und verselbständigten Expertenkulturen und Wissensbestände ein, wobei Schlutz m.E. zurecht auf das Problem aufmerksam macht, daß auch durch fortschrittliche Konzepte pädagogischer Professionalisierung die Gefahr weiterer Enteignung von lebensweltlicher Laienkultur und die weitere Klientelisierung der Teilnehmer in der Erwachsenenbildung nicht gebannt ist.
Problematisch ist Schlutz' Festlegung von Verständigung auf sprachgebundene Interaktionen und Kommunikation. Dies versperrt den Blick für die vor und unterhalb der Sprache liegenden Verständigungsformen, die in gruppen-, klassen- oder kulturspezifischen lebensweltlichen Zusammenhängen ausgebildet werden und die als gemeinsam geteilte Sinnkontexte Wahrnehmungs-, Denk- und Handlungsorientierungen bieten, ohne daß dies den Beteiligten jeweils bewußt wäre. Innerhalb dieser gemeinsamen Sinnhorizonte ist Verständigung ein relativ unproblematischer Vorgang. Ist diese Voraussetzung etwa zwischen Kursleiter und Teilnehmern in der Erwachsenenbildung nicht gegeben, stößt Verständigung auf das Problem des Verstehens. Auch wenn keine Dominanz im Deutungsschema angestrebt wird oder institutionell vorgegeben ist, "so ist Verstehen eine problematische Vorgehensweise. Statt dessen geht es um den Versuch einer gegenseitigen Verständigung auf dem Hintergrund von Nicht-Verstehen" (Schäffter 1986,193).
Erst in einem zweiten Schritt ist "grenzüberschreitendes Lernen" möglich. In diesem Sinne bedeutet Bildung dann "die Fähigkeit, sich seine eigenen Sinnkontexte verfügbar zu machen, ihre Grenzen als über

sich selbst hinaus verweisende Horizonte verstehen zu lernen und Möglichkeiten des Kontextwechsels zu erlernen" (ebd., 196).
Sowohl bei Schmitz wie bei Schlutz ist die Kommunikations- und Verständigungsebene ursprünglicher Sozialität, die Bestandteil auch der sozialen Realität Erwachsenenbildung ist, theoretisch unterbelichtet. Eine Theorie der Erwachsenenbildung hat aber m.E. beide bei Schaller angesprochenen Ebenen der Kommunikation angemessen zu berücksichtigen.

2.4 Arbeitslosigkeit und Weiterbildung als Problem erwachsenenpädagogischer Theoriebildung

In den Problemformulierungen von Politik und Ökonomie wie auch im öffentlichen Bewußtsein verfügt die Argumentationsfigur, daß Arbeitslosigkeit durch Weiterbildung im Sinne zusätzlicher Qualifizierung wirksam bekämpft werden kann, über beträchtliche Konstanz und Beharrung. Als Beweis wird dabei immer wieder auf das höhere Arbeitslosigkeitsrisiko von Personen mit schulischen und beruflichen Bildungsdefiziten verwiesen und tatsächlich nehmen ja auch entsprechende Qualifizierungsangebote in den Einrichtungen der Erwachsenenbildung mittlerweile einen breiten Raum ein.
Dabei ist die grundsätzliche Dimension für die Erwachsenenbildung, daß sie nämlich ein wichtiges Tätigkeitsfeld in der Nach-, Zusatz- und Umqualifizierung von Arbeitskräften für den Bedarf des Arbeitsmarktes hat, keineswegs neu und mit dem Schlagwort von der "realistischen Wende" in den 60er Jahren wenn nicht datiert, so doch benannt. Die ökonomische und politische Strategie, Arbeitsmarktprobleme durch Weiterbildung zu lösen, und die theoretischen Perspektiven einer bildungsökonomischen Erwachsenenbildung stimmen insofern überein.
Das praktische und theoretische Problem für die Erwachsenenbildung beginnt dort, wo aufgrund des absoluten Defizits an Arbeitsplätzen die objektiven Reintegrationschancen ihrer weitergebildeten Teilnehmer nicht mehr vorhanden sind und die Erwachsenenbildung bei weiterem eindimensionalen Festhalten an der Orientierung auf Arbeitsmarkterfor-

dernisse Gefahr läuft, ihre Glaubwürdigkeit zu verlieren und in eine Legitimationskrise zu geraten.
Die Frage ist, welche theoretischen Anstrengungen von der Erwachsenenbildung unternommen wurden, das fragwürdig gewordene bildungsökonomische und qualifikationstheoretische Konzept einer Arbeitslosenweiterbildung durch andere, der Realität angemessenere Theoriekonzepte zu ersetzen. Hier ist in erster Linie der auf einem sozialisationstheoretischen Begriffsverständnis beruflicher Erwachsenenbildung fußende Ansatz einer sozialökonomischen Erwachsenenbildung zu nennen (vgl. Brödel 1983, 1984, 1986; Brödel/Schmitz 1984; Weymann 1986, 1987; Dieterich/Weymann 1987).
In diesen Konzepten wird Arbeit, Arbeitslosigkeit und Weiterbildung aus einem Gesamtlebenszusammenhang betrachtet, der "durch zwei Erlebnis- und Verarbeitungsdimensionen präzisierbar" ist; "zum einen die historisch-biographische und zum anderen die horizontale Dimension der sozialen Eingebundenheit der Erwachsenenexistenz" (Brödel 1984,103). Die Erfahrung von Arbeitslosigkeit und die Möglichkeiten von Erwachsenenbildung haben also zugleich einen lebensgeschichtlichen und einen lebensweltlichen Horizont und sind je individuell verbunden mit spezifischen, lebensgeschichtlich erworbenen Handlungskompetenzen, die nicht auf Berufs- und Arbeitskompetenzen zu begrenzen sind und mit einem je individuellen Lebenszusammenhang, in dem zwar Arbeit in der Regel eine zentrale sozialintegrative Funktion hat, der aber keineswegs darauf beschränkt ist (vgl. Dieterich/Weymann 1987,152).
Jeder Arbeitslose ist früher oder später gezwungen, die Arbeitslosigkeit als Ereignis in seine Lebensgeschichte zu integrieren. Ob und wie diese Integration ohne tiefgreifende Beschädigung der Identität gelingt, hängt nicht nur von den objektiven Gegebenheiten z.B. des Arbeitsmarkts ab, sondern auch von einer auch vor und außerhalb von Arbeitszusammenhängen erworbenen Fähigkeit zu selbstverantwortetem Handeln, die - und das ist gerade das Dilemma von Arbeitslosen aus unqualifizierten Berufsfeldern - durch die repressiven Strukturen industriell-kapitalistischer Lohnarbeit eher eingeschränkt und beschädigt worden sind (vgl. Volpert 1979).
"Es geht in diesem Prozeß nicht um die Integration in eine Berufs- und Arbeitsgeschichte, die als Teilaspekt eines Lebensverlaufs zu isolieren

wäre, sondern Kernpunkt ist, daß jedes gegenwärtig gewordene Ereignis im Blick auf das ganze Leben seinen Stellenwert erhält. Erst auf dieser Ebene könnten dann Weiterbildungs- und Qualifizierungsprozesse eine integrative Rolle spielen, wenn sie sich auf den Zusammenhang von Lebensgeschichte und Lebenswelt einließen und sich damit den vordergründigen Integrationsinteressen zumindest teilweise entzögen" (Dieterich/Weymann 1987,153). Während Dieterich/Weymann Weiterbildung in den umfassenderen Prozeß von Reflexion und Neukonstituierung biographischer Identität verorten, zielen Brödel/Schmitz stärker auf den Wirklichkeitsbereich Arbeit.

Für Brödel/Schmitz ist Erwachsenenbildung eine spezifische Form sekundärer Sozialisation. "Sekundäre Sozialisation bezieht sich ... auf alle jene Prozesse, in denen Erlebnisse aus der objektiven Wirklichkeit in die jeweils biographische und gesellschaftlich vorgeformte subjektive Wirklichkeit des Handlungssubjekts übersetzt werden" (Brödel/Schmitz 1984,32). In diesen ständig ablaufenden alltäglichen Lern- und Deutungsprozessen ist Erwachsenenbildung ein spezielles Arrangement oder eine besondere Interaktionsform, die dann bedeutsam wird, wenn nach der Einschätzung der betroffenen Menschen alltägliche Erfahrungs- und Wissensbestände nicht mehr ausreichen, auftretende Veränderungen und Ereignisse zu bewältigen.

In diesem Rahmen **kann** auch Arbeitslosigkeit zum Gegenstand von Erwachsenenbildung werden. Zentrale Gesichtspunkte sind in diesem Fall die Handlungsspielräume und Handlungskompetenzen der von Arbeitslosigkeit betroffenen Individuen im Hinblick auf den Wirklichkeitsbereich Arbeit. Je nach Perspektive differenziert sich dieser Wirklichkeitsbereich in die objektive Wirklichkeit ausdifferenzierter Arbeitsbereiche und in die subjektive Wirklichkeit, die hier als Arbeitsvermögen bezeichnet wird, begrifflich aber über die Qualifikation zu bestimmten begrenzten Arbeitsvollzügen hinausgeht und den gesamten arbeitsbezogenen subjektiven Erfahrungs- und Wissensbestand umfaßt (vgl. Brödel/Schmitz 1984,36ff). Präventive Weiterbildung leistet die nicht kurzfristige Anpassung, sondern die langfristige Antizipation von Arbeitsvermögen im Hinblick auf sich wandelnde objektive Arbeitswirklichkeit.

Angesichts des absoluten Defizits an Arbeitsplätzen und der daraus resultierenden Massenarbeitslosigkeit bleibt die sozialisationstheoretisch

fundierte präventive Weiterbildung defensiv. Das Konzept zielt bevorzugt auf die Verhinderung von Arbeitslosigkeit.
"Bezogen auf die Gruppe der bereits Arbeitslosen kann Sinn der Prävention nur noch die Verkürzung der Dauer der subjektiven Arbeitslosigkeit sein bzw. das Verhindern einer psycho-sozialen Demoralisierung der Arbeitslosen, die zu einer Unfähigkeit der Aufnahme einer Arbeitstätigkeit bzw. einer Zerstörung der Arbeitsfähigkeit führen" (Brödel/Schmitz 1984,121).
Der Entmarginalisierungs-Ansatz von Brödel (1986) als ein weiteres Konzept in der Arbeitslosenweiterbildung zielt über eine arbeits- und berufsbezogene Qualifizierung hinaus auf eine politische Bewußtseinsänderung aller am System Arbeit Beteiligten. Durch politische Bildung soll mehr Solidaritätsbereitschaft mit den Arbeitslosen erzeugt, sollen politische Optionen erweitert und Einstellungsänderungen bewirkt werden, um dadurch der gesellschaftlichen Marginalisierung der Arbeitslosen entgegenzuwirken (vgl. Brödel 1986,106ff).[1]
Andere Überlegungen aus der Wissenschaft von der Erwachsenenbildung, die sich allerdings nicht direkt auf das Problem der Bildungsar-

---

1 Brödels Ansatz fußt auf dem Inklusionspostulat der Luhmannschen Systemtheorie, demzufolge moderne Gesellschaften nicht mehr segmentär, sondern funktional differenziert sind. Dies bedeutet, daß alle Mitglieder einer Gesellschaft an allen Subsystemen prinzipiell teilhaben können und ein Recht auf vollwertige Mitgliedschaft haben. Erwachsenenbildung als berufliche und politische Erwachsenenbildung hat ihre Aufgabe darin, diesen prinzipiellen Zugang zu allen Funktionsbereichen zu ermöglichen und zu sichern.
Die folgenden kritischen Anmerkungen folgen einer Argumentation Offes (vgl. Offe 1986,97ff) und sind theorieimmanent formuliert: Die funktionale Differenzierung verbunden mit Optionserweiterung und höherer Spezialisierung kennzeichnet in erster Linie Teilsysteme der Gesellschaft, nicht die Gesellschaft als Ganzes. Die Schaffung gleicher Teilhabe stellt das Bildungssystem als Teilsystem partiell durchaus unter Beweis, wenn z.B. Frauen jüngerer Jahrgänge heute über das gleiche allgemeine Bildungsniveau verfügen wie junge Männer (vgl. dazu Schiersmann 1987,129), wogegen das Beschäftigungssystem von dieser Chancengleichheit noch weit entfernt ist. Das Problem ist also eher das Problem der Koordination bzw. Steuerung zwischen den Teilsystemen, deren Notwendigkeit um so mehr steigt, je mehr die Teilsysteme ihre Wahlfreiheiten und Handlungsmöglichkeiten nutzen und damit Folgeprobleme für andere Teilsysteme und für die Gesellschaft als Ganzes erzeugen.
Brödels Ansatz unterstellt nun, das Teilsystem Erwachsenenbildung könne steuernd in das Beschäftigungssystem eingreifen, um auch hier Teilhaberrechte zu sichern. Die Realität zeigt eher gegenteilige Entwicklungen: das Beschäftigungssystem erweitert seine Kapazitäten und Optionen in Richtung eigener betrieblicher Aus- und Weiterbildung und "spuckt" die Arbeitslosen zur wohlfahrtsstaatlichen Betreuung u.a. ins Bildungssystem aus. Nach Offe kann eine Lösung des Problems nur darin liegen, daß die Teilsysteme - hier das Beschäftigungssystem - veranlaßt werden, auf eigene Optionen (z.B. Rationalisierung, Betriebsstillegungen etc.) zu verzichten, um dadurch den Steuerungsbedarf herabzusetzen und die Gesellschaft bzw. einzelne Teilsysteme von Folgeproblemen z.B. Arbeitslosigkeit zu entlasten.

beit mit Arbeitslosen beziehen, gehen vor dem Hintergrund der These von der nachlassenden gesellschaftlichen wie individuellen Bedeutung der Erwerbsarbeit - als Ursache wird dabei sowohl die strukturelle Dauerarbeitslosigkeit wie ein kultureller Wertewandel im Hinblick auf die subjektive Bedeutung von Arbeit behauptet - von einer sich andeutenden Auflösung der Kopplung zwischen Arbeit und Bildung aus (vgl. Kade 1987,85ff).
Weil Arbeit an Bedeutung verliert, löst Bildung sich aus dem Gegensatz zur Arbeit, verliert ihren funktionalen Bezugspunkt[1] und gewinnt einen eigenständigen Wert in der Lebensbiographie. "Bildung entwickelt sich zu einer besonderen Form von Arbeit. Bildung als Arbeit an sich selbst als arbeitendes, kulturelles und politisches Subjekt" (ebd., 87). Vom Bildungsbegriff getrennt ist der Qualifikationsbegriff, der sich aber nicht länger nur auf berufliche Arbeit beziehen soll, sondern auf alle Lebenssituationen (ebd., 103).
Trotz aller begrifflichen Konfusion nimmt Kade hier Entwicklungen auf, für die es durchaus empirische Hinweise gibt: Die berufliche Qualifikation für die erfolgreichen, am System Erwerbsarbeit partizipierenden Erwachsenen verlagert sich eher aus den öffentlichen Erwachsenenbildungseinrichtungen heraus, während deren Bildungsarbeit "zunehmend zu einem Beschäftigungsfeld" wird, "auf dem sich die umtun mögen, von denen die Gesellschaft ohnehin keinen funktionalen Beitrag erwartet: Rentner, Hausfrauen, Arbeitslose" (Schlutz 1987,19). Die Frage bleibt, wo da der von Kade behauptete "Freiheitsgewinn" (vgl. Kade 1987,103) liegen kann.
Die bislang skizzierten Ansätze aus theoretischen Diskussionen in der Erwachsenenbildung bleiben m.E. in Hinblick auf den Gegenstand der Arbeitslosenweiterbildung unbefriedigend, weil entweder der Bezug zwischen Arbeit und Bildung perspektivisch gänzlich aufgelöst wird oder weil auf der anderen Seite nur der Bezug zwischen Bildung und einer besonderen Form von Arbeit, der erwerbsförmigen Lohnarbeit, in den Blick genommen wird. Weiterführen kann hier eher der Ansatz von Weymann/Dieterich (1986), die Weiterbildung als Hilfe zur eigenständi-

1 Nach Kade besteht dieser funktionale Bezugspunkt auch dort, wo die sogenannte zweckfreie Allgemeinbildung noch in der freien Zeit an den Rhythmus der Arbeit und der Arbeitszeit gebunden ist (vgl. Kade 1987,86).

gen und selbstverantworteten Bewältigung des Lebensereignisses Arbeitslosigkeit verstehen. Als Angebot vom Teilnehmer frei gewählt und als Deutungs- und Verständigungsprozeß kommunikativ strukturiert, kann dieses Angebot auch ein arbeits- und berufsbezogenes Bildungsprogramm sein, das dann allerdings das gesamte Spektrum von Arbeitstätigkeiten zu berücksichtigen hat.[1]

Unter dem Aspekt der Didaktik als Theorie der Praxis der Erwachsenenbildung sollen diese Perspektiven im nächsten Kapitel wieder aufgegriffen und weitergeführt werden.

1 An anderer Stelle (vgl. Weymann 1987) hat Weymann aus soziologischer Sicht den Strukturwandel im Verhältnis von Bildung und Beschäftigung als Hintergrund des Problems näher erläutert.

3. Grundlagen einer Didaktik der berufsbezogenen Weiterbildung für Arbeitslose

3.1 Zur umfangslogischen Bestimmung didaktischen Handelns

Im Anschluß an das Beschreibungsmodell von Flechsig/ Haller (1977) wird auch in der Erwachsenenbildung didaktisches Handeln auf unterschiedlichen Handlungsebenen verortet:[1]

- die Ebene gesellschaftlicher Rahmenbedingungen und bildungspolitischer Entscheidungen
- die Ebene der Institutionen und Organisationen der Erwachsenenbildung
- die Ebene der Fachbereiche, der inhaltsbezogenen Lernbereiche, der regionalen oder örtlichen institutionellen Untergliederungen
- die Ebene der Planung, Vorbereitung und Evaluation von Bildungsangeboten
- die Ebene der Lehr-Lernsituationen

Didaktisches Handeln ist insbesondere auf den ersten drei Handlungsebenen verknüpft mit bildungspolitischen Entscheidungen und organisationsstrukturellem Handeln. In der Praxis der Erwachsenenbildung sind diese Handlungsdimensionen vielfältig verwoben und kennzeichnen z.B. die widersprüchliche, durch Strukturdilemmata gekennzeichnete Berufssituation hauptberuflicher pädagogischer Mitarbeiter in der Erwachsenenbildung.[2]

Im folgenden will ich auf den verschiedenen Ebenen und bezogen auf den spezifischen Untersuchungsgegenstand, die Didaktik der Arbeitslosenweiterbildung, die Möglichkeiten didaktischen Handelns im Zusammenhang mit den bildungspolitischen Rahmenbedingungen, ausgedrückt in den Regulations- und Steuerungsmaßnahmen des Staates und im Zusammenhang mit den spezifischen Organisationsstrukturen der Erwachsenenbildung, näher beschreiben.

---

1 vgl. Jütting 1980; Siebert 1980; Tietgens 1981; Schäffter 1987

2 vgl. Jütting (1982) zur Berufssituation von hauptberuflichen pädagogischen Mitarbeitern an Volkshochschulen und Schäffter (1987) zu den horizontalen und vertikalen Koppelungsmechanismen zwischen den didaktischen Handlungsebenen.

3.1.1 Die gesellschafts- und bildungspolitische Entscheidungsebene

Ob auf der bildungs- oder sozialpolitischen Ebene überhaupt von didaktischem Handeln sinnvoll geredet werden kann, ist durchaus eine offene Frage.[1] Relevant sind hier sicherlich eher die Bedingungen für didaktisches Handeln, die durch die aktuelle Arbeitsmarktlage grundsätzlich und die dadurch induzierten staatlichen und politischen Steuerungsversuche gesetzt sind.

Ein für diesen Untersuchungsgegenstand wesentliches Steuerungsinstrument des Staates sind das Arbeitsförderungsgesetz (AFG) und in Grenzen die jeweiligen Weiterbildungsgesetze der Länder. Sie sind Ausdruck des ökonomischen und politischen Krisenmanagements des Staates in industriell-kapitalistischen Gesellschaften mit der Funktion der Qualifikation, des Qualifikationserhalts bzw. der Qualifikationsverbesserung der Arbeitskräfte für das ökonomische System verbunden mit der sozialpolitischen Funktion, die sozialen Folgen bei Dequalifizierung, Unterbeschäftigung und Arbeitslosigkeit abzumildern und auszugleichen. Als drittes läßt sich eine Legitimationsfunktion ausmachen. Das politische System reagiert auf tendenziell bestandsgefährdende, ökonomisch verursachte Krisen wie hier die Arbeitsmarktkrise mit Maßnahmen, die die strukturelle Beschäftigungskrise zu einem Qualifizierungsproblem umdefinieren, um dann mit den Qualifizierungsmaßnahmen ein aktives Krisenmanagement zu behaupten.[2]

Unter diesem Blickwinkel soll nun das AFG als spezifisches Steuerungsinstrument des politischen Systems mit seinen weitreichenden Folgen für das didaktisches Handeln in der Arbeitslosenweiterbildung näher betrachtet werden.[3]

Das Förderungskonzept des AFG bezogen auf die berufliche Weiterbildung geht von den bestehenden Organisationsstrukturen in diesem

1 vgl. Jütting 1980, der diesen Bereich als didaktische Handlungsebene nicht einbezieht.

2 vgl. die Begründungen für die Qualifizierungsoffensive der Bundesregierung, vgl. auch Wacker/Welzer 1987, Rosewitz 1985

3 Ich gehe hier im wesentlichen von der aktuellen Fassung des AFG und den entsprechenden Durchführungsverordnungen aus (AFG in der Fassung gültig ab 1.1.89; Anordnung FuU vom 28.2.89). Zur wechselvollen Geschichte des AFG im Kontext ökonomischer und politischer Entwicklungen seit der Verabschiedung 1969 vgl. Wingens 1985, Brödel/ Schmitz 1984.

Bereich aus. Diese sind gekennzeichnet durch eine Vielzahl von öffentlichen und privaten Trägern und Einrichtungen, die gemeinsam einen Markt für berufliche Weiterbildung bilden. Die AFG-Weiterbildungsförderung versucht das Bildungsangebot auf diesem Markt, sofern es für die "Klientel" der Arbeitsbehörden in Frage kommt, durch monetäre Anreize und normative Regelungen zu steuern, ohne selbst durch Leistungserstellung das Bildungsangebot zu erweitern.[1]
Gefördert werden durch finanzielle Zuschüsse die Teilnehmer an beruflichen Bildungsangeboten (individuelle Förderung), wenn bestimmte subjektive und objektive Förderungsvoraussetzungen gegeben sind.
Hinsichtlich der subjektiven Voraussetzungen werden in der Regel nur solche Personen gefördert, die eine beitragspflichtige Tätigkeit ausgeübt haben und sich verpflichten, nach der Weiterbildung wieder eine beitragspflichtige Tätigkeit aufzunehmen. Der potentielle Teilnehmer muß für das Bildungsangebot und für die angestrebte berufliche Tätigkeit geeignet sein, er muß in der Regel eine Berufsausbildung oder eine Berufspraxis nachweisen und aufgrund seiner Stellung am Arbeitsmarkt (arbeitslos oder von Arbeitslosigkeit bedroht) besonders förderungswürdig sein; seine Motivation spielt in diesem Zusammenhang keine Rolle.
Die objektiven Förderungsvoraussetzungen beziehen sich auf die arbeitsmarktpolitische Relevanz des vom potentiellen Teilnehmer gewünschten Bildungsangebots, die im wesentlichen vom Arbeitsberater der Arbeitsbehörde mit Blick auf den Arbeitsmarkt festgelegt wird.
Bei der individuellen Förderung werden die von der Einrichtung erhobenen Teilnehmergebühren ganz oder teilweise vom Arbeitsamt erstattet, daneben auch sonstige Kosten der Teilnahme (Fahrtkosten, Lernmittel) und eventuell ein Unterhaltsgeld als Zuschuß oder Darlehen gezahlt. Dieses bei sogenannten "freien" Maßnahmen angewandte Verfahren unterscheidet sich von den sogenannten "Auftragsmaßnahmen", bei denen das Arbeitsamt selbst als Käufer eines Bildungsangebots auftritt bzw. den Träger mit dem Versprechen des Kaufs zu einem solchen Angebot animiert. Das Arbeitsamt übernimmt die Maßnahmen dabei zu Festpreisen und sorgt auch für eine ausreichende Teilnehmerzahl.

1 Subsidiär läßt das AFG diese Möglichkeit durchaus zu, praktisch wird sie nicht genutzt.

Die Auftragsmaßnahmen betreffen ausschließlich Arbeitslose, von Arbeitslosigkeit unmittelbar bedrohte Teilnehmer und Personen ohne Berufsabschluß. Für diese Personengruppe wird eine Förderung der beruflichen Weiterbildung als arbeitsmarktpolitisch notwendig eingestuft, dies bedeutet, daß das Arbeitsamt die Kosten in voller Höhe übernimmt und ein Unterhaltsgeld als Zuschuß zahlt.[1]
Die individuelle Förderung der beruflichen Weiterbildung wird durch eine institutionelle Förderung ergänzt, die direkt auf die Einrichtung der Erwachsenenbildung bezogen ist. Sie fällt aber quantitativ nicht ins Gewicht.[2]
Neben der monetären Anreizsteuerung verfügt das AFG über Verfahren der normativen Steuerung, die sich im wesentlichen auf die Kriterien pädagogische Qualität und arbeitsmarktpolitische Relevanz der Weiterbildungsangebote beziehen.
Nach § 34 AFG muß "die Maßnahme nach Dauer, Gestaltung des Lehrplans, Unterrichtsmethode, Ausbildung und Berufserfahrung des Leiters und der Lehrkräfte eine erfolgreiche berufliche Bildung erwarten" lassen, aber sie muß auch "nach den Grundsätzen der Wirtschaftlichkeit und Sparsamkeit geplant" sein "und durchgeführt" werden.
Die Arbeitsbehörde prüft die pädagogische Qualität einer Maßnahme anhand eines Begutachtungskatalogs, der Fragen zur didaktisch-methodischen Gestaltung und zur personellen und materiellen Ausstattung der Maßnahme enthält. In einem Erläuterungsteil sind dazu Normen formuliert, die u.a. einen Mindeststandard enthalten, der gewährleistet sein muß, damit überhaupt gefördert werden kann.[3] Wenn schon diese Mindeststandards keine pädagogische Qualität gewährleisten, stellt sich zusätzlich das Problem der Realisierung der als unbedingt notwendig angesehenen Anforderungen, weil die Normen nicht

---

1 Für alle anderen Teilnehmer gilt Weiterbildung nur noch als arbeitsmarktpolitisch zweckmäßig; hier erstattet das Arbeitsamt die Kosten nur in Höhe einer Pauschale (2,- DM pro Unterrichtsstunde und Teilnehmer) und zahlt Unterhaltsgeld nur noch als Darlehen ohne Rechtsanspruch.

2 1984 betrug der Anteil der institutionellen Förderung an der Gesamtförderung nur 1 %.

3 Höchstteilnehmerzahl 32, maximal 40 Stunden Unterricht pro Woche, Vorlage eines schriftlichen Lehrplans, Lernkontrollen müssen durchgeführt werden, Lehrkräfte müssen fachlich und pädagogisch geeignet sein, erwachsenengerechte und praxisbezogenen Gestaltung des Unterrichts.

ausreichend operationalisiert sind (z.B. bei der pädagogischen Eignung der Lehrkräfte) oder die Durchführung (z.B. des vorgelegten Lehrplans) nicht kontrolliert wird (vgl. Müller 1987,137).[1]
Müller (ebd.,136) zieht deshalb in bezug auf die Leistungsfähigkeit des normativen Steuerungsinstruments folgendes Resümee: "Die Grenzziehung der Förderungsfähigkeit ist somit eine Grenzziehung zu dem, was gerade noch pädagogisch vertretbar ist. Normen, die darauf abzielen, daß sich die als förderungswürdig anerkannte Bildungsmaßnahme in ihrer Qualität bewußt abhebt von dem Gros der beruflichen Weiterbildungsangebote, konnten nicht ausgemacht werden."
Wenn schon vom AFG und seinen Anwendungsmodalitäten keine Impulse ausgehen für eine qualitative, erwachsenengerechte didaktische Gestaltung des Bildungsangebots für Arbeitslose, so ist umgekehrt zu fragen, ob unter den Bedingungen des AFG Spielräume für die Einrichtungen bestehen, entsprechende Angebote zu entwickeln, anzubieten und gefördert zu bekommen.
Grundsätzlich wird nach der aktuellen Fassung des AFG und nach der aktuellen Politik der Arbeitsbehörden die Zielgruppe der Arbeitslosen, der von Arbeitslosigkeit unmittelbar bedrohten und der beruflich unqualifizierten Adressaten privilegiert.[2]
Darüber hinaus setzt das AFG aber dem didaktischen Handeln in der Erwachsenenbildung enge Grenzen:

a) durch Vorgaben zur arbeitsmarktpolitischen Relevanz der Weiterbildungsangebote,
b) durch die Art und Weise der finanziellen Förderung,
c) durch Einschränkungen der Freiwilligkeit der Teilnahme.

---

1 Das Bundesinstitut für Berufsbildung hat in Zusammenarbeit mit der Bundesanstalt für Arbeit im Rahmen eines Projekts Vorschläge für die Qualitätsfestlegung und -sicherung bei der Planung und Vergabe von Auftragsmaßnahmen durch die örtlichen Arbeitsämter entwickelt, u.a. sind Teilnehmerbefragungen vorgesehen. Die vorgeschlagenen Maßnahmen sollen zukünftig die Steuerungsmöglichkeiten der Arbeitsbehörden verbessern (vgl. Sauter 1987,106ff).

2 1986 waren 66 % der "Förderungsfälle" des AFG vorher arbeitslos, allerdings ist die Förderungsberechtigung weitgehend auf den Kreis der arbeitslosen Leistungsempfänger begrenzt, was angesichts der wachsenden Zahl der Arbeitslosen ohne Leistungsbezug mehr als problematisch ist.

a) Das Kriterium der arbeitsmarktpolitischen Relevanz hebt auf die aktuell und zukünftig zu erwartenden Qualifikationsanforderungen auf dem Arbeitsmarkt ab. Angesichts des Prognosedefizits langfristiger Entwicklungen werden aber nur kurzfristige Erfordernisse regionaler Arbeitsmärkte berücksichtigt und diesen entsprechende Bildungsangebote gefördert.
Daneben sind alle Bildungsangebote, die nicht auf beitragspflichtige Lohnarbeitsverhältnisse orientieren, von einer Förderung ausgeschlossen. Dies gilt sowohl für selbständige und freiberufliche Tätigkeiten wie für Arbeit im informellen Sektor, sofern sie keine formelle Lohnarbeit ist.
b) Die finanziellen Förderungsmodalitäten beschränken die didaktischen Möglichkeiten erheblich. Das Arbeitsamt finanziert grundsätzlich nur "das zum Erreichen des Maßnahmenziels Notwendige", und zusätzlich dürfen die Kostensätze "die durchschnittlichen Kostensätze von Maßnahmen mit gleichem oder ähnlichem Bildungsziel nicht überschreiten".[1] Dies bedeutet bei der Konkurrenzsituation der Anbieter beruflicher Weiterbildung, die Absprachen zwischen den Anbietern unmöglich macht, daß Einrichtungen mit einem qualifizierten Anspruch an die didaktische Gestaltung ihres Angebots kaum Chancen haben, angemessen gefördert zu werden bzw. bei den Auftragsmaßnahmen nicht konkurrenzfähig sind. Zudem macht der Modus der Teilnehmerfinanzierung bzw. der Maßnahmefinanzierung eine längerfristige Planung des Bildungsangebots ohne Hilfe anderer Finanzierungsquellen nicht möglich.
c) Nicht nur die didaktische Selbstwahl im Hinblick auf die Auswahl der Bildungsangebote ist beschränkt, sondern umgekehrt kann das Arbeitsamt für Arbeitslose Weiterbildung zur Pflicht machen. Das Arbeitsamt kann den Arbeitslosen die Leistungen für eine Zeit sperren oder gänzlich entziehen, wenn sie sich weigern, an "zumutbaren Maßnahmen zur beruflichen Ausbildung, Fortbildung und Umschulung, zur Verbesserung der Vermittlungsaussichten sowie zur beruflichen Rehabilitation teilzunehmen".[2] Ebenso müssen Leistungen zurückgezahlt werden, wenn eine Maßnahme ohne wichtigen Grund abgebrochen oder

---

1 § 4 Abs. 4 der Anordnung FuU

2 vgl. § 119 AFG i.V.m. § 103 AFG

durch "maßnahmewidriges Verhalten Anlaß für den Ausschluß aus der Maßnahme gegeben" wurde.[1]
Anders als bei der Finanzierung nach dem AFG fördern die Bundesländer nach ihren jeweiligen Ländergesetzen die Erwachsenenbildung institutionell.[2] Die Förderung ist an eine staatliche Anerkennung der Institutionen gebunden, wobei folgende Kriterien maßgeblich sind: "allgemeine Zugänglichkeit, ausschließliche Tätigkeit für die Erwachsenenbildung, hauptberufliche Leitung, Planmäßigkeit, Kontinuität und Veröffentlichung des Angebots, Offenlegung der Finanzierung gegenüber dem Zuschußgeber, Ausschluß von Gewinnerzielung" (Kuhlenkamp 1982,20). "Der Staat garantiert mit diesen Gesetzen nicht ein Weiterbildungsangebot in eigener Verantwortung, sondern es sollen durch Zuschüsse möglichst günstige Bedingungen für die Weiterbildung geschaffen werden. Dabei werden den Zuschußempfängern bestimmte Mindestvoraussetzungen abverlangt, in Autonomie und Eigenverantwortlichkeit ihrer Weiterbildungspraxis jedoch nicht eingegriffen" (ebd.).
Einschränkungen im Hinblick auf eine angemessene didaktische Gestaltung von Bildungsangeboten für Arbeitslose ergeben sich dadurch, daß auch hier die Träger und Teilnehmer wegen der teilweise notwendigen Vorfinanzierung und den nicht kostendeckenden Zuschüssen erhebliche Eigenleistungen aufbringen müssen, die Zuschüsse sich rein quantitativ nach dem Volumen der stattgefundenen Veranstaltungen richten und das Förderungsvolumen in den meisten Bundesländern jährlich neu durch die Landeshaushalte festgesetzt werden kann. Zudem werden in einigen Bundesländern berufliche Weiterbildungsangebote (NRW) oder Einrichtungen der beruflichen Bildung (Bayern) gänzlich aus der Länderförderung ausgeschlossen.

---

1 vgl. § 10, 7 der Anordnung FuU

2 Zu den unterschiedlichen ländergesetzlichen Regelungen vgl. Kuhlenkamp 1982, Icking 1975, Gernert 1975, Beckel 1974

3.1.2 Die Handlungsebene der Träger und ihrer Einrichtungen

Bedingungen und Möglichkeiten didaktischen Handelns auf der Leitungsebene einer Einrichtung der Erwachsenenbildung hängen von vielen Faktoren ab. Ein wichtiger Faktor ist in den Bedingungen staatlicher Förderung der beruflichen Weiterbildung im vorherigen Abschnitt beschrieben worden. Gerade für solche Einrichtungen, die überwiegend oder fast ausschließlich durch das AFG finanziert werden, gelten diese Einschränkungen.
Ein anderer wesentlicher Faktor, der hier Einfluß ausübt, liegt in der Trägerstruktur der Erwachsenenbildungseinrichtungen. Tietgens (1981,52) unterscheidet Träger, die

- "in Verbindung zu Organisationen gesellschaftlicher Gruppen stehen, wobei in erster Linie an Kirchen und Gewerkschaften zu denken ist",
- "in Verbindung zum ökonomischen System stehen, wobei dies Betriebe, Wirtschaftsverbände, Berufsverbände, Kammern, Arbeitsverwaltungen etc. sein können",
- "privatwirtschaftlich zum Zwecke von Weiterbildungsangeboten organisiert sind",
- "direkt oder indirekt von den Gebietskörperschaften getragen werden und die der Öffentlichkeit in der Form der Volkshochschulen erscheinen".

Die mit dem Gutachten des Deutschen Ausschusses für das Bildungswesen 1960 beginnende bildungspolitische Diskussion um eine Neuordnung der Erwachsenenbildung in der Bundesrepublik und die in der Folge verabschiedeten Ländergesetze zur Ordnung und Förderung der Erwachsenenbildung haben an dieser pluralistischen Struktur der Erwachsenenbildung grundsätzlich festgehalten. Gleichzeitig ging es aber bildungspolitisch auch darum, durch eine prozessual angelegte Strategie die Träger zum Aufbau von Einrichtungen zu motivieren, die ausschließlich der Erwachsenenbildung dienen sollten, öffentlich zugänglich sind, nicht den Organisationsinteressen der Träger untergeordnet sind, professionell und pädagogisch geführt werden und die über diese Vorgaben zu einem gemeinsamen Aufgabenverständnis und zu einer koordiniert-kooperativen Praxis der Erwachsenenbildung gelangen sollten

(vgl. Strunk 1987,194ff). Deutlich wird diese Absicht auch daran, daß die Garantie der freien Lehrplangestaltung nicht den Trägern, sondern ausdrücklich den Einrichtungen zugestanden wurde.
Die im Zusammenhang mit dem Schlagwort von der "instrumentellen Wende" erst spärlich auflebende Diskussion um die unverhohlene Dienstbarmachung der Erwachsenenbildung im Zusammenhang mit der ökonomischen Nutzung neuer Technologien und der sozialpolitischen und kulturellen Abfederung dieser Modernisierungsprozesse zeigt dagegen, wie ein wenig konsolidierter Weiterbildungsbereich von Entwicklungen überrollt wird, in denen sich wirtschaftliche, politische und soziale Interessen und Ziele der Trägerorganisationen ungehemmt durchsetzen können.
Strunk (1987,1988) verdeutlicht, wie eine neokonservative Weiterbildungspolitik nicht mehr länger an einer Begrenzung der Interessen einer pluralistischen Trägerstruktur im Interesse einer eigenständigen, bildungstheoretisch begründeten Erwachsenenbildung orientiert ist. "Aus der unterstellten Interessenverknüpfung von Gruppen der Bevölkerung mit bestimmten Trägern heraus wird diesen ausdrücklich das Recht zuerkannt, ihren Interessen auch in der Weiterbildung nachzugehen. Das Interesse

- der Betriebe an qualifizierten Mitarbeitern,
- der Kirchen, Gewerkschaften und Parteien an Werbungsmöglichkeiten für ihr Ideen,
- des Staates an politischer Bildung und sozialer Fürsorge für die Schwachen" (Strunk 1987,204).

Für das didaktische Handeln auf der Leitungsebene der Einrichtungen der Erwachsenenbildung bedeutet dies, daß eine eigenständige, teilnehmerorientierte, auf lebenspraktische Kompetenz und Autonomie einschließlich einer betriebsunabhängigen arbeitsbezogenen Kompetenz bezogene Gestaltung von Lehr-Lernprozessen ständig gefährdet ist durch Ansprüche aus von außen gesetzten Zielen wie betriebsbezogene Qualifikation, unmittelbare arbeitsmarkt- und sozialpolitische Krisenintervention und Loyalitätssicherung.
Am Beispiel der sogenannten Qualifizierungsoffensive soll dieser Zusammenhang näher erläutert werden.

Ausgangspunkt dieses mit großem publizistischem Aufwand ins Bewußtsein der Öffentlichkeit gehobenen Programms waren die durch Leistungseinschränkungen der Bundesanstalt für Arbeit produzierten Überschüsse eben dieser Anstalt im Jahr 1985, die nun zur Förderung der beruflichen Weiterbildung genutzt werden sollten.
Das Programm selbst sollte hauptsächlich folgende Ziele verfolgen:[1]

- Erhöhung der Teilnehmerzahlen an beruflicher Weiterbildung
- Konzentration auf die Arbeitslosen, insbesondere auf die sogenannten Problemgruppen wie Frauen, Langzeitarbeitslose, ältere oder jüngere Arbeitslose und Ausländer
- Ausrichtung auf die Qualifizierung im Zusammenhang mit dem Einsatz neuer Technologien
- Bevorzugung betriebsnaher und betrieblicher Weiterbildung
- Einbeziehung der Bildungseinrichtungen in die Teilnehmergewinnung, -beratung und -vermittlung.

Die Bildungseinrichtungen werden durch die Qualifizierungsoffensive aber nicht nur als direkte Kooperationspartner im arbeitsmarktpolitischen Krisenmanagement funktionalisiert, sondern auch durch die im Vergleich zum staatlichen Etat für die allgemeine Weiterbildung beträchtlichen finanziellen Ressourcen der Bundesanstalt für Arbeit materiell korrumpiert, weil damit die durch die erheblichen Kürzungen der Mittel für die allgemeine Weiterbildung bedingten Gefährdungen der personellen und institutionellen Strukturen der Einrichtungen aufgefangen werden können.[2]
Kuhlenkamp (1987,139) stellt daher abschließend kritisch fest: "Zwar kann Weiterbildung mit Beiträgen zur Qualifizierungsoffensive durchaus auch Impulse zur Ausweitung und Weiterentwicklung von Bildungs- und Lernmöglichkeiten in der Gesellschaft geben. Insgesamt gesehen nimmt sie mit ihrer Beteiligung jedoch eine Funktionsverschiebung in Kauf zugunsten der Verminderung von Krisensymptomen und politischer Frustration sowie der Erhöhung politischer Legitimation staatlichen Handelns und gesellschaftlicher Fehlentwicklungen. Darin liegen für die

1 vgl. Dobischat/Neumann (1987,7)

2 1985 lagen die Mittel der Bundesländer für Weiterbildung bei 0,4 Mrd. DM, während die Bundesanstalt für Arbeit allein ohne Berücksichtigung des Unterhaltsgeld 1,6 Mrd. für Fortbildung und Umschulung ausgeben konnte, vgl. Kuhlenkamp 1987,138.

Weiterbildung als dem organisierten Lernen Erwachsener, das sich als Bildungsprozeß versteht, jedoch beträchtliche Gefahren: Das insgesamt bestehende strukturelle Ungleichgewicht von Arbeitsplatzangebot und Arbeitsplatznachfrage ist auch durch noch so umfangreiche Qualifizierungsprozesse nicht auszugleichen."
Im Verhältnis der Einrichtungen zu ihren arbeitslosen Teilnehmern müssen daraus zwangsläufig individuelle Enttäuschungen entstehen, die sich auch gegen die Erwachsenenbildung selbst richten können, weil die Erwachsenenbildung als Ort von Bildungsprozessen nicht länger identifizierbar ist.

3.1.3 Das makrodidaktische Handlungsfeld - Bezugsgrößen didaktischer Planung

Das makrodidaktische Handlungsfeld ist "im wesentlichen dadurch bestimmt, ein abgegrenztes inhaltliches Lernangebot zu planen, zu entwickeln und organisatorisch abzusichern" (Jütting 1982,221). Damit ist vor allem der curriculare Aspekt didaktischen Handelns auf dieser Ebene angesprochen. Ich will daher in einem ersten Schritt nach den Bezugsgrößen curricular-didaktischen Handelns fragen und mich dann in einem zweiten Schritt den empirisch vorfindlichen Rahmenbedingungen didaktischen Handelns auf dieser Ebene zuwenden.
Kaiser (1985,70ff) nennt drei Bezugsgrößen, die der curricularen Programmplanung in der Erwachsenenbildung explizit oder implizit zugrundeliegen:
a) die Gliederung nach praktischen Handlungsfeldern
b) biographie-orientierte Verfahren in der Programmplanung
c) sinnsystematische Gliederungsprinzipien[1]

---

1 Siebert (1974,127ff; 1980,18ff; 1985,64ff) unterscheidet als Instrumente curricular-didaktischer Planung die kategoriale Situationsanalyse, die prognostische Qualifikationsanalyse, Motivationsanalysen der Adressaten und Analyse der Wissenschaftsdisziplin. Diese Kategorien decken sich teilweise mit den von mir genannten Bezugsgrößen. Da Siebert allerdings ein viel engeres Verständnis didaktischer Planung hat, das eher in Richtung geschlossene Curricula weist, neigen auch seine Kategorien, die er nicht zufällig Instrumente nennt, zu technizistischen Verengungen.

a) In größeren Einrichtungen der Erwachsenenbildung, vor allem in den Volkshochschulen ist die Gliederung nach praktischen Handlungsfeldern organisatorisch und institutionell meist vorab schon festgeschrieben. Der Fachbereich berufliche Bildung orientiert seine Programmplanung auf das Praxisfeld Arbeit und Beruf, der Fachbereich Pädagogik, Eltern- und Familienbildung zielt auf das Handlungsfeld Familie und Schule, der Fachbereich kulturelle Bildung auf musische und kreative Praxisfelder. Die in diesen Fachbereichen tätigen, meist hauptberuflich beschäftigten Pädagogen sind dadurch in der Regel schon auf bestimmte Praxisfelder begrenzt, es sei denn, sie entwickeln und planen kooperativ Bildungsangebote quer zu den Lehrgebieten, z.B. auf bestimmte Zielgruppen bezogen. So können Bildungsangebote für Arbeitslose durch Kooperation unterschiedlicher Fachbereiche zustandekommen.
Andere Einrichtungen wie Familienbildungsstätten oder Einrichtungen der beruflichen Bildung sind von vornherein auf bestimmte Praxisfelder begrenzt, wobei dann nach einzelnen Adressatengruppen oder bestimmten Berufsfeldern weiter differenziert wird.
b) Mit den möglichen Adressaten ist schon eine zweite Bezugsgröße curricular-didaktischer Planung angesprochen. Mit welchen Motivationen, Bedürfnissen und Erwartungen jemand einen Kurs der Erwachsenenbildung besucht, ist - wenn überhaupt - erst ex post festzustellen. Im Hinblick auf didaktische Antizipationen kann im Regelfall nicht der einzelne potentielle Teilnehmer und seine individuelle Biographie herangezogen werden, sondern als Planungsgröße fungieren "Normalbiographien", typische Lebensläufe und lebensbiographische Ereignisse, von denen eine größere Anzahl von Menschen in bestimmten Gesellschaften und Kulturen betroffen sind. Allerdings wird dabei unterstellt, daß solche lebensbiographischen Ereignisse (Verlust eines Partners, Krankheit, Verlust der Arbeit) oder Statusübergänge in sogenannten Normalbiographien (Gründung einer Familie, Arbeitsplatzwechsel, Ende der "Familienphase" bei Frauen) als bedeutsam wahrgenommen werden und zu Handlungsproblemen bei der Bewältigung dieser Situationen und Ereignisse führen, bei denen der didaktisch Planende annimmt, durch Erwachsenenbildung eine Hilfestellung leisten zu können.
Am Beispiel des Ereignisses Arbeitslosigkeit lassen sich aber auch die Probleme beschreiben, die mit solchen "Normalisierungen" verbunden sein können. Ergebnisse der differentiellen Arbeitslosenforschung zeigen,

daß durch Arbeitslosigkeit eine höchst heterogene Gruppe mit unterschiedlichen Voraussetzungen im Hinblick auf Bildungshintergrund, Lebenssituation, materiellem Status und Perspektive auf dem Arbeitsmarkt betroffen ist und dementsprechend auch die Deutungs- und Verarbeitungsweisen von erfahrener Arbeitslosigkeit äußerst variieren (vgl. Bonß/Keupp/Koenen 1984, Wacker 1984, Wacker/Welzer 1987). Daraus ergibt sich die Konsequenz, daß das Merkmal arbeitslos als adressatenbezogene didaktische Planungsgröße allein keineswegs ausreichend ist, sondern weiter differenziert werden muß.

c) Die dritte Bezugsgröße fragt nach der Sinnperspektive, unter der ein Thema oder ein Inhalt zu einem Bildungsangebot in der Erwachsenenbildung gemacht wird. Angesprochen sind hier die unterschiedlichen Deutungskapazitäten ausdifferenzierter Wissenssysteme wie die an universalen Standards orientierten Wissenschaften, der an ethischen Normen orientierte Bereich des Rechts und der Moral oder die ästhetischen Kategorien der Kunst, aber auch der situationsbezogene, diese Aspekte zusammenbindende Wissensvorrat des Alltagswissens.

Die entscheidende Frage ist dabei nicht mehr die nach der Wahrheit einer inhaltlichen Aussage oder eines Aussagesystems, sondern die, wer etwas in den Status von Wahrheit setzt bzw. wie etwas gesetzt wird.

Die originär pädagogische Aufgabe des Didaktikers auf dieser Handlungsebene ist es, unter Berücksichtigung der drei Bezugsgrößen ein Bildungsangebot zu entwickeln, das je nach dem, welche Bezugsgröße in welcher Ausprägung im Vordergrund steht, eher als geschlossenes oder eher als offenes Curriculum zu bezeichnen ist. Damit sind auch die Spielräume und Freiheitsgrade didaktischen Handelns auf den weiteren Handlungsebenen (meso- und mikrodidaktischer Bereich) vorgegeben.

Doch zuvor ist noch nach den institutionellen Bedingungen zu fragen, die das didaktische Handeln auf der makrodidaktischen Ebene beeinflussen.

Für den Bereich der Volkshochschulen hat Jütting (1982, 220ff) diesen Problemzusammenhang untersucht. Ein erstes Problem sieht er in der didaktischen Arbeitsteilung zwischen denen, die Angebote planen, entwickeln und konstruieren und denen, die in direktem Umgang mit den Teilnehmern unterrichten und lehren. Weil aber den hauptberufli-

chen Pädagogen, die selbst kaum noch unterrichten, der direkte Umgang mit Personen als ein Merkmal professioneller Tätigkeit fehlt, gerät ihre pädagogische Arbeit tendenziell in Gefahr, zu einem bürokratischen Handeln zu verkümmern, dessen Merkmal der Umgang mit anonymisierter Klientel bzw. der Umgang mit anderen "Bürokraten" ist. Das didaktische Handeln der Pädagogen besteht zu einem erheblichen Teil darin, das Bildungsangebot nach außen und innerhalb der Organisation zu legitimieren, wobei sie selbst Gefahr laufen, ihre pädagogische Arbeit und deren Probleme nur noch als bürokratische Aufgabe wahrzunehmen und zu bearbeiten.
Für den besonderen Bereich der Didaktik der Arbeitslosenbildung bedeutet dies, daß die ohnehin schon durch die Rahmenbedingungen des AFG und die von außen gesetzten Ansprüche aus dem politischen und ökonomischen Bereich begrenzten Spielräume didaktischen Handelns durch den bürokratischen Verwaltungsrahmen weiter eingeschränkt sind.

3.1.4 Veranstaltungsformen in der Arbeitslosenweiterbildung

Der Gegenstand didaktischen Handelns auf einer weiteren Ebene (mesodidaktisches Feld) ist der einzelne Kurs, eine Kursreihe oder andere Veranstaltungsformen. Gerade im Bereich der Arbeitslosenbildung ist durch die beschriebene Verrechtlichung eine Anzahl von mehr oder weniger "genormten" Bildungsangeboten bereits vorgegeben. Diese Veranstaltungsformen, Maßnahme im Sprachgebrauch der Arbeitsbehörden, sollen im folgenden dargestellt werden, wobei die Frage leitend ist, welche pädagogischen und didaktischen Gestaltungsmöglichkeiten verbleiben.

Umschulung

Die Umschulung ist die durch die Verrechtlichung der Weiterbildungspraxis am stärksten festgelegte Veranstaltungsform der beruflichen Weiterbildung. Die ordnungspolitischen und organisatorischen Rahmenbedingungen sind im wesentlichen im Berufsbildungsgesetz (§ 47), in der Handwerksordnung (§ 42) und im AFG (§ 48) geregelt.

Ziel der beruflichen Umschulung ist der Wechsel in eine andere berufliche Tätigkeit, häufig verbunden mit einem qualifizierten Berufsabschluß auf Facharbeiter-, Gesellen- oder Gehilfenniveau. Die Inhalte sind in diesem Fall durch die Ausbildungsordnungen (Ausbildungsberufsbild, Ausbildungsrahmenplan und Prüfungsanforderungen) weitgehend festgelegt. Die Prüfungsinstanzen sind nicht die ausbildenden Einrichtungen, sondern die Kammern als die nach dem Berufsbildungsgesetz zuständigen Stellen.
Im Unterschied zur beruflichen Erstausbildung, die in der Regel drei Jahre umfaßt, ist die berufliche Umschulung unter Hinweis auf die Berufspraxis der Umschüler wesentlich kürzer. Nach den Förderungsvoraussetzungen des AFG beträgt sie maximal zwei Jahre, die Regel ist sogar nur die Hälfte der normalen Ausbildungszeit.
Für die didaktische Gestaltung der Umschulung ergeben sich dadurch wesentliche Einschränkungen. Zum einen bedeutet die Festlegung auf die Ausbildungsordnungen häufig eine Veralterung der Inhalte. "Ausbildungsordnungen sind das Ergebnis komplizierter, langwieriger curricularer Abstimmungsprozesse im Kräfteparallelogramm sozialer Interessenantagonismen. Ihre Konsensfähigkeit verlangt zeitliches Beharrungsvermögen. In ihnen steckt ein notwendiges Stück Konservatismus, das auf die geänderten Qualifikationsanforderungen nur zögernd Rücksicht nehmen kann" (Neumann 1985,52).[1]
Zum anderen bewirkt die Zeitdauer bei festgelegtem Inhalt Umschulungen, "in denen in lehrerzentriertem Frontalunterricht unter erheblichem Zeit-, Leistungs- und Konkurrenzdruck enorme Mengen an Inhalten 'durchgenommen' werden" (Voigt 1986,136) und schon aus Zeitgründen wenig Spielräume für soziales und politisches Lernen sowie Hilfen zur Bewältigung der Lebenssituation Arbeitslosigkeit bzw. der Lernsituation Umschulung möglich sind.

Berufliche Fortbildung

Durch ordnungspolitische Mittel weniger eingeschränkt ist der Bereich der beruflichen Fortbildung. Berufsbildungsgesetz (§ 46), AFG (§§ 41 und 43) und Handwerksordnung (§ 42) unterscheiden die Aufstiegsfort-

---

1 vgl. zu diesem Punkt die jahrelangen Auseinandersetzungen um die Neuordnung der Metallberufe und um die der Büroberufe

bildung mit dem Ziel eines Abschlusses oder einer Tätigkeit auf höherem Niveau, die Anpassungsfortbildung, die der Erhaltung, Erweiterung und Feststellung beruflicher Kenntnisse und Fertigkeiten dient und das Nachholen eines beruflichen Abschlusses in dem Bereich, in dem schon eine berufliche Tätigkeit ausgeübt wurde.
Nach § 46,2 Berufsbildungsgesetz (BBiG) kann der Bund ähnlich wie bei den Ausbildungsordnungen Fortbildungsordnungen erlassen, die den Inhalt, das Ziel, die Prüfungsanforderungen, das Prüfungsverfahren, die Zulassungsvoraussetzungen sowie die Bezeichnung des Abschlusses bestimmen. Der Bund hat von dieser Regelungskompetenz bislang wenig Gebrauch gemacht, wobei bei den existierenden Fortbildungsordnungen die Regelungen für die Fortbildung zum Meister in Industrie und Handwerk dominieren (vgl. BMBW 1984,47; Tillmann 1982,131). Nach § 46,1 BBiG können auch die Kammern für ihren Bereich Fortbildungsregelungen erlassen, allerdings ohne Ausschließlichkeitsanspruch und ohne Verbindlichkeit für andere Träger und Einrichtungen.[1]
Für die Einschätzung didaktischer Gestaltungsmöglichkeiten der verrechtlichten Fortbildung gelten ähnliche Bedenken, wie sie für die Umschulung als Bildungsangebot für Arbeitslose formuliert wurden. Der schwerfällige bürokratische Aushandlungsprozeß führt auch in diesem Bereich zu relativ invarianten Ziel- und Inhaltsvorgaben.
Auf der anderen Seite führt die Zurückhaltung des Staates bei der Anerkennung beruflicher Weiterbildungsabschlüsse und die Verlagerung dieses Bereichs in die Regelungskompetenz nicht-staatlicher und privater Einrichtungen keineswegs zu mehr Offenheit und Flexibilität im Interesse der weiterbildungsinteressierten Teilnehmer. Gestützt durch eine neokonservative Bildungspolitik verstärkt sich vielmehr die Tendenz, Weiterbildung am kurzfristigen Qualifikationsbedarf einzelner Betriebe zu orientierten. Geißler (1988,30ff) hat diese Tendenz kürzlich nicht ohne Polemik als Tendenz zu "Wegwerfqualifikation und fast-food-Pädagogik" bezeichnet. Für die Teilnehmer bedeutet dies eine Verschlechterung ihrer Position auf dem Arbeitsmarkt, denn Anerkennung gibt, "wenn die öffentlichen Institutionen diese nicht mehr über langfristig gültige Titel gewährleisten können, nur der Abnehmer von

1 Als Beispiel können hier die Kammerregelungen zur Fortbildung zum Fachwirt im kaufmännischen Berufsfeld angeführt werden.

Qualifikationen, der Unternehmer also. So wird denn auch die Antwort auf die Frage erkennbar, für wen es eigentlich 'wirkungsvoller' ist, daß sich der Staat bei der Vergabe von Weiterbildungsabschlüssen zurückhält. Es sind jene, die frei von öffentlichen und staatlichen Vorschriften und Kontrollen Titel vergeben und diese nach ihrem Belieben anerkennen können" (ebd., 32). Für nicht-funktionsspezifische Bildungsinhalte und -ziele bleibt aus diesen Gründen ebensowenig Raum wie bei der verrechtlichten Form von Fortbildung.

Trotzdem bietet im Prinzip der regelungsfreie Raum der beruflichen Fortbildung Gestaltungsmöglichkeiten durch die Einrichtung der Erwachsenenbildung, die bei allen beschriebenen Einschränkungen genutzt werden können.

Gemeint ist hier der weitere Ausbau von Fortbildungskonzepten z.B. in dem sich weiter differenzierenden Bereich sozialer und kultureller Dienstleistungen, in der Umwelttechnologie, im Bereich Sanierung und Restauration etc. Angesprochen sind auch Fortbildungskonzepte für bestimmte Zielgruppen, die aufgrund zugeschriebener Merkmale auf dem Arbeitsmarkt und auf dem Weiterbildungsmarkt besonders benachteiligt sind (Frauen, ältere Arbeitslose und Ausländer). In allen Konzepten sollten - nicht nur funktionsbezogen - allgemeine, politische und soziale Inhalte in die fachliche Qualifizierung integriert werden und jeweils zwischen der konkreten Teilnehmergruppe und den Kursleitern im einzelnen ausgehandelt werden können.

Didaktisches Handeln sollte dabei nicht nur auf die Gestaltung der Kurssituation im engeren beschränkt bleiben, sondern sowohl eine adäquate Teilnehmerberatung umfassen wie ein Begleitangebot nach Kursende, unter Umständen in Kooperation mit Selbsthilfegruppen, Arbeitslosenzentren und alternativ-ökonomischen Projekten.

Bildungsangebote nach § 41a AFG

Seit 1979 fördert die Bundesanstalt für Arbeit auch Vollzeitkurse und -lehrgänge von kurzer Dauer (3-6 Wochen), die nicht der berufsfachlichen Weiterqualifizierung dienen, sondern die den Arbeitslosen die Möglichkeit geben sollen,

"- sich über die Vermittlungs- und Arbeitsberatung hinaus über die aktuelle Situation am Arbeitsmarkt und das Angebot an beruflichen Bildungsmaßnahmen eingehend zu informieren,

- sich mit ihrer individuellen, durch Arbeitslosigkeit geprägten Situation auseinanderzusetzen,
- praktische, berufsfeldorientierte Erfahrungen zu sammeln und
- die Fähigkeit zu planvollem Vorgehen bei den eigenen Bemühungen um die berufliche Wiedereingliederung zu verbessern."[1]

Zielgruppe dieser Maßnahmen sind in erster Linie langfristig Arbeitslose, Arbeitslose ohne Berufsausbildung bzw. mit nicht verwertbaren Qualifikationen, Arbeitslose mit gesundheitlichen Einschränkungen (vgl. Faulstich 1985, 89).

Der durchführenden Einrichtung wird ein inhaltlich-methodischer Gestaltungsspielraum gewährt, wobei Themen wie Information über den regionalen Arbeitsmarkt und über Weiterbildungsangebote, Bewerbungstraining und Hilfe bei der Stellensuche sowie Arbeits- und Sozialrecht berücksichtigt werden müssen.

Der Verdacht besteht, daß die 41a-Maßnahmen für die Arbeitsbehörden zusätzlich die Funktionen eines Diagnoseinstruments im Hinblick auf die Vermittlungsfähigkeit und die Bildungsbereitschaft des einzelnen Arbeitslosen übernehmen sollen (vgl. Landesinstitut 1982,139).[2]

Daneben ist unter erwachsenenpädagogischen und didaktischen Gesichtspunkten die oft fehlende Freiwilligkeit bei der Teilnahme und die nach Verwaltungskriterien gesteuerte Teilnehmerauswahl ein großes Problem. Ein weiteres Problem liegt in der Dauer dieser Kurse und Lehrgänge, die nur sinnvoll und teilnehmergerecht gestaltet werden können, wenn sie in Verbindung mit weiteren Kursen, Beratungsangeboten oder Selbsthilfeangeboten geplant und durchgeführt werden können. Meines Erachtens müssen aber die 41a-Kurse nicht zwangsläufig zu einem Instrument der psycho-sozialen Betreuung, der Selektion oder der sozialen Kontrolle von Abweichung und Fehlentwicklung werden, wenn es Teilnehmern, Kursleitern und pädagogischen Mitarbeitern gelingt, gemeinsam sinnvolle Lehr-Lernsituationen zu definieren und auszuhandeln.

---

1 Runderlaß 200/79 der Bundesanstalt für Arbeit, abgedruckt in Faulstich/Ebner 1985,66f

2 vgl. dazu Ziff. 2 des Runderlasses 200/70: "Bei der inhaltlichen Gestaltung der Maßnahme ist darauf zu achten, daß der Teilnehmer die Möglichkeit zur realistischen Einschätzung seiner Chancen auf dem Arbeitsmarkt erhält und für das weiterführende Beratungsgespräch im Arbeitsamt nach Ende der Maßnahme zusätzlich Hinweise gegeben werden können."

Übungsfirmen und Übungswerkstätten

Übungsfirmen sind selbst direkt noch keine Bildungsangebote, sondern spezifische Lernorte.

Die Übungsfirma ist dabei eine modellhafte Nachbildung der kaufmännischen Verwaltung eines Industrie- oder Dienstleistungsbetriebs, in der betriebliche Abläufe simuliert werden. Etwa 300 Übungsfirmen in verschiedener Trägerschaft sind im Deutschen Übungsfirmenring zusammengeschlossen.

Unter arbeitsmarktpolitischen und legitimatorischen Aspekten dienen die Übungsfirmen in erster Linie der rein quantitativen Entlastung des Arbeitsmarkts durch "Pseudobeschäftigung". Unter qualifikatorischen und sozialisatorischen Aspekten erscheinen sie den Arbeitsbehörden als probates Mittel, die Qualifikation der Arbeitskraft zu erhalten bzw. der Schädigung des Arbeitsvermögens durch dauerhafte Arbeitslosigkeit vorzubeugen. Neumann (1984,64) bezeichnet dies als "stabilisierende Lagerhaltung" der Ware Arbeitskraft.

Andererseits lassen sich die Übungsfirmen durchaus für eine erwachsenengerechte, nicht nur die Arbeitskraft des Arbeitslosen berücksichtigende Didaktik nutzen. Die didaktischen Möglichkeiten dazu liegen allerdings nicht in der bloßen Simulation von Wirklichkeit, sondern in der Befähigung zu Transferleistungen. "Transferfähigkeit entsteht im theoriegeleiteten Handeln und das heißt, daß das Handeln nicht allein aus der Erfahrung des eigenen Funktionierens erwächst, sondern daß es Regeln folgt, die das Individuum als vernünftig akzeptiert oder als unvernünftig verworfen hat. Die Simulation im praktischen Ausbildungsteil erfordert die ständige Begleitung durch die situations- und problembezogene Theorie" (Neumann 1984,65).

Neue Erfahrungs- und Lernmöglichkeiten ergeben sich darüber hinaus dort, wo betriebliche Funktionsabläufe und Leitungs- und Organisationsstrukturen von Teilnehmern und Ausbildern so gestaltet bzw. umgestaltet werden können, daß sie nicht mehr bloß die schlechte Realität kapitalistisch geführter Betriebe spiegeln, sondern Betriebe in der Hand der "Belegschaft" sind.[1]

---

1 vgl. dazu auch Ansätze in der Theorie der Organisationsentwicklung. Konzepte autonomer Arbeitsgruppen, neue Managementformen etc., vgl. Ulrich 1986, 431ff

Übungswerkstätten im gewerblichen Bereich lassen sich im Hinblick auf ihre arbeitsmarktpolitische Funktion ähnlich charakterisieren wie die Übungsfirmen.
Ihre didaktischen Möglichkeiten können durch die Kooperation mit anderen Bildungsträgern, durch Integration theoretischer Bildungsteile und durch stärkere Hinwendung zu fortschrittlichen Technologien und Ausbildungen im Umweltschutz- und Ökologiebereich erweitert werden.

3.1.5 Das mikrodidaktische Handlungsfeld der Lehr-/Lernsituation

Auf dieser Ebene des konkreten Unterrichts sind die Kursleiter (Weiterbildungslehrer, Dozenten, Trainer, Ausbilder, Übungsleiter, Sozialpädagogen, Kursberater, Moderatoren etc.) und die Teilnehmer die didaktisch Handelnden; ihre Aufgabe ist, gemeinsam, zielorientiert und methodisch zu lehren und zu lernen (vgl. Jütting 1980,13).
Die Spielräume und Freiheitsgrade für didaktisches Handeln auf dieser Ebene sind nicht nur mehr oder weniger durch die institutionell-organisatorischen Gegebenheiten und die didaktischen Entscheidungen auf den vorhergehenden Handlungsebenen beeinflußt und bestimmt, sondern auch durch die Handlungsvoraussetzungen der direkt Beteiligten im Lehr-/Lernprozeß. So sieht Kaiser (1985) die Konstitution von Lerngegenständen auch durch die individuellen Deutungsmuster der Kursleiter beeinflußt und nennt hier Bildungsverständnis, Verständnis von sich selbst und vom Adressaten und Sachverständnis als drei Faktoren didaktischen Handelns (vgl. Kaiser 1985,63ff). Die didaktische Handlungskompetenz der Lehrkräfte hängt also nicht nur von Art und Umfang ihres Sachwissens einschließlich der wissenschaftstheoretischen Einordnung ab, sondern ebenso davon, welchen Sinn sie ihrem Tun beimessen, von welchen Annahmen hinsichtlich der eigenen Berufsrolle und im Hinblick auf die Adressaten sie sich leiten lassen und letztlich auch davon, wie reflexiv sie mit ihren Deutungsmustern umgehen können (vgl. dazu auch Arnold 1985,100ff).
Eine unzureichende Unterrichtsforschung in der Erwachsenenbildung allgemein und fehlendes Wissen über die Lehrkräfte besonders in der

beruflichen Erwachsenenbildung lassen nur sehr vage und begrenzte Aussagen über diesen Bereich zu.
Nach Voigt (1986) verfügt die überwiegende Mehrzahl der Lehrkräfte in der beruflichen Erwachsenenbildung über keine erwachsenenpädagogische Ausbildung, sondern kommt aus sehr verschiedenen Berufen, z.B. Berufsschullehrer, Volks- und Betriebswirte, Ingenieure, Handwerks- und Industriemeister. Nur 20 % verfügt über eine nicht näher bestimmte erwachsenenpädagogische Zusatzqualifikation (vgl. ebd., 57).
Hinsichtlich des sozialen Status der Lehrkräfte in der beruflichen Erwachsenenbildung kann davon ausgegangen werden, daß nur ein geringer Teil als hauptberufliche Weiterbildungslehrer mit unbefristeten Arbeitsverträgen tätig ist. Allerdings wird vermutet, daß die Kursleiter auch nicht mehr überwiegend sogenannte "klassische" Nebenberufler sind, die neben ihrem Hauptberuf stundenweise in der Erwachsenenbildung unterrichten. Gerade in der beruflichen Erwachsenenbildung für Arbeitslose mit einem hohen Anteil an Vollzeitkursen kann man davon ausgehen, daß hier überwiegend entweder Kursleiter tätig sind, die mit befristeten Arbeitsverträgen für die Dauer der Kurse hauptberuflich tätig sind oder die auf Honorarbasis als Freiberufliche, Studenten oder Arbeitslose bei einer oder bei mehreren Einrichtungen arbeiten und ganz oder teilweise ihren Lebensunterhalt dadurch bestreiten.[1]
Die spannende, gleichwohl wegen des Mangels an aussagekräftigen Informationen hier nicht zu beantwortende Frage, die sich im Anschluß stellt, ob aufgrund der zum Teil vergleichbaren sozialstrukturellen Lage von Kursleitern und arbeitslosen Teilnehmern in der Erwachsenenbildung Lehr-/Lernprozesse in Richtung auf pädagogisches Verstehen und Verständigung erleichtert werden, oder ob nicht Faktoren wie ungesicherte Beschäftigungsperspektive, Unterbezahlung und Gefühle gesellschaftlicher Deklassierung negativ einflußreicher wirken, wäre weiterer Untersuchungen wert.
Im Hinblick auf Deutungsmuster und Einstellungen der Lehrkräfte stellt sich angesichts der unzulänglichen Datenlage die Frage, ob und in welchem Umfang die folgenden Aussagen für die berufliche Erwachsenenbildung mit Arbeitslosen zutreffend sind: Lehrkräfte in der berufli-

1 vgl. zu Professionalität und sozialem Status von nebenberuflichen Mitarbeitern an Volkshochschulen, Scherer 1987

chen Erwachsenenbildung verstehen sich in erster Linie als Fachexperten und Wissensvermittler (vgl. Voigt 1986,165), ihre Handlungsnormen sind an ökonomische und betriebliche Funktionserfordernisse orientiert (vgl. Arnold 1985,108), ihr pädagogisches Wissen reduziert sich auf verfügbare Wissensbestände aus lebensweltlichen Kontexten, z.B. Menschenkenntnis und Führungserfahrung (vgl. ebd., 110), ihr Verständnis vom Adressaten ist häufig von Schuldzuweisungen und Vorurteilen geprägt (vgl. Voigt 1986,166).[1]
Auf der Ebene der Lehr-/Lernsituation sind auch die Lernenden (Teilnehmer) didaktisch Handelnde, insofern als sie Lerngegenstände konstituieren und nicht nur ihre eigenen Lernprozesse organisieren und Lernerfolge kontrollieren und auch auf der Seite des Lernenden ist von Interesse, mit welchen Voraussetzungen für didaktisches Handeln sie in Lehr-/Lernsituationen eintreten bzw. welche Voraussetzungen sie für nicht nur passiv rezipierende, sondern auch für aktive Lernprozesse mitbringen.
Die Tatsache, daß die Teilnehmer an Arbeitslosenweiterbildung arbeitslos sind, ist an sich nicht besonders aussagekräftig. Dagegen haben Voraussetzungen der Teilnehmer im Hinblick auf Freiwilligkeit der Teilnahme, ihre spezifische Motivation, ihre jeweiligen schulischen und beruflichen Vorerfahrungen und ihre aktuelle soziale Situation erhebliche Bedeutung für die Lehr-/Lernsituation.
Ähnlich wie bei den Kursleitern geht es aber auch bei den Teilnehmern um die unter Umständen tieferliegenden Deutungsmuster hinsichtlich Bildungsverständnis, Verständnis von sich selbst und anderen und Sachverständnis. Wichtige Fragen in diesem Zusammenhang sind, ob die Teilnehmer Bildungsprozesse in erster Linie als Qualifikation unter Verwertungsgesichtspunkten auf dem Arbeitsmarkt verstehen, wie die eigene Arbeitslosigkeit gedeutet wird, welche Handlungsorientierungen und Handlungskompetenzen über Erwerbsarbeit hinaus vorhanden sind, wie sie sich selbst in sozialen Beziehungen definieren.[2]

---

1 Besonders im Hinblick auf die arbeitslosen Adressaten wäre von Interesse, inwieweit auch die Lehrkräfte von den sich hartnäckig haltenden gesellschaftlichen Vorurteilen, die Arbeitslosen seien selber schuld bzw. ihre Persönlichkeit sei defizitär, infiziert sind.

2 Auf die Teilnehmer in der Arbeitslosenweiterbildung wird an mehreren Stellen dieser Arbeit Bezug genommen.

3.2 Theoretische Aspekte einer Didaktik der berufsbezogenen Weiterbildung

Eine Theorie der Didaktik der Erwachsenenbildung ist eine Theorie der Praxis der Erwachsenenbildung. Aber wie immer sie ihren Gegenstand im besonderen definiert, welche Gegenstandsaspekte sie besonders als Ausgangspunkt der Theoriebildung hervorhebt, sie muß als Theorie kategorial das Moment der Kritik der vorfindlichen Praxis enthalten, d.h. sie kann eine vorfindliche Praxis nicht bloß begrifflich abbilden wollen.

Die bildungstheoretische Argumentation im vorhergehenden Kapitel legt eine bestimmte Richtung der theoretischen Formulierung einer erwachsenenpädagogischen Didaktik nahe. Unter dem Signum: kommunikationstheoretische Didaktik möchte ich im ersten Teil wesentliche Ansätze und Aussagen einer solchen Theorie der Didaktik zusammenfassend formulieren.[1]

Die didaktischen Leitprinzipien im zweiten Teil erweitern diese Grundlagen, nehmen wesentliche Aussagen aus dem ersten und zweiten Kapitel dieser Arbeit auf und wenden sie im Hinblick auf den hier zur Diskussion stehenden Gegenstandsbereich der berufsbezogenen Arbeitslosenbildung.

Die didaktischen Leitprinzipien orientieren sich an der klassischen Problemformulierung der Didaktik: welche Inhalte sollen mit welchen Zielen wie vermittelt werden, enthalten also notwendig auch eine normativ-kritische Dimension.

Wenn Brödel (1983,89) die kritische Frage stellt, "ob die Erwachsenenbildung über die geeigneten methodischen und inhaltlichen Möglichkeiten verfügt, um in dem Arbeitsfeld der Arbeitslosenbildung nach Kriterien und Zielen arbeiten zu können, die sowohl unter wissenschaftlich-fachlichen als auch unter berufsethischen Gesichtspunkten vertretbar

---

1 Es ist der Versuch, die auf die Pädagogik der Kommunikation sich beziehende kommunikative Didaktik aus der Schulpädagogik (vgl. Schäfer/Schaller 1971, Baacke 1978, Winkel 1986) mit Ansätzen handlungstheoretischer Didaktik aus der Erwachsenenbildung (vgl. Mader 1975, 1980, Kaiser 1985) zu verbinden. Diese Zusammenhänge können allerdings an dieser Stelle nicht ausführlicher hergeleitet und begründet werden.

sind", dann enthalten die didaktischen Leitprinzipien diese Kriterien und Ziele.[1]

Ich habe versucht, sie mit empirischem Gehalt, d.h. mit Bezug zur Realität (vgl. Kaiser 1985,12) so zu formulieren, daß an ihnen die Realität der Didaktik der berufsbezogenen Arbeitslosenweiterbildung gemessen werden kann.

3.2.1 Grundzüge einer kommunikativ-handlungstheoretischen Didaktik der Erwachsenenbildung

Negativ abgrenzend kann Didaktik weder als bloße Planungsanleitung oder Praxishilfe verstanden werden noch als Zusammenfassung (sozial-) wissenschaftlicher Erkenntnisse aus Soziologie, Psychologie, Ökonomie und Rechtswissenschaft bezogen auf den spezifischen pädagogischen Zusammenhang. Didaktik soll hier verstanden werden als Theorie der Analyse und Planung von institutionalisierten Lehr-/Lernsituationen einschließlich ihrer sozialen und politischen Rahmenbedingungen, wobei Inhalts-, Vermittlungs- und Beziehungsaspekte als unterscheidbare Ebenen hervorgehoben werden können (vgl. Mader 1980).

Der Topos der Didaktik ist die vergesellschaftete und institutionalisierte Lehr-/Lernsituation. Didaktik thematisiert in diesem Zusammenhang kritisch die sinnvolle und notwendige Ausdifferenzierung von Bildungsinstitutionen und Lernprozessen im Zuge gesellschaftlicher Rationalisierungsprozesse, ohne sie von der Alltagspraxis und den dort stattfindenden Lernprozessen abzukoppeln und damit Erwachsenenbildung gegen die Lebenswelt zu neutralisieren (vgl. Buschmeyer 1987,205).

In den traditionellen Didaktikansätzen der Schulpädagogik wie auch der Erwachsenenbildung sind sowohl die lebensweltlichen Bezüge der Teilnehmer und Kursleiter wie auch die interaktiven Prozesse im Unterricht (in einer Lerngruppe der Erwachsenenbildung) - sofern sie

---

1 Die Frage nach den methodischen und inhaltlichen Möglichkeiten der Erwachsenenbildung berührt letztendlich die zentrale Fragestellung dieser Arbeit und wird im folgenden Kapitel virulent. Brödels weitere Frage in diesem Zusammenhang, nach den institutionellen und materiellen Möglichkeiten der Erwachsenenbildung für Arbeitslose habe ich am Anfang dieses Kapitels zu beantworten gesucht.

nicht in direktem Zusammenhang mit den intendierten Inhalts- und Vermittlungsprozessen stehen - zu Randbedingungen oder gar Störfaktoren des Lehrens und Lernens reduziert worden. Eine kommunikativ-handlungstheoretische Didaktik muß diese Dimensionen des Lehrens und Lernens in der Erwachsenenbildung als konstitutive Elemente ihrer Theorie aufnehmen und als gleichwertige Kategorien mit den Inhalts- und Vermittlungsaspekten vermitteln und integrieren.
Didaktische Grundkategorie ist also die "kooperative Kommunikationsgemeinschaft" (Schäfer) oder die "primordiale Sozialität" (Schaller) einer Lerngruppe mit ihren regelfähigen und spontanen Interaktionen.[1]
Das kommunikative Handlungsfeld stellt sich dar als ein Netzwerk von intendierten und nicht-intendierten, von sprachlichen und nicht-sprachlichen Handlungen der beteiligten Teilnehmer und Pädagogen.
Die didaktische Analyse reflektiert unter den Inhalts- und Vermittlungsaspekten von Lehr-Lernsituationen Probleme der ökonomischen und politischen Rahmenbedingungen pädagogischer Prozesse, Fragen der Konstitution und Legitimation von Zielen und Inhalten, die Gestaltung von Lernorten, Methoden und Medien.
Eine kommunikativ-handlungsorientierte Didaktik stellt an die Kompetenz und Professionalität der handelnden Pädagogen und Kursleiter besondere Anforderungen. Der mit "handlungshermeneutische Kompetenz" schlagwortartig beschriebene Anspruch meint die Fähigkeit des Pädagogen, über die Vermittlungsfunktion hinaus, latente und manifeste Deutungen in der Gruppe wahrzunehmen, klärend darauf zu reagieren und sie allen verfügbar zu machen (vgl. Mader 1982, Schäffter 1987b).
Auf die Praxis bezogen steht eine kommunikativ-handlungstheoretische Didaktik in dem Dilemma, einerseits die vorfindliche Didaktik in der herrschenden pädagogischen Praxis wie auch die herrschenden Didaktiklehren und ihre leitenden Paradigmen gerade wegen ihrer Alltagsferne radikal kritisieren zu wollen, ohne aber andererseits ein Planungsinstrumentarium zu haben bzw. haben zu wollen, mit dessen Hilfe sich diese Didaktik praxisrelevant etablieren könnte (vgl. Rustemeyer 1985).

---

1 Diese Bestimmung richtet sich gegen die traditionelle Grundkategorie pädagogischen Handelns, des pädagogischen Bezugs, der als Wirkungsprozeß zwischen idealiter einem Lehrer und einem Schüler vorgestellt wird (vgl. auch Oelkers 1982).

Dieses Dilemma führt zurück zu der Frage nach dem logischen Status einer didaktischen Theorie (vgl. Mader 1982). Wenn eine didaktische Theorie ihren Ausgang nimmt bei der Analyse der realen Kommunikations- und Handlungsprozesse in Lehr-Lernsituationen, die wiederum eingebettet sind in eine historisch-gesellschaftliche Sozialität mit ihren Möglichkeiten geregelter und ungeregelter Sinngenerierung, kann sie kein geschlossenes System oder ein ideales Modell sein, an dem entlang sich Unterricht planen ließe. Insofern hat eine kommunikativ-handlungstheoretische Didaktik eher eine reflexive Funktion gegenüber der Praxis als eine planende.

3.2.2 Didaktische Leitprinzipien

Das Konzept einer berufsbezogenen Weiterbildung für Arbeitslose läßt sich anhand von drei didaktischen Leitprinzipien präzisieren:
a) **das Prinzip der Arbeitsorientierung**, das sich in erster Linie wissensbezogen auf die ökonomischen, sozialen und politischen Rahmenbedingungen von Arbeit einschließlich ihrer technologisch und arbeitsorganisatorischen Formgebung in industriell-kapitalistischen Gesellschaften, auf die real ablaufenden Wandlungsprozesse und schließlich auch auf die sozialökonomisch und sozialökologisch wünschbaren Veränderungsvorstellungen im Hinblick auf diesen Wandel bezieht. Ziel ist dabei die Stärkung und Erweiterung individueller Handlungsfähigkeit in Arbeits- und Praxisfeldern, soweit dies wissensbezogen vorbereitet werden kann.
b) **das Prinzip der Erfahrungsorientierung**, das sich problembezogen auf die biographische und lebensweltbezogene Situation und die höchst unterschiedlichen Verarbeitungsformen von Arbeitslosigkeit der betroffenen Adressaten bezieht.
c) **das Prinzip des Gruppenbezugs** im Hinblick auf die Lehr-Lernsituation selbst. Damit sind die Kriterien und Ziele angesprochen, die sich nicht nur antizipierend auf eine zukünftige Situation, noch rückblickend auf die vorangegangene Erfahrung beziehen, sondern auf eine verständigungsorientierte, den Selbstorganisationsfähigkeiten der Teilnehmer überantwortete Gestaltung der Lehr-Lernsituation selbst.

a) Arbeitsorientierung

Der Begriff "Arbeitsorientierung" entstammt ursprünglich dem Versuch, gegen die dominierende, als kapitalorientiert und damit als spezifisch interessengeleitet erkannte Betriebswirtschaftslehre eine "arbeitsorientierte Einzelwirtschaftslehre" als theoretischen Ansatz zu konzipieren (vgl. Projektgruppe 1974). Die Projektgruppe definiert den Begriff wie folgt: "Unter arbeitsorientiert wird im folgenden die Handlungsorientierung verstanden, die auf die Durchsetzung von Interessen der abhängig Beschäftigten in den verschiedenen Bereichen der Gesellschaft abzielt (Projektgruppe 1974,11).

Als arbeitsorientierte Interessen werden auf die betriebliche Ebene bezogen die Sicherung des Einkommens, die Sicherheit der Arbeitsplätze und die optimale Gestaltung der Arbeitsplätze verstanden; gesamtwirtschaftlich beziehen sich diese Interessen auf die Maximierung gesellschaftlich nützlicher Güter und die Minimierung sozialer und ökologischer Kosten der Produktion dieser Güter.

Umgesetzt werden sollen die arbeitsorientierten Interessen in entscheidungstheoretischen Verfahren, die nicht länger ausschließlich an den kapitalorientierten Kalkülen wie Kostenminimierung und Gewinnmaximierung orientiert sein sollten, sondern die arbeitsorientierte Interessen als gleichwertige Zielgrößen zu berücksichtigen hätten.

An den Konzepten der arbeitsorientierten Einzelwirtschaftslehre ist vor allem die gruppenbezogene und entscheidungstheoretische Verkürzung des Ansatzes kritisiert worden (vgl. Koubek 1978). Eine radikalere Kritik an solchen und ähnlichen Ansätze von Wirtschaftsdemokratie und betrieblicher Selbstverwaltung übt Ulrich (1986, 414f), wenn er ihnen eine "laboristische Verkürzung" vorwirft. Zwar bestreitet er nicht das personale Verfügungsrecht über die eigene Arbeitskraft und den hohen Stellenwert der Selbstbestimmung in und durch Arbeit, "nur findet diese legitime Selbstbestimmung der Arbeitenden ihre Grenze in den personalen Rechten auf Selbstbestimmung aller anderen Menschen, auch der Nichtarbeitenden. Das komplexe industrielle System ist eine öffentliche Angelegenheit, die gesamtgesellschaftlich-demokratischer Kontrolle unterstehen soll und nicht wiederum an eine bestimmte Personengruppe 'fehlgeschaltet' werden darf".

Arbeitsorientierung als Begriff wie er hier verwendet werden soll, kann sich also nicht auf die Interessen der lohnabhängig Beschäftigten, deren

Bezugspunkt in erster Linie die Bedingungen der industriellen Arbeit sind, beschränken. Gerade unter der Voraussetzung, daß die Zahl derjenigen, die aus natürlichen (Alter, Kindheit, Krankheit), erzwungenen (Arbeitslosigkeit) oder freiwilligen Gründen an diesem System der Erwerbstätigkeit nicht direkt partizipieren, beträchtlich ist,[1] gleichzeitig aber auch die ökonomische, soziale und ökologische Betroffenheit durch dieses System universell geworden ist (vgl. Beck 1986), scheint die Ausweitung des Begriffs geboten.
In der Erwachsenenbildung wurde der Begriff "Arbeitsorientierung" eingeführt, um damit eine Verkürzung der beruflichen Bildung auf die rein fachlich-instrumentelle Qualifizierung der Ware Arbeitskraft zu überwinden (vgl. Faulstich 1981, Dikau 1978). Unter diesem arbeitsorientierten Ansatz heißt für Faulstich (1981,29) Bildung, "unter den Bedingungen industrieller Arbeit in der kapitalistischen Gesellschaft zugleich zum Verkauf der Arbeitskraft zu befähigen, die Aneignung gesellschaftlicher Kenntnisse und Fähigkeiten zu vermitteln und die Möglichkeiten individueller und gesellschaftlicher Selbstverwirklichung zu entfalten."
In dieser Definition wird die gleiche falsche Universalisierung des Arbeitsbegriffs in der Fassung der kapitalistischen Lohnarbeit deutlich wie in den Ansätzen der Ökonomie und Wirtschaftswissenschaft. Auch für die Erwachsenenbildung ist also das Prinzip der Arbeitsorientierung als didaktisches Prinzip von Umfang und Reichweite her wesentlich zu erweitern.
Welche Konsequenzen ergeben sich daraus für die Didaktik der Arbeitslosenweiterbildung hier in erster Linie unter inhaltlichen Gesichtspunkten?
Sehr grundsätzlich gehört hierher die Forderung nach Integration von beruflichen und allgemein-politischen Bildungsinhalten. Die traditionellen Schlüsselbegriffe Beruf und Politik verlieren dabei allerdings zunehmend an Bedeutungskraft. Sie stehen für gegeneinander relativ abgeschottete Handlungsbereiche im ökonomischen System und im politischen Herrschaftsverband und können so als ausdifferenzierte

---

1 Die Erwerbsquote (Erwerbspersonen in % der Wohnbevölkerung) betrug im Juni 1985 47,9 %, vgl. Arbeits- und Sozialstatistik, Hauptergebnisse 1988, hrsg. vom Bundesminister für Arbeit und Sozialordnung.

Handlungsbereiche weder aufeinander reduziert werden, noch können die jeweils typischen Wissensbestände umstandslos in Bildungskonzepten integriert werden.[1]

Integrierte Bildungskonzepte lassen sich m.E. erst dann entwickeln, wenn die Arbeit aus dem engen Definitionsbereich der berufsförmigen Arbeit und Politik aus dem Definitionsbereich verfaßter politischer Institutionen und Organisationen gelöst wird. Aus der Perspektive der Lebenswelt ist dagegen Arbeit nicht nur in einem ökonomischen System verortet, sondern ebenso Teil eines sozialen und ökologischen Gesamtzusammenhangs, der mit dem herkömmlichen Begriff der Politik nicht mehr zureichend zu fassen ist. In der Konsequenz ergeben sich daraus die wesentlichen inhaltlichen Bereiche einer arbeitsorientierten Erwachsenenbildung:

- der Bereich des instrumentell-gegenständlichen Handelns und der Technologie
- der Bereich der sozialen und kulturellen Kommunikation
- der Bereich der Ökologie

Die Bereiche sind nur analytisch zu trennen, in den konkreten Bildungsangeboten können sie in vielfältiger Weise curricular und didaktisch verschränkt sein. Je nach Thema, Teilnehmergruppe oder Kurskonzept tritt der eine oder andere Bereich als Bezugsgröße deutlicher in den Vordergrund, ohne daß die anderen Bereiche unberücksichtigt bleiben.

Kurse etwa, die das instrumentelle Wissen zur Nutzung von mikroelektronischer Technologie vermitteln, müssen notwendig auch das Wissen über die sozialen und ökologischen Folgen berücksichtigen, bis hin zu der m.E. realistischen Einschätzung, daß auch dieses Wissen zur Kontrolle und Wirkungsbegrenzung nicht ausreichen wird, weil die Komplexität sozio-technischer Systeme derart angewachsen ist, daß die sozialen Fähigkeiten prinzipiell nicht mehr ausreichen können, diese Komplexität zu beherrschen (vgl. Wiesental 1984,11; Offe 1986,105).

Ausgehend von dem Bereich der sozialen und kulturellen Kommunikation sind z.B. Bildungskonzepte denkbar, die die Professionalisierung in den Bereichen Freizeit, Kultur, Breitensport und Tourismus fördern,

---

1 vgl. dazu die umfassende Darstellung der Problematik der Integration politischer und beruflicher Bildung bei Axmacher 1982,168ff.

dadurch zur Schaffung von Arbeitsplätzen beitragen und helfen, die weitere Kommerzialisierung dieser Sektoren zu begrenzen. Voraussetzung ist dabei ein Verständnis von Professionalisierung, das nicht die weitere Klientelisierung der Nutzer und Teilnehmer befördert, sondern die Autonomie und Selbstorganisation in diesen Bereichen stützt und dadurch einen Beitrag zur Erhaltung lebensweltlicher Kommunikationsstrukturen leistet.[1]

Unter vorrangig ökologischen Aspekten sind hier Bildungskonzepte zu nennen, die nicht nur nach technisch wirksamen Lösungen der ökologischen Krise suchen (z.B. Sanfte Technologien, Baubiologie, alternative Energiegewinnung), sondern die Möglichkeiten bieten, alternative Arbeitsformen zu entwickeln, diese gedanklich zu erproben und Umsetzungen solcher lebenspraktischen Entwürfe durch qualifikatorisches Lernen zu befördern. Unter alternativen Arbeitsformen werden hier solche verstanden, die sich nicht länger an der Ausbeutung der natürlichen Lebensgrundlagen hier und in der sogenannten Dritten Welt beteiligen, die auf Prinzipien von Selbstorganisation und Autonomie in überschaubaren Lebensräumen aufbauen und die über ein soziales Umfeld verfügen, das die Beteiligungsrechte auch der Nichtproduzenten sichert.

Gemeinsam ist diesen Bildungskonzepten das Ziel der erweiterten Handlungs- und Reflexionsfähigkeit im Bereich Arbeit, zu dem sowohl die traditionellen Formen berufsförmiger Erwerbsarbeit wie auch alle anderen Formen vergesellschafteter Tätigkeiten im Bereich der Produktion und Reproduktion gezählt werden.

b) Erfahrungsorientierung

Im zweiten Kapitel dieser Arbeit habe ich versucht aufzuzeigen, warum Bildung nicht länger als inhaltlich bestimmte, normativ angelegte Kategorie zu beschreiben ist. Es wurde eine Verengung darin gesehen, wenn der Bildungsprozeß als Bewußtseinsleistung eines einsam erkennenden Subjekts an die gedachte Idealität einer mit sich identischen Persönlichkeit und die darin verkörperte Vernünftigkeit gebunden wird.

1 vgl. dazu die Dokumentation der 4. Bielefelder Winterakademie zu Freizeit-Curricula (Aus- und Weiterbildungsmodelle sowie Berufsperspektiven für Fachleute in den Bereichen Freizeit, Kultur, Breitensport und Tourismus, hrsg. vom Institut für Freizeitwissenschaft und Kulturarbeit e.V., Bielefeld 1987.

Bildung ist vielmehr vor jeder pädagogisch motivierten Intervention in den lebensweltlichen Zusammenhängen menschlicher Praxis zu fundieren, die durch intersubjektive, präreflexive Sozialisationserfahrung und praktische Problemlösungskompetenz gekennzeichnet ist.
Erwachsenenbildung muß als gesellschaftliche Institution an diese Perspektive lebensweltlicher Bildungsprozesse anschließen und ihre spezifischen Interventionsformen darauf beziehen. Der Eigensinn subjektiver Aneignungsprozesse von Wirklichkeit und die sich daraus ergebenden empirischen Problemlagen, Deutungen und Aneignungsmuster von Erwachsenen sind damit dem pädagogischen Handeln ursprünglich vorgegeben und nicht bloße Rahmenbedingungen eines vorab schon vorhandenen und definierten Bildungsanspruchs. Bildung ist so - als prozeßhafte Kategorie gefaßt - immer kontingentes Erkennen und als Bewußtsein an die jeweils spezifische intersubjektive Praxis in einer natürlichen, sozialen und kulturellen Welt gebunden.
Dieser Zusammenhang ist der Hintergrund des didaktischen Prinzips der Erfahrungsorientierung, das ich im folgenden näher beschreiben will.
In der Diskussion um erwachsenenbildungsspezifische Didaktiken ist in diesem Zusammenhang der Deutungsmusteransatz oder der Erfahrungsansatz von Bedeutung.[1] Er fußt auf dem für die Richtung der qualitativ orientierten Sozialisations- und Bildungsforschung zentralen Schlüsselbegriff des Deutungsmusters. In diesem Verständnis sind Deutungsmuster tradierte, überindividuelle Interpretationen gesellschaftlicher Wirklichkeit, die durch lebensweltspezifischer Sozialisation vermittelt werden und individuell gebrochen jeweils mehr oder weniger variable Muster sozialen Handelns abgeben. Sie schieben sich sozusagen als Denk-, Wahrnehmungs-, Gefühls- und Bewußtseinsstrukturen zwischen die Wirklichkeit und das wissens- und deutungsgeleitete und erfahrungsgeprägte Handeln in dieser Wirklichkeit. Dabei haben die Deutungsmuster durchaus die Qualität relativer Autonomie. "In der kulturellen Deutungsmustern eigenen Fähigkeit zur 'Hypothesenbildung' gegenüber der sozialen Wirklichkeit, d.h. in der Fähigkeit zwischen

---

1 vgl. Negt 1971, Dybowski/Thomssen 1976, Thomssen 1980, Thomssen 1982, Alheit/ Wollenberg 1982, Arnold 1985, Giesecke 1985, Brock u.a. 1987.
Eine genauere Darstellung und Diskussion der Ansätze kann an dieser Stelle ebensowenig erfolgen wie ein genaueres Eingehen auf die zugrundeliegenden metatheoretischen Richtungen (vgl. dazu Arnold 1985,74ff).

Deutung und Gedeutetem zu differenzieren, wie auch in der Möglichkeit des gleichzeitigen Nebeneinander von konkurrierenden Deutungen in bezug auf ein zu Deutendes, wird die Tendenz zur Selbstüberschreitung bzw. die prinzipielle perspektivische Offenheit von lebenspraktischen Handlungssituationen und allgemeiner formuliert: die grundsätzliche Zukunftsoffenheit von Geschichte deutlich" (Dewe 1984,314).
Aus dieser prinzipiellen Erfahrungsoffenheit vor dem Hintergrund ständiger Veränderungen gesellschaftlicher Wirklichkeit und der Notwendigkeit veränderter individueller Problemlösungskompetenz erhält die Erwachsenenbildung mit ihren besonderen Interaktionsformen ihre Bedeutung und ihren Ort. Wenn das alltägliche Leben von Menschen von unmittelbarem Begründungs-, Entscheidungs- und Handlungszwang geprägt ist, dann kann die gesellschaftlich ausdifferenzierte Institution Erwachsenenbildung als ein von unmittelbarem Handlungsdruck entlastender Ort verstanden werden, in dem neue Sinnorientierungen und gesteigerte Begründungsleistungen im Hinblick auf Deutungsmuster und lebenspraktische Problemlösungskompetenz erbracht werden können. Erwachsenenbildung tut dies mit den ihr eigenen Interaktionsformen, die sich z.B. von denen in den verwandten Institutionen Beratung und Therapie unterscheiden (vgl. Schmitz 1983). Eine Dimension der Interaktionsform Erwachsenenbildung ist ihre Transformationsfunktion zwischen wissenschaftlich erzeugten Wissensbeständen[1] und dem handlungsrelevanten Alltagswissen, das aufklärungsbedürftig geworden nach neuen oder erweiterten Sinnorientierungen verlangt. Will Erwachsenenbildung sich nicht unkritisch an der Verwissenschaftlichung des Alltags, an der Bevormundung durch Wissenschaft beteiligen, muß sie prinzipiell von der Qualität und Tauglichkeit von Deutungsmustern und lebenspraktischen Entwürfen,[2] die durch Ganzheitlichkeit in bezug auf Wahrnehmungs- und Erfahrungsmöglichkeit und durch Handlungsbezug gekennzeichnet sind, ausgehen. Anders als wissenschaftliches Wissen ist Alltagswissen nicht an universelle Standards von Angemessenheit und

1 Andere Wissensbestände, die zu gesteigerten Begründungsleistungen führen können, entstammen den Bereichen Moral und Kunst.

2 Ich greife hier einen Begriff von Lorenzer (1981,27ff) auf, der unter "lebenspraktischem Entwurf" die Totalität von Bedeutungs- und Sinnzusammenhängen, in der instrumentelle, kommunikative und sinnliche (Spiel, Kunst, Traum) Symbolbildungen verwoben sind, versteht.

Gültigkeit gebunden, sondern situationsbezogen und an subkulturspezifischen Konventionen orientiert.
Dies setzt der Aufklärung von Deutungsmustern durch Wissenschaft und Erwachsenenbildung enge Grenzen. Es geht nicht darum, Erfahrungen und Deutungsmuster zu ersetzen oder ihnen durch wissenschaftliche "Anreicherungen" eine neue Qualität zu geben, sondern sie zu bewahren und ihr latentes Reflexionspotential zu stärken.
Dies kann nicht bedeuten, durch Lernprozesse in der Erwachsenenbildung Deutungsmuster als oft genug kritiklos erstarrte Routinen des Alltags bloß zu bestätigen oder zu reproduzieren. Wie Lernprozesse gleichzeitig an Vorwissen, Erfahrungshorizonte und Deutungsmuster gebunden sind, aber auch erst durch Konfrontation mit neuen Erfahrungen zustandekommen, hat Meyer-Drawe (1982,34) prägnant beschrieben. "Der Prozeß des Lernens ist keiner der Integration von Wissensbestandteilen in eine vorgegebene Sinnmatrix, wobei sich weder das Wissen noch die Matrix ändern. Vielmehr zeigt sich Lernen als Prozeß der Erfahrung, der Strukturierung und Modifizierung von Erfahrungshorizonten, des geschichtlich konkreten Zur-Welt-Seins, für das die logische Ordnung der Dinge nur eine mögliche Perspektive unter anderen ist. ... Lernen in dieser Bedeutung ist kein linearer Prozeß der Integration von Wissenselementen, sondern ein Prozeß der Konfrontation zwischen unausdrücklich leitendem Vorwissen und neuer Sicht, neuer Erfahrungs- und Handlungsmöglichkeit, d.h. die Produktivität des Lernprozesses liegt in seiner Negativität: Lernen ist Umlernen."
Am Beispiel eines Konzepts für Fortbildungsveranstaltungen für Kursleiter in der Erwachsenenbildung, wobei sich m.E. diese Überlegungen aber auch auf die Erwachsenenbildung schlechthin übertragen lassen, verdeutlicht Ebert (1987,61ff), wie Bildungs- und Lernprozesse als an und durch Erfahrungen Lernen zu verstehen sind.
Den Teilnehmern steht ein verschriftlichtes Unterrichtsprotokoll einer Veranstaltung aus der Erwachsenenbildung als ein vom raum-zeitlichen Kontext losgelöstes Dokument als Unterrichtsmaterial zur Verfügung. Indem sie den Text Schritt für Schritt interpretieren, d.h. ihre Deutungen, die aus ihren eigenen Lehrerfahrungen gespeist sind, an den Text herantragen, setzen sie sich mit der Wirklichkeitsbewältigung eines fremden Kursleiters auseinander. Sie setzen ihre eigenen Erfahrungen ein und machen gleichzeitig neue Erfahrungen. "Der Kursleiter (als

Teilnehmer, M.I.) wird, indem er seine Erfahrung an den Text heranträgt, sich dieser selbst bewußt und gleichzeitig durch die Interpretation dessen, was ihm vorliegt, um eine neue Erfahrung reicher" (ebd., 72).

Voraussetzung ist dabei die Annahme, daß ein solcher Text einen Sinn aufbewahrt, der durch die hermeneutische Interpretation nie vollständig einzuholen ist. Gerade an dieser Differenz zwischen Gemeintem und Gegebenem - Meyer-Drawe (1984,267) spricht in diesem Zusammenhang von der "Nicht-Koinzidenz von Reflexion und Vollzug" - ergeben sich die spezifischen Lernmöglichkeiten.[1]

Weshalb hat nun das Prinzip Erfahrungsorientierung Bedeutung für die Didaktik der Arbeitslosenweiterbildung? Ich knüpfe hier an die bei Dieterich/Weymann (1986,153) getroffene Feststellung an, daß fortdauernde Arbeitslosigkeit als Lebensereignis irgendwann auch lebensbiographisch verarbeitet werden muß. Wie dies geschieht, hängt nicht zuletzt von den bereits lebensgeschichtlich erworbenen und lebensweltbezogenen Kompetenzen und Handlungsfähigkeiten ab und von dem Muster, in dem die eigene Arbeitslosigkeit gedeutet wird. Dies ist wiederum eine wesentliche Bedingung dafür, ob und wie Bildungsangebote in diesem Verarbeitungsprozeß eine Rolle spielen können.

In einer kontrastierenden Gegenüberstellung zweier arbeitsloser Teilnehmer an 41a-Kursen, die in längeren Interviews im Rahmen einer Längsschnittstudie mehrfach befragt wurden, wird die Bedeutung dieses Zusammenhangs deutlich.

Für den ersten arbeitslosen Teilnehmer ist die Arbeitslosigkeit ein Unglücksfall, sie wird auch nach längerer Dauer noch als vorübergehend gedeutet und nicht ernstgenommen. Weiterbildung wird als sinnlos eingeschätzt und nur als Negation der bisher erworbenen und bewährten Kompetenzen, die vor allem als Berufs- und Arbeitskompetenz gedeutet werden, erfahren. Arbeitslosigkeit allgemein ist für ihn ein individuelles Problem und wird nicht vor dem Hintergrund gesamtgesellschaftlicher Bedingungen begriffen. Der Besuch eines 41a-Kurses nach dem AFG

1 vgl. zu diesem Begriff von Lernen das Konzept kollektiver Lernprozesse im nächsten Abschnitt.

hat an dieser Einschätzung und an diesen Deutungsmustern nichts geändert.[1]

Über die zweite Teilnehmerin schreiben Dieterich/Weymann (1986,161): "Helen hat ihr Arbeitsverhältnis aufgrund familiär Verpflichtungen selbst gekündigt. Der Beginn ihrer Arbeitslosigkeit steht unter diesen Vorzeichen und sie versteht sich selbst nicht als arbeitslos, sondern als in einer Umbruchsituation stehend, die eine berufliche Neuorientierung erfordert. Hierbei spielen Weiterbildungsangebote eine wichtige Rolle. Die Teilnahme an einem 41a-Kursus bewirkt, daß sie die mit Arbeitslosigkeit verbundenen Probleme unmittelbarer erfährt und dabei feststellt, wie sehr sie selbst in einzelnen Punkten betroffen ist. Sie kann sich nicht mehr auf ihre alte Position berufen und stellt fest, daß auch sie arbeitslos ist und aufgrund ihrer Geschlechtszugehörigkeit und ihres Alters mit besonderen Schwierigkeiten rechnen muß, wenn sie wieder eine Arbeitsstelle sucht.

Helen setzt darauf, daß jede Situation intellektuell zu begreifen ist. Sie versucht, die Strukturen zu erkennen und sich darin dann neu zu orientieren, einen neuen Platz einzunehmen. In diesem Kontext greift sie zurück auf Bildungsangebote, die diesen Prozeß unterstützen könnten. Ihr wichtigstes Thema wird: Arbeitslosigkeit."

Diese Teilnehmerin hat vor dem Hintergrund ihrer bereits entwickelten individuellen, beruflichen und gesellschaftlichen Handlungskompetenzen in der Situation der Weiterbildung alte Erfahrungen korrigieren und neue Erfahrungen gewinnen können.

Für die Erwachsenenbildung bedeutet das, daß sie mehr als bisher zu berücksichtigen hat, daß die Weiterbildung offensichtlich erst dann "Sinn macht", wenn sie wie die Arbeitslosigkeit selbst nicht unmittelbar als Negation bisheriger Qualifikationen und Kompetenzen erfahren wird. Sie muß an lernförderliche Dispositionen anknüpfen können, um dann aber auch Lernprozesse zu initiieren, die alte Deutungsmuster überwinden.

1 Es geht hier nicht darum, die Einschätzung dieses Teilnehmers zu bewerten. Zweifellos gibt es gute Gründe, an den bisherigen Kompetenzen festzuhalten und sich der "Zumutung" von Weiterbildung zu widersetzen.

Erwachsenenbildung kann als Hilfe nicht verordnet werden, und sie ist auch keine zwingende Konsequenz aus der Situation der Arbeitslosigkeit.[1]

c) Gruppenbezug

Das didaktische Leitprinzip des Gruppenbezugs lenkt den Blick auf die konkrete Lerngruppe in der Erwachsenenbildung. Die Frage ist, welche besondere Qualität des Lernens ergibt sich aus der Tatsache, daß Erwachsenenbildung Lernen in Gruppen ist und wie ist diese Qualität durch didaktische Arrangements zu fördern? Der Schlüsselqualifikationsansatz z.B. bezieht sich u.a. auf soziale Qualifikationen wie Kooperationsfähigkeit, Kommunikationsfähigkeit und Fähigkeit zur Konfliktbewältigung, die nicht anders als in den sozialen Zusammenhängen von Gruppen erworben werden können. Auch die Perspektive von Selbsthilfe und Selbstorganisation in Arbeitsloseninitiativen und Arbeitsprojekten als ein Orientierungspunkt der Arbeitslosenbildungsarbeit setzt soziale Kompetenzen voraus, die in organisierten Lehr-Lernsituationen der Erwachsenenbildung gelernt werden können. Vor dem Hintergrund der bisher explizierten bildungstheoretischen und didaktischen Grundlagen verbietet sich überdies der Rückgriff auf Lerntheorien, die Lernen als mentalen Prozeß einsam agierender Subjekte fassen.

Eine grundlegend andere Orientierung findet sich in der Theorie kollektiver Lernprozesse, wie sie im Umkreis von Habermas' Theorie kommunikativen Handelns entstanden ist (vgl. Miller 1986, Eder 1985). Die Theorie kollektiver Lernprozesse ist eine genuin soziologische Lerntheorie und prinzipiell gültig für alle Lernprozesse in kooperierenden Gruppen, von der Mutter-Kind-Dyade bis zur Gesellschaft als einem komplexen Sozialgefüge. Kollektive Lernprozesse sind Lernprozesse in sozialen Gruppen, die ohne die soziale Interaktion in den Gruppen nicht möglich wären, aber es sind keine Lernprozesse von Gruppen oder Kollektiven als Makrosubjekte. Lernprozesse von Gruppen oder Gesellschaften setzen Lernprozesse der Individuen in diesen

---

1 Arbeitslosigkeit kann bei individuell weniger starken Fixierung auf Berufsarbeit und vor dem Hintergrund noch relativ intakter Sozialstrukturen, die nicht ausschließlich über Beteiligung an Erwerbsarbeit definiert sind, durchaus in einer Weise verarbeitet werden, die auf Lernprozesse in institutionalisierter Erwachsenenbildung nicht angewiesen ist.

Gruppen voraus, die aber eben nicht individuell ohne soziale Interaktion möglich sind (vgl. Miller 1986,32).
Ausgangspunkt sind Handlungsprobleme, deren Konfliktpunkt ein interpersonelles Koordinationsproblem ist, und das Ziel ist die gemeinsame Lösung oder die gemeinsame Beantwortung einer strittigen Frage. Die besondere Form der sozialen Interaktion, in der die Lösung gesucht wird, ist die Form kollektiver Argumentation (vgl. Miller 1986,221ff). Die grundlegende Idee ist, daß nur durch kollektive Argumentation fundamentales Lernen[1] möglich ist, daß strukturell Neues nur in argumentativer Kooperation in interagierenden Gruppen gelernt werden kann. Besondere Evidenz entfaltet dieser Zusammenhang in der Ontogenese von kognitivem und moralischem Wissen im Rahmen kindlicher Entwicklung[2] und in moralischen Lernprozessen, wenn ein individuelles oder gruppenbezogenes Normengefüge durch Handlungsprobleme in Frage gestellt wird, daraus die Notwendigkeit entsteht, den Dissens durch argumentative Verständigung zu überwinden und dadurch ein neues, verändertes Wertgefüge gebildet wird.[3]
Die Theorie kollektiven Lernens durch Argumentation beansprucht vor allem, ein Grundproblem allen Lernens und Erkennens besser als alle individualisierten Lernkonzepte zu lösen: "Wenn man etwas bereits weiß, so kann man es nicht mehr erlernen, denn man weiß es ja bereits. Wenn man es jedoch noch nicht weiß, dann kann man es auch nicht erlernen, denn wie soll man wissen, wonach zu suchen ist. Mit anderen Worten: wie kann eine Dimension von Erfahrung konstituiert werden, in der das einzelne Individuum etwas grundlegend Neues erlernen kann?"[4]
Die Platonischen Dialoge oder das Sokratische Gespräch zeigen im Grunde schon den Weg einer Lösung; sie liegt in einem Lernprozeß,

---

1 Miller unterscheidet fundamentales Lernen als dialogisches Lernen vom autonomen Lernen als monologischem Lernen, die beide auf Aneignung von Basistheorien zielen, wobei er autonomes Lernen als individualisierte Fortsetzung von fundamentalen sozialen Lernprozessen begreift. Relatives Lernen als dritte Form ist monologisches Lernen und auf Aneignung von Anwendungswissen bezogen (vgl. ebd., 140ff).

2 Miller (1986) verfolgt in seinen empirischen Untersuchungen vor allem diesen Zusammenhang.

3 Eder (1985) definiert so gesellschaftliche Evolution als Abfolge moralischer Lernprozesse.

4 Miller 1984,222; Miller findet dieses Paradox als sog. Menon-Paradox bei Platon.

der als kollektive Argumentation[1] Form/Methode und Inhalt zugleich ist und durch den es möglich ist, Grenzen des eigenen Wissens bzw. der Wissensstrukturen zu überwinden und neues Wissen zu erwerben. Die Rationalität, die in der Logik der Argumentation liegt, ermöglicht erst in spiralförmigen Entwicklungsprozessen die Herausbildung von kognitiven und moralischen Wissensstrukturen bzw. führt zu immer höherstufigeren Formen kognitiver und moralischer Urteilskraft. In der Kooperation von sozialen Gruppen und in deren interaktiven Praxis entstehen ständig neue Problemsituationen, die Erfahrung konstituieren, die als kommunikative Erfahrung von Widersprüchen bezeichnet werden kann. "Die Erfahrung, daß die eigenen Gründe durch den Verlauf einer Argumentation in ihrer Geltung relativiert worden sind, ist gleichbedeutend mit der Erfahrung, daß diese Gründe zwar einen kollektiv akzeptierten argumentativen Stellenwert besitzen, aber daß gleichwohl dieser argumentative Stellenwert nicht ausreicht, um eine Kontroverse auf eine kollektiv geltende Weise aufzulösen" (Miller 1986,318). An dieser Erfahrung der Differenz entsteht die Notwendigkeit, in fundamentalen Lernprozessen neues Wissen zu erwerben. Aber ebenso entsteht dieses neue Wissen nur auf dem Hintergrund des alten Wissens, weil die Voraussetzung einer gemeinsam definierten Problemsituation an ein kollektiv geltendes Wissen gebunden ist.

Welche Konsequenzen ergeben sich aus dem Konzept kollektiver Lernprozesse für das Lernen in der institutionalisierten Erwachsenenbildung und für die Formulierung eines didaktischen Leitprinzips, das sich auf die Gestaltung sozialer Lernprozesse bezieht? Bereits in der Darstellung und Diskussion des didaktischen Leitprinzips Erfahrungsorientierung ist Lernen als Umlernen innerhalb lebensbiographischer Entwicklungen begrifflich gefaßt worden. Unter Bezug auf das Konzept des kollektiven Lernens läßt sich nun genauer bestimmen, wie solche Lernbedingungen beschaffen sein müssen, daß sich darin fundamentales

---

1 Kollektive Argumentationen sind durch drei Kooperationsprinzipien gekennzeichnet: a) das Verallgemeinerungsprinzip bedeutet, daß Aussagen bzw. die Gründe für Aussagen als etwas kollektiv Geltendes von allen Beteiligten akzeptiert werden; b) das Objektivitätsprinzip meint, daß auch Aussagen oder Gründe, die nicht bestritten werden können, als kollektiv Geltendes akzeptiert werden, auch wenn sie den eigenen Standpunkt nicht stützen; c) das Wahrheitsprinzip bedeutet, daß etwas kollektiv Geltendes nicht widersprüchlich sein darf bzw. bewußtgewordene Selbstwidersprüche der Beteiligten zur Auflösung drängen und dadurch Lernimpulse auslösen (vgl. Miller 1986,224ff).

Lernen vollziehen kann. Damit ist auch die Frage nach den Methoden des Lernens und ihre beziehungs- und gegenstandskonstitutive Funktion angesprochen.[1]

In den vorherrschenden Konzepten zum Erwachsenenlernen und in entsprechenden Didaktiken spielt die Lerngruppe eher die Rolle einer Randbedingungen, die allenfalls fördernden oder hemmenden Einfluß auf das eigentliche individuelle Lerngeschehen hat. Entsprechend gerät sie in der beruflichen Erwachsenenbildung für Zielgruppen als Gegenstand pädagogischer Intervention eher in den Tätigkeitsbereich des Sozialpädagogen, dessen Aufgabe allgemein die Aufrechterhaltung von Rahmenbedingungen für das eigentliche Lernen ist. Aus der Sicht des Konzepts der kollektiven Lernprozesse hat die Lerngruppe dagegen eine konstitutive Bedeutung. Erst die sozialen Interaktionen in der Form argumentativer Diskurse schaffen den Erfahrungsgegenstand, an dem und durch den fundamental gelernt werden kann.

Die in den lebenswelt- und verständigungsorientierten Ansätzen der Erwachsenenbildung angestrebte Reflexivität z.B. von individuellen Deutungsmustern als gewonnene Erfahrung ist vor diesem Hintergrund nur ein erster, wenn auch wesentlicher Schritt. Sie dient u.a. der Vergewisserung eines kollektiv geltenden Wissensbestandes, mit dem ein konkretes Handlungsproblem, eine ungelöste Aufgabe, eine offene Frage, ein moralischer Dissens etc. überhaupt erst als solches identifizierbar ist. Aber entscheidend gelernt wird an der Erfahrung, daß das alte Wissen oder das alte Problemlösungsverhalten nicht ausreicht, um ein Problem oder einen Dissens zu lösen, eine Lösung aber im kollektiven Lernprozeß einer interagierenden Lerngruppe gefunden werden kann. Erwachsenenbildung ist nicht bloß Reflexion über Erfahrung, sondern Erfahrung selbst.

Bedingung und Möglichkeiten kollektiver Lernprozesse berühren auch die Frage nach Rolle und Bedeutung der in der Gruppe agierenden Pädagogen. Die Frage ist, ob zwischen Lehrenden und Lernenden in institutionalisierten Bildungs- und Lernprozessen das gemeinsame Wissen hinsichtlich einer Problemsituation oder das gemeinsame formale Wissen hinsichtlich möglicher Lösungen in einer Weise vorhanden ist,

---

1 vgl. dazu Gerl (1985,47ff), der davon ein instrumentelles, auf bloße Vermittlung reduziertes Methodenverständnis abgrenzt.

daß im Fall eines Dissens auf diesen gemeinsamen Vorrat an Wissen zurückgegriffen werden kann. Wahrscheinlich ist dies empirisch häufig nicht der Fall und kommunikative Verständigungsprozesse zwischen Lehrenden und Lernenden stoßen an die schon im Zusammenhang mit der Kritik an der Verwendung des Verständigungsbegriffs erwähnte Grenze des Verstehens zwischen Angehörigen verschiedener sozialer Gruppen. Meines Erachtens kann man gerade in berufsbezogenen Bildungsveranstaltungen mit Arbeitslosen davon ausgehen, daß zwischen den dort tätigen Pädagogen und den arbeitslosen Teilnehmern aufgrund unterschiedlicher sozialer Herkunft und Lebenssituation häufig eine kollektive Geltung von impliziten Wissensbeständen, die lebensweltlichen Zusammenhängen entstammen und als moralische Weltbilder, Konventionen und Interaktionsregeln fungieren, nicht gegeben ist. Wenn gemeinsam zu lösende Handlungsprobleme, offene Fragen oder ein aufgetretener Dissens dieses unmittelbar nicht explizierbare Hintergrundwissen berühren, muß eine kollektive Argumentation scheitern, wenn es nicht gelingt, mindestens die Grenzen der Verständigung intersubjektiv anzuerkennen. Ähnliche sehr tiefgreifende Unterschiede lassen sich bei den Teilnehmern z.B. zwischen Männern und Frauen, Deutschen und Ausländern in Lerngruppen beobachten (vgl. Niehoff 1988,107ff; Jäger 1988,130ff).[1]

Eine wesentliche Kritik gerade in bezug auf die Arbeitslosenweiterbildung bezieht sich auf die Tatsache, daß Erwachsenenbildung unter dem Druck sozialpolitischer Funktionalisierung in der Tendenz Gefahr läuft, ihren transitorischen Sinn zu verlieren, d.h. daß Erwachsenenbildung oder Bildung überhaupt ihren Sinn nicht länger aus Zwecken und Zielen bezieht, die auf Handlungsfähigkeit außerhalb ihres Handlungsbereichs zielt, sondern daß der Aufenthalt in Bildungsinstitutionen zu einer eigenständigen, wohlfahrtsstaatlich legitimierten und alimentierten Existenzweise wird und auch von den Teilnehmern selbst häufig als Lebensersatz mißverstanden wird.[2] Diese von mir grundsätzlich geteilte Kritik kann auf der anderen Seite nicht dazu führen, die konkrete Lehr-

---

1 Zimmer (1987; 1988,100) hat in diesem Zusammenhang den Begriff Lernkultur eingeführt.

2 vgl. Weymann 1987,10f; Mader (1984) macht darauf aufmerksam, daß Erwachsenenbildung von Teilnehmern oft als Ersatz für fehlende lebensweltliche Kommunikation verstanden wird, ohne an dieser unbefriedigenden Situation grundsätzlich etwas ändern zu wollen, d.h. ohne etwas lernen zu wollen.

Lernsituation in der Erwachsenenbildung, die ja trotz allem eine reale soziale Situation mit eigener Dignität ist, didaktisch zu vernachlässigen. Unter dem didaktischen Leitprinzip des Gruppenbezugs sollen daher im folgenden einige Hinweise für die Gestaltung des sozialen Erfahrungsraums Erwachsenenbildung gegeben werden.
Leitender Gedanke ist der aus dem Konzept kollektiven Lernens gewonnene Ansatz, Lernen nicht als einen bloß individuellen Vorgang des Wissenserwerbs, bevorzugt hervorgerufen durch lehrende Intervention, zu betrachten, sondern als einen selbstorganisierten Prozeß einer Gruppe, die für gemeinsam definierte Probleme in kollektiven Verfahren gemeinsam getragene Lösungen findet. Erste Bedingung ist, daß die Teilnehmer die Spielräume für didaktische Entscheidungen im Hinblick auf Inhalte, Ziele und Formen des Lernens, die trotz der einengenden Rahmenbedingungen auch in der berufsbezogenen Weiterbildung für Arbeitslose vorhanden sind, so weit als möglich selbstbestimmt ausnutzen können. Beispiele für geeignete Methoden sind Gruppenarbeit, wo das Thema oder der Stoff selbständig erarbeitet wird und wo die Teilnehmer sich als Lernende **und** Lehrende erfahren können, die Projektarbeit als noch weitergehende Form von Gruppenarbeit und das Unterrichtsgespräch als mäeutischer Dialog, wo durch begründete Argumentation und widersprechende Rede nicht nur neues Wissen angeeignet werden kann, sondern auch der argumentative Diskurs selbst als Form kooperativer Praxis gelernt wird.[1] Bei diesen Formen des Unterrichts tritt der Kursleiter als Moderator von Lernprozessen zurück, eine Rolle, die zweifellos von vielen Kursleitern und Ausbildern in der Erwachsenenbildung selbst erst noch gelernt werden muß.

1 Gemeint sein kann hier nicht die zynische Praxis fragend-entwickelnden Unterrichts, wo der Kursleiter nur die Antworten der Teilnehmer durch geschickte Manipulation berücksichtigt, die seinen Vorstellungen vom Gang der Argumentation entsprechen.

4. Zur Praxis berufsbezogener Weiterbildung für Arbeitslose

4.1 Soziologische Analyse der Arbeitslosigkeit

4.1.1 Selektionsprozesse auf dem Arbeitsmarkt und die Strukturierung der Arbeitslosigkeit

Die seit Jahren anhaltende Beschäftigungskrise ist im öffentlichen Bewußtsein vor allem mit der absoluten Zahl der Arbeitslosen verbunden, die seit ca. 6 Jahren ständig über 2 Millionen liegt.[1] Dabei sagt diese Zahl im Grunde wenig aus über die wirkliche Situation auf dem Arbeitsmarkt. Die weitergehenderen Strukturdaten der aktuellen Situation, die ich im folgenden darstellen möchte, sind Ergebnisse einer Funktionsdynamik auf dem Arbeitsmarkt, die zeigt, daß die Arbeitsmarktschancen nicht nur gesamtwirtschaftlich durch die ungleichen Markt- und Machtbeziehungen zwischen Anbietern und Nachfragern nach Arbeitskraft bestimmt sind, sondern auch zwischen den verschiedenen sozialen Gruppen auf der Anbieterseite ungleich verteilt sind. Ergebnis dieser politisch weitgehend ungebremsten Dynamik auf dem Arbeitsmarkt ist eine immer deutlicher werdende Kumulation von Arbeitsmarktrisiken bei den sog. Problemgruppen mit der Folge noch stärkerer materieller Verelendung und sozialer Deklassierung.
Die Konzentration von Risiken zeigt sich schon an folgenden Zahlen: Für den Zeitraum von 1974-1983 konzentrierten sich die 33 Millionen Fälle registrierter Arbeitslosigkeit auf rund 12,5 Millionen verschiedene Personen, d.h. im Durchschnitt ist jede von Arbeitslosigkeit betroffene Person in diesem Zeitraum 2,6 mal arbeitslos geworden (vgl. Büchtemann 1984,61 nach Berechnungen des IAB). Nimmt man als weiteres Merkmal die Dauer der Arbeitslosigkeit hinzu, zeigt sich, daß die Zahl der Arbeitslosen, die länger als 1 Jahr arbeitslos sind, kontinuierlich bis auf aktuell ca. ein Drittel der gemeldeten Arbeitslosen gestiegen ist (vgl. BMA 1988,79).

---

1 Dies ist die Zahl der offiziell gemeldeten Arbeitslosen, die sog. stille Reserve wird auf nochmal 1 Million geschätzt; insgesamt dürfte die Arbeitslosenquote daher rd. 15 % der Erwerbsbevölkerung betragen (vgl. Bonß/Heinze 1984,9).

Unter dem Begriff Arbeitslosigkeitsprozeß beschreibt Büchtemann (1984) die "kumulative Verstärkung der sozialen Ungleichverteilung von Arbeitsmarktchancen und -risiken" (ebd., 70) als einen stufenweise ablaufenden Prozeß sozialer Selektion. Der Eintritt in eine "Arbeitslosenkarriere" ist oft schon vor Beginn der Arbeitslosigkeit durch entgangene Bildungschancen, Beschäftigung auf unqualifizierten und gesundheitsgefährdenden Arbeitsplätzen, Beschäftigung in Krisenbranchen und Krisenregionen und Arbeit in ungeschützten Beschäftigungsverhältnissen prognostizierbar. Bei Eintritt in Arbeitslosigkeit durch Kündigung oder aus anderen Gründen (Krankheit, Familienversorgung) wirken weitere Selektionsmechanismen. Offiziell arbeitslos werden nur die, die nicht innerhalb der Kündigungsfrist eine neue Arbeit gefunden haben, d.h. diejenigen, die schon ohnedies über weniger Chancen verfügen.Die Situation während der Arbeitslosigkeit ist durch den Teufelskreis gekennzeichnet, daß die Arbeitslosen mit den ohnehin geringeren Chancen der Wiedereingliederung in Arbeit auch wesentlich länger arbeitslos sind, wobei wiederum die Dauer der Arbeitslosigkeit die Reintegration erschwert. Die Beendigung der Arbeitslosigkeit kann sowohl die Aufnahme einer Beschäftigung oder einer beruflichen Weiterbildung sein wie auch das zeitweilige und endgültige Abdrängen vom Arbeitsmarkt bedeuten. Auch im Fall der Wiederaufnahme einer Beschäftigung ist damit häufig eine weitere Selektion verbunden, weil mit der neuen Arbeit durch betriebliche Strategien oder Druck des Arbeitsamts[1] Verschlechterungen der beruflichen Situation (Dequalifizierung, Einkommenseinbußen etc.) hingenommen werden müssen. Deswegen ist auch nach Beendigung der Arbeitslosigkeit von großer Bedeutung, ob die Integration in eine stabile, dauerhafte Beschäftigung gelingt oder ob nach kurzer Dauer wieder Arbeitslosigkeit eintritt. Unter Umständen mehrmalige, aufeinanderfolgende Arbeitslosigkeit fungiert als weiteres Selektionskriterium und läßt die Integrationschancen weiter sinken.

Büchtemann belegt seine These mit einer Fülle empirischer Daten und stellt am Ende resümierend fest:

"Die Analyse des Arbeitslosigkeitsprozesses und der ihm innewohnenden kumulativen Verteilungsdynamik hat gezeigt, daß sich die soziale

---

1 vgl. die Zumutbarkeitsklausel nach den §§ 103, 119 AFG

Ungleichverteilung von Beschäftigungschancen und -risiken nach zehn Jahren anhaltender Beschäftigungskrise erheblich verschärft hat: Die mit fortdauernder Unterbeschäftigung einhergehenden, immer rigideren institutionalisierten sozialen Selektions- und Allokationsmechanismen im Arbeitsmarktgeschehen haben zu einer zunehmenden Polarisierung von Erwerbschancen geführt" (ebd., 91).

Ich will mich im folgenden etwas ausführlicher den Personengruppen zuwenden, die in dem gesamten Arbeitslosigkeitsprozeß ein besonderes Risiko tragen, arbeitslos zu werden und arbeitslos zu bleiben. Schlechte Chancen auf dem Arbeitsmarkt haben vor allem Gruppen mit "askriptiven" Merkmalen wie Geschlecht, Alter und ethnische Zugehörigkeit. Gründe dafür werden weniger in der möglicherweise geringeren Leistungsfähigkeit dieser Personengruppe gesehen als vielmehr in der vermeintlichen oder tatsächlichen Option auf arbeitsmarktexterne Alternativrollen (Familie, Rente, weitere Ausbildung, Rückkehr ins Heimatland), die diese Personen nutzen können (vgl. Offe/Hinrichs 1984,70ff). Die Strategie, bestimmte Personengruppen auf mögliche Alternativrollen zu verweisen, nimmt der hohen Arbeitslosigkeit ein Stück politischer Brisanz, erschwert aber gleichzeitig denjenigen, die auf einer Beschäftigung insistieren, eine stabile Integration.

Bei den älteren Menschen spiegelt sich der Verdrängungseffekt in Rente sehr deutlich in den Zahlen wider. Die Erwerbsquote der 60-65 jährigen Männer sank von 1972 bis 1986 von 72 % auf 33 % (vgl. BMA 1988,18). Bei 55-60 Jährigen, also denjenigen, die auf die Rente vertröstet werden, fällt dagegen die hohe Arbeitslosenrate auf. Der Anteil der Arbeitslosen aus dieser Altersgruppe lag 1987 bei 11,1 % der Gesamtarbeitslosenzahl, während der Anteil an den Erwerbspersonen nur bei 7,2 % lag (vgl. BMA 1988,18 und 79).

Bei den Frauen verlaufen dagegen die Verdrängungsstrategien nicht in gleicher Weise erfolgreich. Die trotz anhaltender Beschäftigungskrise wachsende Berufsorientierung der Frauen zeigt sich an der Erwerbsquote[1] von Frauen. Sie stieg - in der Tendenz in allen Altersgruppen - im Durchschnitt von 30,8 % 1971 auf 36,3 % 1986 (vgl. BMA 1988,19). Dies verdeutlicht auch die Zahl der erwerbstätigen Frauen, die von 1975

1 Die Erwerbsquote ist der Anteil der Erwerbspersonen an der Wohnbevölkerung. Erwerbspersonen sind alle selbständigen und unselbständigen Erwerbstätigen und alle Erwerbslosen.

bis 1986 um 7,6 % stieg, während bei Männern diese Steigerungsrate bei 1,9 % lag (eigene Berechnungen nach BMA 1988,16).
Auf der anderen Seite sind Frauen deutlicher von Arbeitslosigkeit betroffen. Nach der Mikrozensuserhebung April 1986 betrug der Frauenanteil an den Erwerbspersonen 39,4 %, während der Frauenanteil an der Gesamtzahl der Erwerbslosen 50,8 % betrug. Die Erwerbslosenquote lag nach der gleichen Erhebung bei Frauen bei 10,1 %, bei Männern bei 6,4 % (vgl. BMA 1988,16). In den Statistiken der Bundesanstalt für Arbeit sehen die Zahlen etwas anders aus. Sie weisen im April 1986 für Frauen eine Arbeitslosenquote von 10,5 % aus, während sie bei Männern 8 % betrug.[1] Interessant ist ein Vergleich zwischen den Mikrozensusdaten und den Statistiken der Bundesanstalt für Arbeit, weil er Hinweise gibt auf das spezifische Frauenproblem der "stillen Reserve". Bezieht man die Zahl der erwerbslosen Frauen nach dem Mikrozensus auf die Gesamtzahl der abhängig beschäftigten Frauen, beträgt die Quote nicht 10,5 %, sondern 12,6 %, während diese Zahl bei Männern mit 7,7 % noch leicht unter der der offiziellen Arbeitslosenquote liegt (eigene Berechnungen nach BMA 1988,16). Ganz offensichtlich ist gerade bei Frauen die tatsächliche Arbeitslosigkeit höher als die offiziellen Zahlen der Bundesanstalt aufweisen, gleichzeitig ist aber die Orientierung auf Erwerbstätigkeit bei Frauen ungebrochen.
Die Gründe für die überproportionale Arbeitslosigkeit werden vor allem in folgenden Faktoren gesehen (vgl. Schiersmann 1987,88):

- starke Konzentration von Frauen in wenigen Berufsgruppen (Büroberufe, Verkaufsberufe, Textil- und Bekleidungsberufe), die aktuell zudem strukturellen Wandlungsprozessen unterliegen und von Rationalisierungsprozessen stark betroffen sind,
- hohe Nachfrage nach Teilzeitarbeit, deren Umfang besonders konjunkturabhängig ist,
- geringere berufliche Qualifikationen von Frauen.

Aber alle diese Faktoren erklären die Benachteiligungen nicht hinreichend. Die Tatsache, daß sich das Arbeitslosigkeitsrisiko vor allem bei

1 vgl. BMA 1988,77; die Arbeitslosenquote ist das Verhältnis der offiziell gemeldeten Arbeitslosen zur Gesamtzahl der abhängig Beschäftigten, die Erwerbslosenquote bezieht sich auf alle Beschäftigten.

Frauen mit kleinen Kindern konzentriert (vgl. Büchtemann 1984,76), ist ein Hinweis darauf, daß erst "die spezifische Lebenssituation von Frauen zwischen Familienaufgaben und Erwerbsarbeit zu besonderen Problemen bei der Integration in den Arbeitsmarkt führt" (Schiersmann 1987,88f). Die Orientierung der Erwerbsarbeit an männliche Lebenslaufplanungen, die Erwerbsarbeit und Familie strikter trennt und der gesellschaftliche Druck, der von der Alternativrolle Familienversorgung ausgeht, sind zusammen wesentliche Gründe für die schlechteren Chancen für Frauen auf dem Arbeitsmarkt.

Auch bei den ausländischen Arbeitnehmern ist die Arbeitslosigkeit überdurchschnittlich hoch. Obwohl die Ausländerbeschäftigung durch Zuzugsstop und Rückwanderung im Zeitraum zwischen 1980 und 1987 von ca. 2 Millionen auf 1,5 Millionen zurückgegangen ist, entsprechend die Ausländerquote auf 7,5 % gesunken ist, lag der Anteil der arbeitslosen Ausländer an der Gesamtzahl der Arbeitslosen 1987 bei 11,8 % (vgl. BMA 1988,74). Auch für ausländische Arbeitslose gilt, daß ihr Arbeitslosigkeitsrisiko nur zum Teil auf die spezifische Struktur ihrer Beschäftigung zurückzuführen ist, der andere Teil besteht darin, daß sie allein aufgrund ihrer Staatsangehörigkeit gegenüber deutschen Mitbewerbern auf dem Arbeitsmarkt unterlegen sind (vgl. Büchtemann 1984,76f).

Eine weitere Gruppe mit deutlich schlechteren Chancen bilden die jüngeren Arbeitslosen und die Berufseinsteiger. Das Problem der Jugendarbeitslosigkeit hat sich in den letzten Jahren von den unter 20 Jährigen auf die Gruppe der 20-25 Jährigen verschoben. Gründe dafür liegen in der demographischen Entwicklung, aber auch in der Tatsache, daß die Arbeitslosigkeit der unter 20 Jährigen durch ein großes Angebot an Bildungs- und Beschäftigungsmaßnahmen eher verdeckt als gelöst wird. Daß hier ein Problem zeitlich nur verschoben wird und die nun älter gewordenen Jugendlichen nach diversen "Warteschleifen" und "Maßnahme-Karrieren" dennoch einen Ausbildungs- bzw. Arbeitsplatz suchen, bewirkt u.a. die überdurchschnittlich höhere Arbeitslosigkeit in der nachfolgenden Altersgruppe. Dazu kommt als vergleichsweise neues Problem das Problem der "zweiten Schwelle"; gemeint ist damit die Tatsache, daß die Zahl derjenigen wächst, die nach der Ausbildung in Betrieben, Schulen und Hochschulen keine Beschäftigung finden. Ende September 1987 lag die Zahl der jungen Arbeitslosen unter 25 Jahre bei

ca. 480.000 gemessen an 200.000 im Jahr 1980, und fast 44 % verfügten bereits über eine abgeschlossene Ausbildung (vgl. BMA 1988,81 und Bewyl 1985,17).
Es handelt sich dabei wieder um die offiziellen Zahlen, die die reale Situation vor allem der Berufseinsteiger an der "zweiten Schwelle" nur ungenügend wiedergeben. Befragungen unter 10.000 Ausbildungsabsolventen (nicht arbeitslos gemeldet) aus den Berufsbereichen Metall/Elektrotechnik und Wirtschaft/Verwaltung 6 Monate nach der Ausbildung ergaben, daß nur 48 % über einen unbefristeten Arbeitsvertrag im erlernten Beruf verfügten. Die anderen waren nicht im erlernten Beruf beschäftigt (12 %), lediglich befristet beschäftigt (7 %), im Wehr- oder Zivildienst (10 %) oder in Weiterbildung (13 %) (vgl. Herget/Kloas 1986,112). Es kann vermutet werden, daß die Lage der Jugendlichen aus anderen Berufen, z.B. Handwerksberufen, in denen über Bedarf ausgebildet wurde, noch ungünstiger aussieht. Die offiziellen Zahlen berücksichtigen auch nicht diejenigen Jugendlichen, die weder arbeitslos gemeldet noch in Ausbildung oder Beschäftigung sind. Besonders bei Mädchen und ausländischen Jugendlichen wird hier eine hohe Dunkelziffer vermutet und angenommen, daß diese in Familie oder Subkultur "untergetaucht" sind (vgl. Heinze 19854,126).
Die Ursachen für die besonderen Arbeitsmarktprobleme junger Menschen liegen einmal in dem ungleichgewichtigen Altersaufbau der Bevölkerung mit der Folge, daß erheblich mehr Jüngere ins Erwerbsleben drängen als Ältere ausscheiden (vgl. Bewyl 1985,21). Jugendliche Arbeitssuchende sind als Berufsanfänger darüber hinaus in besonderer Weise von der verbreiteten betrieblichen Beschäftigungsstrategie betroffen, Personalabbau durch Nutzung der Fluktuation bei gleichzeitigem Einstellungsstopp zu vollziehen. Entsprechend wächst der Anteil der sog. externen Arbeitsmarktbewerber bei den Arbeitslosen, d.h. die Personen, die vorher nicht erwerbstätig waren bzw. die die Erwerbstätigkeit längere Zeit unterbrochen haben. 1987 lag der Anteil externer Bewerber schon bei 33 %, während er 1980 noch bei 24 % lag (eigene Berechnungen nach BMA 1988,78; vgl. auch Büchtemann 1984,74f).
Das Arbeitslosigkeitsrisiko ist aber auch innerhalb dieser Personengruppe nochmals ungleich verteilt. Junge Frauen und Mädchen, jugendliche Ausländer, junge Arbeitslose mit geringer Schulbildung oder mit gesundheitlichen Einschränkungen tragen ein ungleich höheres Risiko

als junge, ausgebildete, deutsche Männer (vgl. Bewyl 1985,20).
Eine weitere Gruppe, die mit ihrem Merkmal allerdings quer zu den bisher beschriebenen Problemgruppen des Arbeitsmarkts liegt, sind die Personen, die über kein formales berufliches Qualifikationszertifikat verfügen. Sie pauschal als unqualifiziert zu bezeichnen, würde dieser Gruppe nicht gerecht, weil Qualifikationen auch durch Arbeitstätigkeiten in Beruf und Haushalt oder in Ausbildungen, die abgebrochen wurden, erworben werden können. Trotzdem ist diese Gruppe auf dem Arbeitsmarkt deutlich benachteiligt. 1987 verfügten 50,5 % aller offiziell registrierten Arbeitslosen über keine abgeschlossene berufliche Ausbildung (vgl. BMA 1988,81). Dabei ist der Anteil dieser nicht formal Qualifizierten an den Erwerbstätigen in den letzten Jahren kontinuierlich gesunken und betrug nach Mikrozensuserhebungen 1982 28,7 % aller Erwerbstätigen, bei den unter 40 Jährigen betrug dieser Anteil sogar nur noch 20 % (vgl. Gottsleben 1987,3).
Nicht formal qualifizierte Erwerbstätige konzentrieren sich in den Wirtschaftsbereichen Landwirtschaft, Grundstofferzeugung/Produktionsgüterherstellung und Konsumgüterfertigung, in denen in den letzten Jahren ein deutlicher Rückgang der Beschäftigtenzahlen zu verzeichnen war und deren Arbeitskräftebedarf weiter schrumpfen wird (ebd., 6). Hier liegt sicherlich eine wesentliche Ursache für den hohen Anteil dieser Personengruppe an der Gesamtzahl der Arbeitslosen. Die Perspektive dieser Personengruppe auf dem Arbeitsmarkt ist auch deswegen so problematisch, weil bei dieser Gruppe häufig weitere Arbeitslosigkeitsrisiken hinzukommen. Sie waren vor Eintritt der Arbeitslosigkeit häufiger als andere Arbeitslose auf gesundheitlich stark belastenden Arbeitsplätzen beschäftigt, waren häufiger mit kurzer Dauer beim letzten Arbeitgeber beschäftigt und waren häufiger auch schon vorher ein- oder mehrmalig arbeitslos gewesen (vgl. Büchtemann 1984,77).
Nach Büchtemann kommt "der Beschäftigungsdauer im Betrieb ... beim Zugang in Arbeitslosigkeit eine Schlüsselrolle zu, der gegenüber Qualifikationsmerkmale in den Hintergrund treten. ... Stärker noch als die Dauer der Betriebszugehörigkeit, obgleich eng mit ihr korreliert, erhöhen häufige Arbeitgeberwechsel und vor allem vorangegangene Arbeitslosigkeitserfahrung das Risiko, (erneut) arbeitslos zu werden" (ebd., 77). Dieser Problemzusammenhang schränkt die Perspektive

dieser Personengruppe, durch Nachholen beruflicher Abschlüsse und Umschulungen ihre Situation auf dem Arbeitsmarkt wesentlich zu verbessern, ein. Gesundheitliche Einschränkungen, kurze Betriebszugehörigkeit oder Mehrfacharbeitslosigkeit sind Faktoren, die durch die Anstrengungen von Weiterbildung in ihrer negativen Wirkung auf Arbeitsmarktchancen allenfalls gemildert, keinesfalls aber ausgeglichen werden können.
Im Grunde gilt für alle bisher beschriebenen Gruppen, daß die spezifischen Merkmale, die ihre Reintegration in den Arbeitsmarkt erschweren oder verhindern, nur zu einem geringen Teil qualifikationsbedingt und entsprechend durch Weiterbildung nur begrenzt zu beeinflussen sind.

4.1.2 Differentielle Analysen der individuellen Auswirkungen von Arbeitslosigkeit

"Arbeitslosigkeit macht krank", diese Aussage scheint, folgt man der medialen Vermarktung einschlägiger Ergebnisse psychologischer Arbeitslosenforschung, zu den bemerkenswertesten Erkenntnissen zum Thema Arbeitslosigkeit in der veröffentlichten Meinung der letzten Jahre, zu gehören.[1] Die dieser Meinung zugrundeliegenden Ansätze in der Erforschung der materiellen, körperlichen, psychischen und sozialen Belastungen durch Arbeitslosigkeit entwerfen ein scheinbar einheitliches und geschlossenes Bild vor allem in Hinblick auf psychosoziale Folgen der Arbeitslosigkeit, das Begriffe wie Resignation, verringertes Selbstwertgefühl, soziale Isolierung, depressive Verstimmungen und psychosomatische Krankheitsbilder enthält (vgl. Mohr/Frese 1981,179ff; Schienstock 1979,80ff).
Seit einiger Zeit werden diese Forschungsansätze aus mehreren Richtungen kritisch hinterfragt und mit neueren Ergebnissen konfrontiert: Wacker kritisiert an diesen Ansätzen das Homogenitätstheorem, das die Annahme beinhaltet, "daß Arbeitslosigkeit für alle Betroffenen eine einheitliche Belastungssituation schafft, deren Folgen konse-

1 vgl. die Schlagzeilen bundesdeutscher Zeitungen bei Bonß u.a. 1984,143.

quenterweise auch allgemein bestimmt werden können" (Wacker 1984,116; vgl. auch Wacker 1986). Bonß u.a. (1984,143ff) kritisieren am Beispiel der Streßforschung die immanente Logik dieses Belastungskonzepts, nach der Arbeitslosigkeit durch Streß zu Krankheit führt und nach der "Individuen nur noch als schlimmen Verhältnissen ausgelieferte Opfer thematisiert werden können" (ebd., 160), nicht aber als handelnde Individuen, die auch in belastenden Situationen noch Potentiale für veränderte Lebenspläne haben.

"Das auf dem Streßmodell aufbauende Krankheitsverständnis führt letztlich zu einer abstrakten Nivellierung subjektiver Verarbeitungsprozesse. Auch wenn die aktuellen Varianten des Pathologiemodells eine große Bereitschaft signalisieren, alle denkbaren psychosozialen Konstellationen verständnisvoll als Belastungen zu begreifen und in die Belastungsgleichung einzuführen, so ist das Resultat doch immer ein Krankheitszustand des Subjekts, den man im 'Verelendungsdiskurs' beklagen kann oder für den man sich eine gesellschaftspolitische Maßnahme im Sinne der Sozialhygiene vorstellt. Für das Subjekt selbst folgt auf das Streß- und Pathologiemodell als logischer Anschluß der therapeutische Diskurs, dessen politische Funktion darin liegt, jene Bedingungen im Individuum wiederherzustellen, die sein Funktionieren im Kontext der Arbeitsgesellschaft garantieren" (ebd., 165f).

Wackers Forderung nach einer Alternative in Form einer "differentiellen Arbeitslosenforschung" (vgl. Wacker 1983) scheint vorerst im programmatischen Anspruch stekengeblieben zu sein. Bonß u.a. (1984) werten dagegen die vorliegenden Forschungsergebnisse systematisch aus, wobei sie sich gezielt den abweichenden bzw. den gegensätzlichen Ergebnissen der Forschungen zuwenden und diese im Licht ihres theoretischen Anspruchs auf eine subjektorientierte, differenzierte Betrachtung der individuellen Auswirkungen von Arbeitslosigkeit interpretieren. Ich möchte im folgenden im Anschluß an Bonß u.a. einige zentrale Aussagen zu den materiellen und psychosozialen Auswirkungen von Arbeitslosigkeit zusammenfassen.

Arbeitslosigkeit und ökonomische Deprivation

Die materielle Situation der Arbeitslosen hat sich im Verlauf der Beschäftigungskrise kontinuierlich verschlechtert; dies gilt für den einzelnen Arbeitslosen wie für die Arbeitslosen insgesamt. Ursachen

dafür liegen zum einen in den politischen Eingriffen in das Leistungssystem der Arbeitslosenversicherung, zum anderen in den oben beschriebenen Strukturierungsprozessen der Arbeitslosigkeit. Die 1982 bis 1984 vorgenommenen Veränderungen des AFG wirkten sich insofern aus, als durch Veränderungen der Bemessungsgrundlagen und der Bedingungen des Leistungsbezugs, durch Verkürzung der Leistungsdauer und durch Kürzung der Leistungssätze die Einkommen der Arbeitslosen erheblich sanken (vgl. Hanesch 1986,46).[1] Globale Verschlechterungen der materiellen Situation haben ihre Ursachen auch in spezifischen Strukturmängeln des Arbeitslosenversicherungssystems. Leistungsbezug setzt versicherungspflichtige Beschäftigung mit Mindestdauer voraus, ist an die Höhe des erzielten Einkommens gebunden und sinkt mit der Dauer der Arbeitslosigkeit. Im Zusammenhang mit dem Strukturierungsprozeß der Arbeitslosigkeit bedeutet dies gerade für Langzeitarbeitslose, für ungesichert und niedrig entlohnte Beschäftigte und für externe Arbeitsmarktbewerber deutliche Benachteiligungen im Leistungsbezug. "Benachteiligte Positionen im Beschäftigungssystem werden also in der Arbeitslosenversicherung lediglich reproduziert: je geringer die ursprüngliche Stellung in der Berufs- und Einkommenshierarchie, je länger die Dauer der Arbeitslosigkeit und je häufiger der erzwungene Wechsel zwischen Arbeit und Arbeitslosigkeit, desto größer wird das Risiko, unter die Armutsgrenze zu sinken. Von diesen Ausgrenzungsprozessen des AFG sind wiederum die gleichen Problemgruppen in besonderem Maße betroffen, die bereits im Arbeitsmarkt- und Beschäftigungssystem hohe Risiken tragen" (Hanesch 1986,45).
Bereits 1985 bezogen ca. 55 % aller offiziell registrierten Arbeitslosen mit Leistungsbezug nur noch Leistungen unter 900,- DM pro Monat, und ca. 37 % aller gemeldeten Arbeitslosen erhielten 1987 überhaupt keine Leistungen mehr vom Arbeitsamt.[2] Bei jugendlichen Arbeitslosen lag dieser Prozentsatz bereits 1983 bei 48 %. Entsprechend nennt diese Personengruppe auch die finanziellen Belastungen und ihre negativen Auswirkungen auf eine selbständige Lebensführung als das für sie wichtigste Problem bei der Arbeitslosigkeit (vgl. Bewyl 1985,22).

---

1 Erst 1985 brachte die Verlängerung der Bezugsdauer von Arbeitslosengeld für ältere Arbeitslose erstmals wieder eine Verbesserung der Situation.

2 eigene Berechnungen nach BMA 1987,1988 und Hanesch 1987,46f

In welchem Maße allerdings die materielle Situation durch Schwarzarbeit und ähnliche Einkommen aus der Schattenökonomie verbessert oder gerade noch erträglich gemacht werden kann, liegt naturgemäß auch statistisch weitgehend im Dunkeln.[1] Von großer Bedeutung dürften die Familien und andere primäre soziale Netze sein, was dann aber auch materielle und soziale Abhängigkeit bedeutet. Andererseits sind von der Verarmung durch Arbeitslosigkeit nicht nur die Arbeitslosen, sondern auch ihre Familien betroffen (vgl. Klein 1987,534ff).

Psychosoziale Belastungen

Arbeitslosigkeit an sich führt nicht zwangsläufig zu psychosozialen Belastungserscheinungen wie höhere Krankheitsrisiken, psychologische Streßsymptome und Störungen in sozialen Beziehungen. Wie und warum solche Belastungen auftreten können, hängt von intervenierenden Variablen ab, vor allem von der Dauer der Arbeitslosigkeit, von der Zugehörigkeit zu bestimmen sozialen Gruppen, von der Bedeutung primärer sozialer Netze, von dem Stellenwert individueller Einstellungsmuster und von den materiellen Rahmenbedingungen (vgl. Bonß u.a. 1984,156).

Im Hinblick auf die Dauer der Arbeitslosigkeit scheinen zwar die Belastungen mit der Zeit zu steigen, aber es zeigt sich "keineswegs das Bild einer stetig wachsenden Anomie, und dies gilt um so mehr, wenn man die 'Belastungsdaten' mit jenen bei drohender Arbeitslosigkeit und instabiler Wiedereingliederung vergleicht. So halten sich die Isolationstendenzen ebenso in Grenzen wie die Abwertung der eigenen Persönlichkeit, ... stellt sich die Desintegration auch eher als eine allmähliche qualitative Umstrukturierung der Lebenswelt dar, die zu veränderten Einstellungen und Sozialbeziehungen führt, ohne damit per se in Demoralisierung zu gipfeln" (ebd., 157). Im Hinblick auf die Variable soziale Gruppen sind Männer wegen stärkerer Berufsorientierung und fehlender Alternativrollen mehr belastet als Frauen, ältere Arbeitslose mehr als jüngere. Der Faktor primäre soziale Netze spielt insofern eine Rolle, als Alleinstehende ohne Familie und/oder Freundes-

---

1 Hinweise in der Richtung geben aber z.B. Mitarbeiter in Bildungseinrichtungen, die wissen, daß Arbeitslose an Weiterbildung nicht teilnehmen können, weil das Unterhaltsgeld nicht reicht und die Zeit für zusätzliche Arbeit fehlt bzw. die aus denselben Gründen die Weiterbildung immer mal wieder unterbrechen müssen.

kreis belastungsgefährdeter sind als Arbeitslose, die in Familien- und Freundschaftsbeziehungen eingebunden sind. Die Stärke der Berufsorientierung, d.h. in welchem Maße Arbeitsorientierung mit Lohnarbeit in Zusammenhang gesehen wird, ist ein weiterer bedeutsamer Faktor im Hinblick auf Belastungserfahrungen durch Arbeitslosigkeit. Bei Langzeitarbeitslosen verliert die Berufsorientierung tendenziell an Bedeutung, entsprechend zeigen instabil Wiedereingegliederte, also diejenigen, die immer wieder nach kurzzeitiger Beschäftigung die Erfahrung von Arbeitslosigkeit machen müssen, eine stärkere Verschlechterung des Gesundheitszustandes als langfristig Arbeitslose, die zumindest eher die Chance einer Umorientierung ihrer Lebensentwürfe haben (vgl. Bonß u.a. 1984,156). Die finanzielle Lage dürfte aber heute der bei weitem schwerwiegendste Faktor hinsichtlich der Belastungserfahrungen sein. Bereits 1979 empfanden 34-40 % aller Arbeitslosen materielle Belastungen als besonders schwerwiegend. Heute dürfte angesichts der Verschlechterungen der letzten 10 Jahre dieser Prozentsatz erheblich höher liegen (vgl. ebd., 151).
Das hier nur grob gezeichnete Bild der Belastungsdimensionen durch Arbeitslosigkeit negiert das geschlossene Bild psychosozialer Verelendung vor allem bei Langzeitarbeitslosigkeit, wie es noch immer - nicht zuletzt scheinbar notwendig zur Legitimation und sozialpolitischen Begründung verstärkter Qualifizierungsanstrengungen für diese Personengruppe - gezeichnet wird (vgl. z.B. Glücklich 1988,42ff).

4.2 Übersicht über Umfang, Struktur und Wirkungen berufsbezogener Weiterbildung für Arbeitslose

1987 begannen insgesamt 596.354 Personen berufliche Weiterbildungsmaßnahmen[1], soweit sie nach dem AFG gefördert wurden. Dies waren 13 % mehr als im Vorjahr, 64,2 % dieser Teilnehmer waren vorher arbeitslos gemeldet (Vorjahr: 66 %). Die Zahl der Teilnehmer, die zu

1 Diese und alle weiteren Angaben entstammen der Teilnehmerstatistik bzw. sind eigene Berechnungen nach dieser Teilnehmerstatistik in: Bundesanstalt für Arbeit, Förderung der beruflichen Weiterbildung, Nürnberg, Sept. 1988

einem bestimmten Zeitpunkt (Ende Dezember 1987) Weiterbildungslehrgänge besuchten, betrug 346.085, davon waren 48,5 % zuvor arbeitslos.[1]
Eine Analyse der Teilnehmer, die im 1. Halbjahr 1983 eine berufliche Weiterbildung begonnen haben, zeigt, daß im Vergleich zu den potentiellen Teilnehmern, die grundsätzlich für eine berufliche Weiterbildung infrage kommen, 7,2 % der Arbeitslosen eine berufliche Weiterbildung begonnen haben. Dabei schwankt diese Quote je nach Arbeitsamtsbezirk zwischen 2,1 % und 21,6 %, wobei ein Zusammenhang zwischen hoher Teilnehmerquote und hoher Arbeitslosenquote meistens nicht gegeben ist (vgl. Sauter u.a. 1984,52), nach Art der Maßnahme aber in Arbeitsamtsbezirken mit hohen Teilnahmequoten die kurzfristigen Anpassungsfortbildungen deutlich höher liegen (vgl. Hofbauer/Dadzio 1984,188).
Nach Art der Weiterbildung besuchten die arbeitslosen Teilnehmer 1987 Fortbildungslehrgänge, einschließlich Lehrgänge in Übungsfirmen und Übungswerkstätten (59,2 %), Umschulungen (12,9 %), 41a-Maßnahmen (16,3 %) und betriebliche Einarbeitungen (11,6 %). Von allen 1987 beginnenden Teilnehmern besuchten fast ein Drittel Kurse, die nicht länger als 3 Monate dauerten (davon 41a-Kurse: 32 %). 21 % aller Teilnehmer begannen in Kursen mit einer geplanten Dauer von einem Jahr oder länger. 75 % besuchten Vollzeitkurse und je zur Hälfte Auftragsmaßnahmen bzw. freie Maßnahmen.
An der beruflichen Weiterbildung sind die sozialen Gruppen, insbesondere die sog. Problemgruppen des Arbeitsmarkts, in höchst unterschiedlichem Maße beteiligt. Nur 11,3 % der arbeitslosen Teilnehmer bezogen vor Kursbeginn keine Lohnersatzleistungen vom Arbeitsamt (37 % bei allen Arbeitslosen) und nur 9,2 % aller arbeitslosen Teilnehmer waren vorher nicht erwerbstätig bzw. kamen direkt aus betrieblichen Ausbildungen in die Weiterbildung (33 % bei den Arbeitslosen). Arbeitslose, die länger als 1 Jahr arbeitslos sind, waren 1987 zu 19 % an beruflicher Weiterbildung beteiligt, ihr Anteil liegt insgesamt bei über 30 %. Von den arbeitslosen Teilnehmern, die 1987 berufliche Weiterbildung begannen, waren 58,7 % Männer und 41,3 % Frauen, 32,8 % verfügten

1 Die Abweichung erklärt sich größtenteils durch die kurze Dauer der nur von arbeitslosen Teilnehmern besuchten 41a-Maßnahmen.

über keine abgeschlossene Berufsausbildung, Ausländer waren mit 4,9 % beteiligt. Mit 26,4 % waren nur jugendliche Arbeitslose unter 25 Jahre stärker an Weiterbildung beteiligt als ihrem Anteil insgesamt an den Arbeitslosen entspricht (22,5 %).

Die Zahlen zeigen, daß sich die Ungleichheiten auf dem Arbeitsmarkt in der Weiterbildung nur widerspiegeln bzw. sogar verschärfen, keinesfalls kann von einem Versuch die Rede sein, durch staatliche Maßnahmen die ungleichen Chancen kompensieren zu wollen (vgl. Hofbauer/Dadzio 1984,187ff). Sie spiegeln aber m.E. andererseits auch die realistische Einschätzung der betroffenen Arbeitslosen wider, daß auch Weiterbildung ihre Situation nicht wesentlich verbessern kann. Diesem Zusammenhang soll im folgenden weiter nachgegangen werden.

Im Auftrag des IAB haben Hans Hofbauer und Werner Dadzio mehrfach die berufliche Weiterbildung für Arbeitslose und ihre Wirksamkeit im Hinblick auf Reintegrationschancen in Arbeit untersucht.[1] Ihre neueren Untersuchungen basieren auf Analysen der Daten der Geschäftsstatistiken der Bundesanstalt für Arbeit.[2] Die Untersuchungen zum Problem des vorzeitigen Lehrgangsabbruchs ergaben, daß in Anpassungsfortbildungen überdurchschnittlich häufig Arbeitslose unter 25 Jahre, Arbeitslose ohne abgeschlossene Schul- oder Berufsausbildung, un- und angelernte Arbeiter und Langzeitarbeitslose vorzeitig aus Lehrgängen ausscheiden. Eine hohe Abbruchquote verzeichnen auch Lehrgänge mit einer Dauer von 6 bis 12 Monaten, die aber bei Angeboten mit einer Dauer über 1 Jahr wieder deutlich sinkt (vgl. Hofbauer/Dadzio 1984,194). Gründe für das Ausscheiden liegen nach Auffassung der Autoren im wesentlichen in der vorzeitigen Aufnahme einer Arbeit, da im Durchschnitt 54 % der Abbrecher im Anschluß keine Leistungen mehr vom Arbeitsamt bezogen haben (vgl. ebd., 189)[3]. Die Analyse, welche Merkmalsausprägungen den Abbruch von Anpassungsfortbildungen am besten erklären, zeigt, daß dies am wahrscheinlichsten ist bei an- und ungelernten Arbeitern unter 35 Jahre, die Maßnahmen besuchen, die länger als 4 Monate dauern (Abbruchquote

---

1 vgl. Hofbauer 1981, Hofbauer/Dadzio 1984, Hofbauer/ Dadzio 1987

2 Die Bundesanstalt führt eine Statistik über Teilnehmer an beruflicher Weiterbildung, eine Leistungsempfängerdatei und eine Beschäftigtendatei.

3 Allerdings ist nicht feststellbar, wieviele sich davon in die stille Reserve zurückgezogen haben.

44 %). Plausible Gründe liegen m.E. in der realistischen Einschätzung dieser Personen, daß eine vorzeitige Arbeitsaufnahme einer längerfristigen Weiterbildung, die i.d.R. mit finanziellen Nachteilen verbunden ist und deren arbeitsmarktbezogene Effektivität gerade bei dieser Personengruppe im Vergleich zum Stigma längerfristiger Arbeitslosigkeit eher niedriger eingeschätzt wird, vorzuziehen ist. Diese Einschätzung wird von dem Ergebnis der Analyse, welche Merkmalsausprägungen einen hohen Erklärungswert für eine Arbeitsaufnahme nach erfolgreichem Abschluß der Weiterbildung haben, bestätigt. Die höchste Vermittlungsquote[1] mit 73 % wurde bei an- und ungelernten Arbeitern, die weniger als 3 Monate arbeitslos waren und deren Anpassungsfortbildung nicht länger als 3 Monate dauerte, festgestellt. Die Quote war bei denjenigen An- und Ungelernten, die länger als 3 Monate arbeitslos waren und deren Weiterbildung länger als 4 Monate dauerte mit 41 % am niedrigsten, wobei die durchschnittliche Vermittlungsquote bei der Anpassungsfortbildung 53 % betrug (vgl. ebd., 194ff).
Bei Umschulungen wirken die Faktoren in ähnlicher Weise. Auch hier spielt sowohl im Hinblick auf ein vorzeitiges Ausscheiden wie im Hinblick auf eine erfolgreiche Arbeitsaufnahme nach der Umschulung die zuletzt ausgeübte Tätigkeit, die Dauer der Arbeitslosigkeit und die Dauer der Maßnahme die größte Rolle. Ganz offensichtlich wirkt die Dauer der Arbeitslosigkeit vor der Weiterbildung und die Dauer der Weiterbildung als Dauer der Arbeitslosigkeit zusammen, d.h. die evtl. positiven Wirkungen von Weiterbildung werden durch die Tatsache, daß sie als Dauer der Arbeitslosigkeit zählt, konterkariert. Dies gilt am stärksten für un- und angelernte Arbeiter, die ihre Chancen durch Weiterbildung kaum verbessern, sondern deren Reintegrationschancen im wesentlichen von der Dauer der Arbeitslosigkeit bestimmt werden. Dem Stigma langfristiger Arbeitslosigkeit kann offensichtlich durch Weiterbildung nicht begegnet werden.
Dem Wirkungszusammenhang zwischen Weiterbildung und beruflicher Wiedereingliederung scheint daher ein durchgängiger Rückkopplungseffekt zugrunde zu liegen: gerade die "Problemgruppen" des Arbeitsmarkts verbessern ihre Chancen nur unwesentlich, scheiden daher auch eher

---

1 Anteil derjenigen, die im 1. Quartal 1983 eine berufliche Weiterbildung erfolgreich abgeschlossen haben und am 30.6.1983 in Arbeit waren.

vorzeitig aus und sind - rückgekoppelt - auch unterdurchschnittlich an Weiterbildung beteiligt. Nur bei Umschulungen, die mindestens 2 Jahre dauern, stieg die Vermittlungsquote als Indikator für arbeitsmarktbezogene Effektivität wieder deutlich an (vgl. Hofbauer/Dadzio 1984,198). Nimmt man die Dauer als einen Indikator für die Qualität eines Bildungsangebots, die ansonsten in diesen Untersuchungen keine Berücksichtigung findet, kann man daraus schließen, daß die Wirkung von Weiterbildung von der Qualität der Angebote, z.B. für an- und ungelernte Arbeiter eine berufliche Ausbildung, abhängig ist.
In einer weiteren Untersuchung - wiederum auf Basis der Statistiken und Dateien der Bundesanstalt für Arbeit - erforschten die Autoren Hofbauer und Dadzio den Verbleib von Weiterbildungsteilnehmern, die 1982 Weiterbildungen in Vollzeitform erfolgreich abgeschlossen hatten und vorher arbeitslos waren. Von dieser Gruppe waren zwei Jahre nach Abschluß 56 % sozialversicherungspflichtig beschäftigt, 19 % bezogen Leistungen der Bundesanstalt für Arbeit, bei dem Rest war die Situation unklar.[1] Ein Vergleich mit den Weiterbildungsabsolventen des gleichen Zeitraums, die vorher nicht arbeitslos waren, zeigt erhebliche Unterschiede. Hier sind 2 Jahre später 81 % versicherungspflichtig beschäftigt und nur 5 % arbeitslos gemeldet (vgl. Hofbauer/Dadzio 1987,131). Die Vermittlungsquoten der Weiterbildungsabsolventen variieren auch in dieser Untersuchung wieder stark mit den Benachteiligungsmerkmalen einzelner Personengruppen am Arbeitsmarkt, allerdings behaupten die Autoren, daß die Vermittlungsquoten sich im Vergleich zu den Ergebnissen einer Kontrollgruppe ohne Weiterbildung positiv unterscheiden. "Es zeigt sich, daß zwei Jahre nach Beendigung der Maßnahme 56 % der Absolventen, aber nur 41 % der Vergleichsgruppe sozialversicherungspflichtig beschäftigt waren. Die Weiterbildung war danach überdurchschnittlich wirksam bei Personen, die zu den besonderen Zielgruppen der Arbeitsmarktpolitik gehörten,[2] in Arbeitsamtsbezirken mit hoher Arbeitslosenquote lebten und für Maßnahmen mit längerer Dauer vorgesehen waren" (ebd., 133). Die Kontrollgruppe wurde aus Weiterbildungsabbrechern gebildet, die allerdings nicht aus

---

1 Ein großer Teil wird vermutlich arbeitslos ohne Leistungsanspruch sein (vgl. Hofbauer/Dadzio 1987,132).

2 45 Jahre und älter, mit Bildungsdefiziten, 12 Monate und länger arbeitslos

Gründen mangelnder Eignung abgebrochen hatten. Die Autoren selbst melden Zweifel an, ob es gelungen ist, eine statistisch einwandfreie Kontrollgruppe zu bilden und damit die Aussage stichhaltig ist, die Vermittlungschancen hätten sich durch Weiterbildung deutlich verbessert (vgl. ebd., 133).

Auch nach Aufnahme einer Beschäftigung bleibt die Frage, wie dauerhaft die Integration in den Arbeitsmarkt ist und ob überhaupt eine weiterbildungsadäquate Beschäftigung gefunden wurde. Hofbauer/Dadzio (1987, 138f) ermittelten z.B. bei umgeschulten Facharbeitern nach 2 Jahren bei 26 % eine Beschäftigung als Hilfs- oder angelernte Arbeiter. Dieser Anteil lag bei Metallfacharbeitern sogar noch deutlich höher (33-36 %). Die Autoren nennen als möglichen Grund die hohe Beteiligung schwervermittelbarer Personengruppen bei Umschulungen zum Metallfacharbeiter, m.E. ein Hinweis darauf, daß auch nach erfolgreicher Weiterbildung für die Mehrzahl der Arbeitslosen die Integration in weiterbildungsadäquate Beschäftigung bzw. in Beschäftigung in den Kernbelegschaften der Betriebe nur schwer gelingt. Wahrscheinlich ist eher eine Beschäftigung in den instabilen und ungesicherten Segmenten des (sekundären) Arbeitsmarkts mit der Folge ständiger Bedrohung durch erneute Arbeitslosigkeit.[1]

Ein weiterer hier nicht berücksichtigter Aspekt ist der durch Weiterbildung möglicherweise ausgelöste Verdrängungs- und Rotationseffekt, d.h. die Verdrängung unqualifizierter Arbeitskräfte durch die Wiedereingliederung qualifizierter Arbeitsloser (vgl. Sauter/Ehmann 1987,23; Lauritzen 1986,239).

Die Beschäftigungskrise und die hohe Arbeitslosigkeit hat ihre Ursachen nicht in fehlenden oder mangelhaften Qualifikationen der Arbeitskräfte. "Insgesamt gibt es keine Anhaltspunkte für die Annahme, daß ein Mangel an geeigneten qualifizierten Bewerbern für offene Stellen besteht und dadurch die Expansion der Beschäftigung und der Abbau der Arbeitslosigkeit behindert wird" (Sauter/Ehmann 1987,23). Die sich anschließende Frage, ob denn berufliche Weiterbildung nicht wenigstens dem fortschreitenden Prozeß der Strukturierung der Arbeitslosigkeit, der sich an der Ungleichverteilung des Arbeitslosigkeitsrisikos und dem steigenden Sockel Langzeitarbeitsloser ausdrückt, begegnen kann, indem

---

1 vgl. zur Bedeutung der gespaltenen Arbeitsmärkte Sauter 1984,193ff

sie zumindest die gleichen Startchancen im Wettbewerb schafft, kann m.E. gleichfalls negativ beantwortet werden. Auf der einen Seite steht Weiterbildung ständig in Gefahr, Selektionsprozesse durch Rotationseffekte und Verdrängungswettbewerb noch zusätzlich zu fördern und auf der anderen Seite gelingt es auch erfolgreichen Teilnehmern beruflicher Weiterbildung, die ansonsten wegen Geschlecht, Alter, gesundheitlicher Einschränkung, Nationalität, Dauer der Arbeitslosigkeit in ihren Arbeitsmarktchancen benachteiligt sind, nicht, dieses Stigma durch zusätzliche Anstrengungen in Weiterbildung entscheidend zu verändern. "Nur wenn über die Maßnahmen beruflicher Weiterbildung hinaus auch die Bedingungen geändert werden, die das Interesse der Beschäftiger und der Betriebe an einem sekundären Arbeitsmarkt begründen und aufrechterhalten, besteht die Chance, die Segmentationsfolgen für die Problemgruppen zu überwinden. Dies bedeutet, daß die kulturellen und politisch-institutionellen Mechanismen abgebaut werden müssen, aufgrund deren die Mitglieder von Problemgruppen stigmatisiert und damit in arbeitsmarktexterne Alternativ- und Reserverollen abgedrängt werden" (Sauter 1984,195).

4.3 Umfang und Schwerpunkte berufsbezogener Weiterbildung für Arbeitslose nach Trägergruppen

4.3.1 Volkshochschulen

In der Bundesrepublik gibt es zur Zeit etwa 840 Volkshochschulen, die sich zu ca. 60 % in öffentlicher Trägerschaft von Kommunen, Kreisen und Zweckverbänden befinden und zu ca. 40 % in Vereinsträgerschaft geführt werden.[1] Die Jahresstatistik des Deutschen Volkshochschulverbandes weist die berufliche Weiterbildung nicht gesondert aus, sondern gliedert das Angebot nach Stoff- und Fachgebieten. Nach Belegungen sind die Stoffgebiete, in denen ein hoher Anteil berufsbezogener Intention des Anbieters wie eine hohe berufsbezogene Motivation der

1 vgl. zu diesen und folgenden Angaben - wenn nicht anderes vermerkt - Deutscher Volkshochschulverband, Statistische Mitteilungen, Arbeitsjahr 1987, Bonn 1988

Teilnehmer vermutet wird, wie folgt verteilt: 28,9 % Sprachen, 7 % Verwaltung/kaufmännische Praxis, 6,4 % Mathematik/Naturwissenschaft/ Technik. Faulstich (1981,110) schätzt den Anteil der Teilnehmer, die diese Kurse aus berufsbezogenen Gründen besuchen, auf ca. 50 bis 60 %. Eine Untersuchung der Pädagogischen Arbeitsstelle des Deutschen Volkshochschulverbandes ergab, daß 1976 gemessen am Gesamtangebot der Volkshochschulen in Unterrichtsstunden ca. 20 % berufliche Weiterbildung war.[1]

Ausgewiesen werden dagegen Umfang und Belegungszahlen der Kurse und Lehrgänge, die als Auftragsmaßnahmen bzw. freie Maßnahmen in Kooperation mit den Arbeitsbehörden durchgeführt wurden, allerdings ohne inhaltliche Spezifikation. Danach wurden 1987 2131 Gruppenmaßnahmen für Arbeitslose (Umfang: ca. 1,2 Millionen Unterrichtsstunden, Belegung: 39685 Teilnehmer) und 2052 AFG-anerkannte freie Maßnahmen (Umfang: ca. 355000 Unterrichtsstunden, Belegung: 33196 Teilnehmer) durchgeführt (vgl. ebd., 25). Gemessen an der Zahl der Unterrichtsstunden haben die AFG-geförderten Bildungsangebote einen Anteil von 13 % am Gesamtangebot der Volkshochschulen, nach den Belegungen sind es allerdings nur 1,4 %.[2] Die Zahl der vorher arbeitslosen Teilnehmer an den AFG-Kursen dürfte 1987 bei ca. 48000 Teilnehmer gelegen haben, dazu kommen die arbeitslosen Teilnehmer an nicht geförderten Kursen, deren Zahl allerdings aus der Statistik auch nicht ungefähr zu entnehmen ist.

Nach Bundesländern bzw. nach Landesverbänden der Volkshochschulen fallen erhebliche Unterschiede im Hinblick auf den Anteil der AFG-geförderten Weiterbildung am Gesamtangebot auf. An der Spitze liegen Niedersachsen und Bremen mit 27,3 % bzw. 23,3 % Anteil gemessen an der Zahl der durchgeführten Unterrichtsstunden, während Bayern und Berlin mit 7,1 % bzw. 4,7 % am unteren Ende liegen. Die übrigen Bundesländer bewegen sich etwa im Bereich des Bundesdurchschnitts.[3]

---

1 zit. nach Faulstich 1981,110

2 Hier spielt der gemessen an der durchschnittlichen Dauer der VHS-Kurse erheblich größere zeitliche Umfang vor allem der Auftragsmaßnahmen eine Rolle.

3 Der Stadtstaat Hamburg hat die AFG-Bildungsarbeit einer gesonderten Stiftung übertragen (vgl. Kap. 4.5.6).

Die Bedeutung der AFG-Finanzierung für die Volkshochschulen zeigt sich auch an dem hohen Grad der Fremdfinanzierung hauptberuflicher pädagogischer Mitarbeiter, die im wesentlichen aus Mitteln der Arbeitsverwaltung besteht. Im Bundesdurchschnitt wurde 1987 über ein Drittel aller hauptberuflichen pädagogischen Mitarbeiter (852 Personen) nicht aus Eigenmitteln (Teilnehmergebühren, Trägermittel und Landeszuschüsse) finanziert, sondern durch die wesentlich unsicheren und langfristig nicht kalkulierbaren Zuschüsse aus den Sondermaßnahmen der Arbeitsämter mit den entsprechend unsicheren Beschäftigungsperspektiven für die betroffenen Mitarbeiter. Die Anteile der Fremdmittel bei der Personalfinanzierung variieren wieder stark länderspezifisch und liegen in Bremen und Niedersachsen bei 77 % bzw. 60 %, während Berlin mit 20 % und Hessen mit 22 % weit weniger betroffen sind.
In der Regel planen die einzelnen Volkshochschulen für ihren örtlichen oder regionalen Einzugsbereich die entsprechenden Bildungsangebote und führen sie allein oder in Kooperation mit dem örtlichen Arbeitsamt auch selbst durch. Die niedersächsischen Volkshochschulen haben zusätzlich eine Volkshochschule auf Landesebene gegründet, deren Aufgabe im Bereich der beruflichen Bildung die Unterstützung der Volkshochschularbeit vor Ort ist, wenn diese das Angebot in eigener Regie nicht durchführen kann, und die Durchführung von Lehrgängen in Regionen und Orten, in denen keine Volkshochschulen bestehen. Ein wichtiges Tätigkeitsfeld ist die kooperative Durchführung von Umschulungen und Anpassungsfortbildungen für Arbeitslose.[1] In Schleswig-Holstein haben sich 20 hauptberuflich geleitete Volkshochschulen zum Leistungsring "Berufsorientierte Weiterbildung an VHS" (BOW) zusammengeschlossen. Ziel ist, durch gegenseitige Unterstützung "qualitativ hochwertige Veranstaltungen zur beruflichen Weiterbildung durchzuführen."[2]
Angesichts der Vielzahl der Volkshochschulen und ihrer jeweils gegebenen Selbständigkeit und Autonomie ist es nicht möglich, ein bestimmtes Profil der Volkshochschulen in der Arbeitslosenbildungsar-

1 vgl. Infoblatt der Niedersächsischen VHS e.V., Hannover

2 vgl. Infobroschüre der BOW, Norderstedt

beit auszumachen.[1] Ob und wie eine Volkshochschule in diesem Bereich engagiert ist, hängt von vielen Bedingungen ab, beispielsweise vom Selbstverständnis einer Volkshochschule bzw. das ihrer hauptberuflichen pädagogischen Mitarbeiter, von Interessen und Weisungen des Trägers, von der örtlichen Konkurrenzsituation mit anderen Anbietern von Weiterbildung und von der Kooperationsbereitschaft der Arbeitsämter.[2] Meisel (1986,124) nennt neben den Angeboten für jugendliche Arbeitslose ohne Berufsausbildung folgende Lehrgangs- und Kurstypen:

- Motivationslehrgänge für Langzeitarbeitslose
- Vorbereitungskurse auf Umschulung
- Umschulungs- bzw. Fortbildungsmaßnahmen
- Vermittlung von Zusatzqualifikationen
- Übungsfirmen und -werkstätten
- Informationsbörsen für Arbeitslose
- Initiierung von bzw. Kooperation mit Arbeitsloseninitiativen

Die zuletzt genannten Angebote sind nicht unmittelbar auf berufliche Weiterbildung bezogen. Diese Informationskurse, Gesprächskreise und Selbsthilfegruppen für Arbeitslose wie auch die Kurse im Rahmen politisch-ökonomischer Bildung zum Thema Arbeitslosigkeit und Zukunft der Arbeit sind Bestandteil der Programme einer großen Zahl von Volkshochschulen. Eine Untersuchung der Arbeitspläne nordrhein-westfälischer Volkshochschulen zählte bei ca. 130 Volkshochschulen in NRW für die Arbeitsabschnitte 2/83 und 1/84 41 Angebote zum Thema Zukunft der Arbeit/ Arbeitslosigkeit als gesellschaftliches Problem, 30 Gesprächskreise für Arbeitslose, 13 Angebote zur Bildung von Selbsthilfegruppen und 44 Kurse zum Bewerbungstraining und ähnliche Hilfen.[3]

---

1 Es sind auch keine weitergehenderen Daten, die sich auf den gesamten Bereich der Volkshochschulen beziehen, verfügbar.

2 Die Volkshochschulen hatten zumindest in der Vergangenheit erhebliche Schwierigkeiten, als Träger beruflicher Weiterbildung vom Arbeitsamt anerkannt zu werden. Deutlich wird dies u.a. noch immer an der Statistik der Bundesanstalt für Arbeit, die die Volkshochschulen unter sonstige Einrichtungen subsumiert, obwohl sie hier 1987 ein Drittel der Teilnehmer stellten.

3 vgl. Landesverband der Volkshochschulen von NRW e.V., Volkshochschule und Arbeitslosigkeit, Manuskript 1984; unbekannt ist, wieviele Kurse tatsächlich stattfanden, und berücksichtigt werden muß ferner, daß zu dem Zeitpunkt seit kurzem die Zwei-Millionen-Grenze bei den Arbeitslosenzahlen überschritten worden war, das Thema dadurch auch größere öffentliche Resonanz hatte.

Exemplarisch[1] möchte ich im folgenden die arbeits- und berufsbezogene Bildungsarbeit der Volkshochschulen am Beispiel einer kommunalen Kreisvolkshochschule aus Niedersachsen und am Beispiel einer großstädtischen Volkshochschule aus Berlin darstellen.[2]
In der Kreisvolkshochschule wird der zuständige Fachbereich seit 1979 hauptberuflich geleitet, und seit dieser Zeit werden auch Auftragsmaßnahmen in Kooperation mit der Arbeitsverwaltung durchgeführt. Ca. 20 hauptberufliche pädagogische Mitarbeiter sind im Bereich der Lehrgänge und Kurse für Arbeitslose beschäftigt, und die Volkshochschule verfügt über eigene Werkstätten und Übungsfirmen. Grundgedanke des konzeptionellen Ansatzes der Arbeit ist die Vermittlung von Schlüsselqualifikationen (vgl. Thiel 1987). Dieser Ansatz wird einerseits aus der Unsicherheit in der Prognostizierung zukünftiger Qualifikationserfordernisse begründet wie andererseits aus der Gewißheit, daß zukünftig personale wie soziale Fähigkeiten ebenso bedeutsam werden wie im engeren Sinne fachbezogene Qualifikationen. Weiter wird angesichts der Tatsache, daß Arbeitslosigkeit kein Problem fehlender oder mangelhafter Qualifikation ist, der Anspruch verfolgt, in der Bildungsarbeit den Arbeitslosen auch Perspektiven und Fähigkeiten für sinnvolle Tätigkeiten außerhalb des offiziellen Arbeitsmarkts zu vermitteln. Dies schließt die Vermittlung von Qualifikationen für neue Arbeitsfelder (z.B. Ökologie, Umweltschutz, Sanierung) ein, die zu Eigeninitiative in der Schaffung von Arbeitsplätzen anregen wie auch als Fähigkeiten privat genutzt werden können. Adäquate Vermittlungs- und Umsetzungsformen sind projektorientierter Unterricht und praxisnahe Ausbildungsanteile. Das Bildungsangebot schließt auch motivierende Beratung, evtl. Nachbetreuung und gemeinsame Freizeitaktivitäten und Reisen während der Lehrgänge und Kurse ein.
Das inhaltliche Angebot, in dem die programmatisch formulierten Zielsetzungen umgesetzt werden sollen, umfaßt das gesamte AFG-Maßnahmenspektrum: Die 41a-Kurse sind vor allem als Vorbereitungs-

---

1 Exemplarisch sind diese Beispiele weniger für die Volkshochschularbeit im Durchschnitt als für die Möglichkeiten, die die Volkshochschulen in diesem Bereich haben.

2 Die Arbeit ist durch das Engagement der jeweiligen Fachbereichsleiter relativ gut dokumentiert; vgl. Thiel 1984, Thiel 1987, Kreisvolkshochschule Landkreis Diepholz 1986, Oels 1987, Oels 1984, Foster/Oels 1982, diverse unveröffentlichte Berichte aus der Volkshochschule Charlottenburg.

angebote für anschließende Fortbildungen und Umschulungen konzipiert. In eigenen Werkstätten bietet die Volkshochschule zweijährige Umschulungen in den Berufen: Koch/Köchin, Maler/in, Tischler/in, Maschinenbauer/in, Maschinenschlosser/in an. Die Fortbildungslehrgänge im kaufmännischen Bereich konzentrieren sich auf die Vermittlung von Zusatzqualifikationen in EDV, herausragend ist ein einjähriger Kurs in EDV-Anwendung und Programmierung, der wesentliche Unterrichtsinhalte im Rahmen eines Projekts "Umstellung eines Handelsbetriebs auf EDV" vermittelt (vgl. Kursleiterteam der KVHS Diepholz 1987). Im gewerblichen Bereich werden Fortbildungskurse für Arbeitslose aus elektrotechnischen Berufen angeboten, die mit dem VHS-Zertifikat Elektronik abschließen. Arbeitslose aus Metallberufen können u.a. die Schweißerprüfung ablegen und Zusatzqualifikationen in Steuerungstechnik erwerben. Ein Lehrgang mit überwiegend praktischem Unterricht für Langzeitarbeitslose aus Bauberufen vermittelt Kenntnisse im Pflastern in Verbindung mit Landschaftsgartenbau. Ein im Sinne der konzeptionellen Zielsetzung beispielhaftes Projekt ist das Projekt ENBE (Energiespar- und Beschäftigungsprojekt mit arbeitslosen Jugendlichen). Die arbeitslosen Jungfacharbeiter sind auf ABM-Basis im Projekt beschäftigt und arbeiten unter Anleitung auf Baustellen, auf denen vor allem unter Aspekten der Senkung des Energieverbrauchs (Wärmedämmung, Heizung, Fenstersanierung) gebaut bzw. umgebaut wird. Durch praktische und theoretische Arbeit erwerben die Teilnehmer zukunftsweisende Qualifikationen, die sie u.a. zur Gründung eigener Betriebe befähigen sollen. Hervorzuheben ist, daß die Kreisvolkshochschule erkennbar Anstrengungen unternimmt, neue Wege in der Arbeitslosenweiterbildung zu beschreiten, inhaltlich durch die Erschließung neuer Arbeitsfelder, methodisch durch Projektunterricht und Praxisorientierung, lebenswelt- und erfahrungsbezogen durch die Berücksichtigung der persönlichen Situation Arbeitslosigkeit und dem Bemühen, durch eigene Gruppenräume und Freizeitaktivitäten auch Lebens- und Alltagsräume für die Teilnehmer zu schaffen.

Besonderes Kennzeichen der Berliner Volkshochschule ist die Arbeit mit der Zielgruppe arbeitsloser Frauen. Die 41a-Kurse richten sich vorrangig an langzeitarbeitslose Frauen ohne zertifizierte berufliche Qualifikation. In diesen Kursen wurde u.a. die Erfahrung gemacht, daß die Frauen häufig wegen vorhandener formaler Bildungsdefizite oder gesundheitlicher Einschränkungen von den offiziellen Fortbildungsangeboten der Arbeitsämter ausgeschlossen wurden (vgl. Oels 1984,89). Diese Erfahrung führte zu neuen Wegen in der Konzipierung von berufsbildenden Kursen für Frauen im Bereich haushaltsnaher Dienstleistungen.[1] Weitere Gründe waren:

- die familiäre Arbeit kann hier als Berufserfahrung offiziell anerkannt werden,
- eine formal abgeschlossene Berufsausbildung eröffnet weitere Bildungswege,
- die Möglichkeit der Professionalisierung von haushaltsnahen Dienstleistungen im Stadtteil, auch in selbstorganisierten Kleinbetrieben,
- Arbeitsmarktchancen im Gastgewerbe, in sozialen Einrichtungen und Großhaushalten.

Der aus diesen Überlegungen entwickelte Hauswirtschaftslehrgang dauert 6 Monate mit täglicher Unterrichtszeit von 5 Unterrichtsstunden. Er schließt mit der Prüfung nach § 40,2 BBiG zum anerkannten Lehrberuf Hauswirtschafter/in ab. Der Lehrgang wurde anfangs nach AFG gefördert, die Förderung wurde aber 1983 mit dem Argument fehlender Arbeitsmarktrelevanz eingestellt (vgl. Oels 1984,92). Seit der Zeit wird der Lehrgang von der Volkshochschule gebührenfrei angeboten, die Teilnehmer haben während des Lehrgangs Anspruch auf Weiterzahlung der Arbeitslosenhilfe bzw. der Sozialhilfe. Vor den Lehrgängen und nachher werden zusätzliche Angebote zur Vorbereitung bzw. zur Hilfe bei der Arbeitssuche gemacht.

Weitere Lehrgänge der Volkshochschule für die gleiche Zielgruppe sind die Kurse zur Vorbereitung auf eine Tätigkeit als Hausmeisterin/Vollhauswartin. Sie umfassen 150 Unterrichtsstunden in Teilzeitform und beinhalten neben der Vermittlung breiter handwerklicher Grundkenntnisse auch Umweltschutz- und Rechtsfragen und die Förderung von Konflikt- und Problemlösungsverhalten. Die erworbenen Qualifikationen können sowohl im eigenen Haushalt verwendet werden wie die Aufnahme einer Hausmeistertätigkeit fördern, die von Frauen bislang wenig ausgeübt wird. Im Projekt "Frau und Handwerk" werden sowohl Fortbildungsprogramme für ausgebildete Handwerkerinnen angeboten

---

1 Männer wurden von diesen Angeboten selbstverständlich nicht ausgeschlossen.

wie auch Handwerkskurse für Frauen, die diese Kenntnisse aus verschiedenen Gründen erwerben wollen (vgl. Oels 1987,95f). Die Beispiele zeigen, welche Möglichkeiten die Volkshochschulen haben, arbeitsbezogene Bildungsprogramme durchzuführen, deren Qualifikationen polyvalent zu verwenden sind, die die besonderen Benachteiligungen von Frauen zumindest versuchen auszugleichen statt sie zu vertiefen und die neue Perspektiven der Beschäftigung eröffnen. Allerdings werden solche Angebote wegen der restriktiven AFG-Förderungsbedingungen nur selten von den Arbeitsbehörden finanziert.
Die Landesverbände der Volkshochschulen und der DVV mit ihren Einrichtungen haben sich etwa seit Mitte der 70er Jahre in Stellungnahmen, Tagungen, Modellprojekten u.ä. mit dem Thema Weiterbildung und Arbeitslosigkeit beschäftigt. Auftrag eines von 1976 bis 1980 durchgeführten Modellprojekts der Pädagogischen Arbeitsstelle des DVV war die Entwicklung und Evaluation von Curricula und Unterrichtsmaterialien für Kurse zum nachträglichen Erwerb des Hauptschulabschlusses bzw. des Nachholens eines kaufmännischen Berufsabschlusses für Arbeitslose.[1] Inhaltlicher Schwerpunkt auch in den Planungs- und Entwicklungsdiskussionen der beteiligten Volkshochschulen war die Frage, wie sich in den Kursen allgemeinbildende und berufliche Inhalte curricular verzahnen lassen[2], wie die Arbeitswelt unter dem Blickwinkel der Interessen lohnabhängiger Arbeitnehmer in die Kursinhalte zu integrieren ist und wie ein erwachsenengerechter und teilnehmerorientierter Unterricht auch in beruflichen und abschlußbezogenen Lehrgängen zu gestalten ist. Die Frage der Arbeitsmarktrelevanz der Kurse und Lehrgänge wurde kaum gestellt, da zu dem Zeitpunkt zumindest für die erfolgreichen Absolventen keine wesentlichen Vermittlungsprobleme in Arbeit bzw. in Ausbildung existierten. Arbeitslosigkeit konnte unter diesen Bedingungen noch als Chance begriffen werden, sich persönlich und fachlich weiterzubilden, um dann u.U. auf qualifiziertere Arbeitsplätze zurückzukehren.
Etwa seit 1983 intensiviert sich mit der erneuten Zunahme der Arbeitslosigkeit die Diskussion in den Verbänden. Landesverbände der

---

1 vgl. Projekt EMKA, Weiterbildung mit Arbeitslosen, Bd. 1-5, Bonn 1980-1982

2 Hintergrund dieses Ansatzes war die Synthese-Debatte im Hessischen Volkshochschulverband; vgl. dazu die Beiträge in den Hessischen Blättern für Volksbildung Nr. 3 und Nr. 4 / 1975.

Volkshochschulen führen Fachkonferenzen durch[1], die Mitgliederversammlung des DVV diskutierte die Krise der Arbeitsgesellschaft und die berufliche Weiterbildung 1983 anhand einer Diskussionsvorlage[2], die Arbeitslosenbildungsarbeit an Volkshochschulen war Thema gesonderter Arbeitsgruppen auf den Hochschultagen Berufliche Bildung in Berlin (1984) und Essen (1986)[3], die Erklärung des Deutschen Volkshochschulverbandes zur beruflichen Weiterbildung in Volkshochschulen nimmt auch auf das Problem beruflicher Weiterbildung für Arbeitslose Bezug.[4] An vielen Stellen dieser Diskussionen und Äußerungen wird Kritik an einer ausschließlich arbeitsmarktorientierten beruflichen Weiterbildung deutlich, die besonders für Arbeitslose angesichts des Mangels an Erwerbsarbeitsplätzen äußerst prekär ist. Alternativen bzw. Ergänzungen zum arbeitsmarktbezogenen Qualifikationsansatz werden in persönlichkeitsstabilisierenden wie identitätsfördernden Angeboten ebenso gesehen wie in Angeboten zur Unterstützung von Selbsthilfe und zur Qualifizierung für noch zu entwickelnde neue Arbeitsfelder. Arbeitsmarktbezogene Qualifizierung sollte unter dem Aspekt der Vermittlung von Schlüsselqualifikationen breites Grundlagenwissen vermitteln, das zumindest Transfermöglichkeiten bietet und Mobilitätschancen wahrt (vgl. Meisel 1987,21f). Leitende Prinzipien der Bildungsarbeit der Volkshochschulen sollen dabei sein:

- die Offenheit für alle, insbesondere auch materiell verstanden durch kostengünstige Angebote für ansonsten benachteiligte Zielgruppen,
- ein über bloße Qualifizierung hinausgehender Bildungsanspruch,
- die Integration von beruflicher und politisch/allgemeiner Weiterbildung,
- die Förderung von Gestaltungskompetenz im Hinblick auf den Einsatz Neuer Technologien.[5]

---

1 vgl. Landesverband der Volkshochschulen Niedersachsens e.V., Pädagogische Konferenz: "Lebensbedingungen und Lebenschancen in der Zukunft: Arbeit", März 1984 in Norden; Hessischer Volkshochschulverband, 1. und 2. Fachkonferenz: Arbeitslosigkeit und Volkshochschule, Oktober 1984 in Fulda, April 1986 in Bad Hersfeld

2 vgl. die Diskussionsvorlage in Ebert/Pflüger 1984,14ff

3 vgl. Pflüger 1984, Meisel u.a. 1987

4 vgl. die Stellungnahme in Meisel u.a. 1987,120f

5 vgl. Meisel 1987,17f in Anlehnung an die Erklärung des DVV

Vergleichsweise breit, differenziert und problembewußt werden in den hier analysierten Tagungs- und Projektberichten die Ziele, Inhalte und Möglichkeiten der Arbeitslosenweiterbildung diskutiert. Vernachlässigt wird dagegen das Problem der politischen Rahmenbedingungen, hier in erster Linie die Bedingungen, die der Arbeitslosenweiterbildung durch das AFG und die Arbeitsbehörden gesetzt sind. Kaum Kritik findet sich an der erheblichen Einschränkung der pädagogischen Autonomie, der freien Lehrplangestaltung und der didaktischen Selbstwahl und Freiwilligkeit der Teilnahme, alles Kernpunkte des Selbstverständnisses einer unabhängigen und öffentlichen Erwachsenenbildung.[1] Gründe für diese Abstinenz in der politischen Kritik können in dem schon erreichten Stand der materiellen Abhängigkeit vieler Volkshochschulen von der Maßnahmeförderung der Arbeitsverwaltung liegen, die durch Kritik nicht gefährdet werden darf. Es bleibt aber m.E. zu kritisieren, daß die Vertreter einer öffentlichen Erwachsenenbildung offensichtlich aus Gründen politischer Opportunität die den pädagogischen Zielen nach Mündigkeit und Selbstverantwortung zuwiderlaufenden Instrumentalisierungen der Bildung durch politische und ökonomische Interessen und die den Arbeitslosen als Maßnahmen **verordnete** Bildung nicht in stärkerem Maße einer öffentlichen Kritik unterziehen.

4.3.2 Gewerkschaftliche Einrichtungen

Das Berufsfortbildungswerk (BFW) des Deutschen Gewerkschaftsbundes ist eine 1953 gegründete gemeinnützige GmbH, deren Gesellschafter gemeinwirtschaftliche Unternehmen aus dem DGB-Umfeld sind. Das BFW ist in 20 Bezirksgeschäftsstellen untergliedert, die insgesamt 312 Berufsbildungsstätten und 2 Sondereinrichtungen unterhalten.[2]
Von den 3244 Kursen und Lehrgängen waren 1987 63 % Auftragsmaßnahmen der Arbeitsämter, 74 % wurden mit Vollzeitunterricht angeboten, 20 % waren Umschulungen, 10 % Maßnahmen nach § 41a AFG,

---

1 Diese Kritik findet sich am ehesten noch in den Berichten und Darstellungen der pädagogischen Mitarbeiter vor Ort.

2 Alle Angaben entstammen dem Geschäftsbericht 1987 des BFW.

47 % Anpassungsfortbildungen und 7 % Aufstiegsfortbildungen. 1987 besuchten 58765 Teilnehmer Kurse und Lehrgänge des BFW, davon waren 58 % vorher arbeitslos. 33 % aller Teilnehmer waren Frauen, 36 % verfügten vorher über keine berufliche Ausbildung, und 10 % waren Ausländer. Nach Berufsbereichen verteilten sich die Teilnehmer zu fast 37 % auf technisch-gewerbliche Lehrgänge und zu fast 35 % auf kaufmännische Angebote. 5 % wählten Erziehungs-, Gesundheits- und Sozialberufe. 1987 waren ca. 1700 Lehr- und Ausbildungskräfte beim BFW beschäftigt und zusätzlich ca. 2500 freiberuflich tätig.
Das BFW verfolgt als gewerkschaftliche Einrichtung das Ziel, den Arbeitnehmern "eine Qualifikation zu vermitteln, die langfristig auf dem Arbeitsmarkt verwertbar ist, und ihnen Kompetenzen zu vermitteln, ihre Position in beruflichen und gesellschaftlichen Zusammenhängen zu erkennen und handelnd einzugreifen" (vgl. Geschäftsbericht 1987,4). Kernbereich im gewerblich-technischen wie im kaufmännischen Bereich ist die Weiterbildung im Zusammenhang mit dem Einsatz Neuer Technologien. Bei den Umschulungen dominieren die Metall- und Elektroberufe nach den neuen Ausbildungsverordnungen; sie dauern i.d.R. 24 Monate. Bei der Fortbildung liegt ein Schwerpunkt in der Weiterbildung von Facharbeitern im Bereich Mikroprozessortechnik und Elektronik (CNC-Steuerung, Steuerungstechniken bei Anlagen, Elektronik allgemein). Vorrangiges Ziel ist es, Facharbeiter für die durch den Einsatz Neuer Technologien veränderten industriellen Arbeitsplätze und Arbeitsstrukturen zu qualifizieren. Auch im kaufmännischen Bereich dominiert neben der kaufmännischen Grundausbildung die Weiterbildung in Informations- und Kommunikationstechnik. Ein Teil der Umschulungen und Fortbildungen erfolgt in den 66 Übungsfirmen des BFW, in denen theoretischer Unterricht und praktische Tätigkeit verbunden werden können. Als neue bzw. zukunftsträchtige Berufsfelder gelten dem BFW der Umweltschutz und der Dienstleistungsbereich. Im Umweltschutzbereich bietet das BFW u.a. eine Umschulung nach dem neuen Berufsbild des Ver- und Entsorgers und Fortbildungen für Baufachleute in Sanierung, Fachwerkbau, Restaurierung und Baubiologie/Bauökologie, für Gartenbaufachleute Weiterbildung in ökologischem Gartenbau, Baumschutz u.ä. Im Dienstleistungsbereich bezieht sich das Angebot u.a. auf die Weiterbildung in pflegerischen Berufen (Altenpfle-

ge, Krankenpflege) und auf pädagogische Zusatzausbildungen. Ein neuer Umschulungsberuf ist der/die "Medizinische Dokumentationsassistent/in". Gerade im Bereich Bauberufe und Umweltschutz ist deutlich erkennbar, wie das BFW sowohl in programmatischer Absicht wie in konzeptionellen Überlegungen und ersten Realisierungen versucht, für neue Berufs- und Arbeitsfelder zu qualifizieren, von denen mit Berechtigung angenommen wird, daß sie zukünftig größere Bedeutung erhalten werden. Deutlich erkennbar ist aber auch die für eine gewerkschaftliche Einrichtung verständliche Orientierung auf traditionelle Formen der Berufs- und Erwerbsarbeit und die strikte Orientierung auf den offiziellen Arbeitsmarkt.

Für das ausschließlich für Arbeitslose angebotene Praxistraining in den Übungswerkstätten und Übungsfirmen und für die Kurse nach § 41a AFG hat die Pädagogische Zentralstelle des BFW Handreichungen für die sozialpädagogische Arbeit entwickelt, in denen der pädagogische Ansatz des BFW vor allem in Hinblick auf die Zielgruppe der Langzeitarbeitslosen deutlich wird.[1] Wesentliche Punkte dieser Konzeption sind:

- soziale und pädagogische Arbeit ist integrativer Bestandteil beruflicher Weiterbildung,
- Ziele beruflicher Weiterbildung sind die Entfaltung sozialer, gesellschaftlicher und beruflicher Kenntnisse, Fähigkeiten und Fertigkeiten,
- die Inhalte dienen sowohl der Erweiterung des Wissens wie der Vermittlung der Handlungsfähigkeit,
- sozialpädagogische Arbeit ist einerseits Sozialarbeit, d.h. individuelle Beratung, Betreuung und Hilfe der Teilnehmer bei persönlichen, finanziellen, rechtlichen und sozialen Problemen wie andererseits Bildungsarbeit zu Themen aus dem alltäglichen Erfahrungsbereich der Teilnehmer und zum Thema Arbeitslosigkeit als gesellschaftliches Problem.

Für die Zielgruppe der Langzeitarbeitslosen mit besonderen Integrationsproblemen wird eine auf den beruflichen Qualifikationsaspekt begrenzte

---

1 vgl. Berufsfortbildungswerk des DGB, 1988; auch für das BFW gilt dieselbe Kritik an der Abstinenz im Hinblick auf eine erwachsenenpädagogisch motivierte politische Kritik an den Rahmenbedingungen der Arbeitslosenbildung, wie ich sie bei den Volkshochschulverbänden geübt habe.

Bildungsarbeit als nicht ausreichend angesehen. Leitidee der Bildungsarbeit für diese Zielgruppe ist die umfassende Verbesserung der Handlungskompetenz, um die handlungseinschränkenden Wirkungen der Arbeitslosigkeit auf allen Ebenen zumindest zu begrenzen (vgl. BFW 1988,7).
Die Deutsche Angestelltengewerkschaft unterhält als Träger drei rechtlich selbständige Bildungseinrichtungen, die der beruflichen und allgemeinen Bildung dienen: Das Bildungswerk der DAG e.V., die Deutsche Angestellten-Akademie e.V. und das DAG-Technikum GmbH.[1] Bildungswerk und Deutsche Angestellten-Akademie (DAA) arbeiten mit 44 Zweigstellen und Institutionen an 248 Orten im Bundesgebiet und West-Berlin, wobei der Schwerpunkt mit über 34 % des Angebots eindeutig in NRW liegt, gefolgt von Niedersachsen mit über 24 %. Neben Berufsausbildung, Berufsvorbereitung und allgemeiner Bildung macht die berufliche Weiterbildung (Fortbildung und Umschulung) ca. 74 % des Gesamtangebots von Bildungswerk und DAA aus. Über die Beteiligung von arbeitslosen Teilnehmern am Bildungsangebot dieser Einrichtungen liegen keine Zahlen vor. Allerdings lassen Definition und Umfang der als Anpassungsfortbildung charakterisierten Angebote Rückschlüsse auf einen erheblichen Anteil zu. "Anpassungsfortbildung ist der Sammelbegriff für alle Lehrgänge, die mehr auf die Überwindung von Arbeitslosigkeit bzw. ihre Verhinderung durch Sicherung der Arbeitsplätze abzielen" (ebd., 20). Von den 92981 Teilnehmern des Jahres 1987 nahmen allein ca. 57 % an Lehrgängen und Kursen der Anpassungsfortbildung teil. Gemessen am Gesamtangebot macht die Anpassungsfortbildung fast 50 % aus. Eine genauere Aufschlüsselung der Anpassungsfortbildung nach Lehrgangstypen bzw. Lehrgangsbereichen ergab für 1987, daß über 30 % allein auf das Praxistraining in Übungsfirmen für Arbeitslose aus den kaufmännischen Berufsfeldern entfallen. Fast 24 % waren kaufmännische EDV-Lehrgänge unterschiedlichster Art, und 13 % entfielen auf Schreibtechnik und Textverarbeitung, 6 % der Anpassungsfortbildung waren Orientierungskurse nach

---

1 Die gewerkschafts- und gesellschaftspolitische Bildungsarbeit im wesentlichen für die Mitglieder wird dagegen in den DAG-Gliederungen selbst durchgeführt. Das DAG-Technikum bereitet überwiegend berufsbegleitend auf die staatliche Technikerprüfung vor. Alle folgenden Angaben sind entnommen: Deutsche Angestellten-Gewerkschaften (Hrsg.), Jahresbericht 1987 der Bildungseinrichtungen der DAG.

§ 41a AFG. Die angebotenen Umschulungsmaßnahmen (12 % vom Gesamtangebot) bereiten zu 85 % auf kaufmännische Berufsabschlüsse vor. Auch hier wird ein hoher Anteil vorher arbeitsloser Teilnehmer vermutet. Besondere Berücksichtigung findet nach Darstellung der DAG in den letzten Jahren die Zielgruppe der arbeitslosen Akademiker. Insbesondere für Lehrer und Absolventen geistes- und sozialwissenschaftlicher Studiengänge werden Fortbildungs- und Umschulungslehrgänge im EDV-Bereich (u.a. Informatik-Pädagoge) und im Sozial- und Gesundheitsbereich (u.a. Suchtberatung, Familienhilfe) angeboten.

4.3.3 Betriebe und außerbetriebliche Einrichtungen der Wirtschaft

Nach der Statistik der Bundesanstalt für Arbeit entfielen 1987 ca. 30 % aller Neueintritte in berufliche Weiterbildung auf Betriebe und außerbetriebliche Einrichtungen der Wirtschaft.[1] Dies läßt sich durchaus als Beleg nehmen für die im Rahmen der Qualifizierungsoffensive erklärtermaßen beabsichtigte Bevorzugung betrieblicher und betriebsnaher beruflicher Weiterbildung (vgl. Kap. 3.1.2). Die Frage ist aber, in welchem Maße Arbeitslose an dieser Weiterbildung beteiligt sind und von welcher Art das Bildungsangebot für Arbeitslose ist. Nach Betrieben und betriebsnahen Einrichtungen getrennt, entfielen 1987 ca. 40 % der Neueintritte auf Betriebe und ca. 60 % auf Einrichtungen wie Industrie- und Handelskammern (30 %), Handwerkskammern (51 %) und sonstige Einrichtungen der Wirtschaft (19 %).
Bei den Betrieben dominiert als Maßnahmeart mit einem Anteil von 68 % die betriebliche Einarbeitung, die zwar überwiegend von Arbeitslosen genutzt wird (90 % waren vorher arbeitslos), die aber m.E. nicht als berufliche Weiterbildung bezeichnet werden kann, weil hier ein Arbeitsverhältnis vorliegt und die Auflage, auch Qualifikationen über den direkten Arbeitsplatz- und Betriebsbezug hinaus zu vermitteln, kaum

1 vgl. Bundesanstalt für Arbeit 1988,25; die hier nicht ausgewiesene Zahl der Teilnehmer an 41a-Maßnahmen konnte einer Pressemitteilung des Kuratoriums der Deutschen Wirtschaft für Berufsbildung entnommen werden und wurde hinzugerechnet; vgl. Kuratorium ..., Außerbetriebliche Weiterbildung der Wirtschaft 1987, Pressemitteilung Okt. 1988

kontrolliert wird bzw. werden kann.[1] Weitere 16 % der betrieblichen Maßnahmen sind Umschulungen, vermutlich überwiegend Einzelmaßnahmen, die bei Arbeitslosen nach dem AFG gefördert werden können.
Im Bereich der außerbetrieblichen Weiterbildung der Wirtschaft ist die AFG-geförderte Weiterbildung nur ein kleiner Teil. Nach einer Umfrage des Kuratoriums der Deutschen Wirtschaft für Berufsbildung haben 1987 fast 1,3 Millionen Teilnehmer Weiterbildungen in den Einrichtungen der angeschlossenen Verbände besucht,[2] auch ohne Berücksichtigung von Fachtagungen und gesellschaftspolitischen bzw. fachübergreifenden Angeboten noch ca. 1,05 Millionen Teilnehmer. Gemessen an dieser Zahl macht die Zahl der AFG-geförderten Weiterbildungsteilnehmer nur ca. 10 % aus.[3] Der Anteil der vorher arbeitslosen Teilnehmer ist weder in den Statistiken der Bundesanstalt noch in den Angaben des Kuratoriums ausgewiesen. Sie dürfte allerdings erheblich unter dem Durchschnitt von 64 % bei allen AFG-Förderungsfällen liegen. Allein 60 % aller AFG-geförderten Teilnehmer besuchten Ende Juni 1988 in den wirtschaftsnahen Einrichtungen Lehrgänge zur Vorbereitung auf Meister- und Technikerprüfungen. Gerade hier ist der Anteil der vorher arbeitslosen Teilnehmer mit ca. 7 % extrem niedrig, auf der anderen Seite sind 41a-Lehrgänge und Umschulungen als Angebote mit hoher Arbeitslosenbeteiligung im Angebot der Arbeitgebereinrichtungen nur unterdurchschnittlich vertreten (vgl. Bundesanstalt für Arbeit 1988, 18,20,55).[4]

---

1 Erst die 9. Novelle des AFG, gültig seit 1.1.1989, schreibt mindestens 25 % Vermittlung theoretischer Kenntnisse vor; vgl. § 41,2a AFG

2 vgl. Kuratorium ..., Pressemitteilung, Okt. 1988; angeschlossene Verbände sind: Bundesverband der Deutschen Industrie, Bundesvereinigung der Deutschen Arbeitgeberverbände, Deutscher Industrie- und Handelstag, Hauptgemeinschaft des Deutschen Einzelhandels, Zentralverband des Deutschen Handwerks, Bundesverband des Deutschen Groß- und Außenhandels, Bundesverband der Deutschen Volksbanken und Raiffeisenbanken, Bundesverband Deutscher Verwaltungs- und Wirtschaftsakademien, Deutscher Sparkassen- und Giroverband, Verband der Landwirtschaftskammern, Zentralarbeitsgemeinschaft des Straßenverkehrsgewerbes

3 Allerdings wären wegen der Dauer der Lehrgänge (unter 50 Stunden) auch nicht alle förderungsfähig, entsprechende Angaben sind nicht ausgewiesen.

4 Grob überschlagend berechnet, nehme ich an, daß ca. 30 bis 35 % aller AFG-geförderten Teilnehmer bei den Kammern und sonstigen Einrichtungen der Wirtschaft vorher arbeitslos waren.

Im folgenden möchte ich die Arbeitslosenbildungsangebote aus zwei Einrichtungen dieser Trägergruppe etwas genauer darstellen und analysieren. Der DIHT als Dachverband der etwa 70 örtlichen und regionalen Industrie- und Handelskammern hat in einer Broschüre ca. 130 Bildungsangebote für Arbeitslose einzelner Kammern nach Berufsbereichen und Zielgruppen geordnet aufgeführt.[1] Im gewerblich-technischen Bereich finden sich 15 Umschulungslehrgänge mit IHK-Facharbeiterabschlüssen in Metallberufen, die sowohl in Kooperation mit Betrieben wie in eigenen Einrichtungen stattfinden. 7 Lehrgänge bereiten auf qualifizierte Anlerntätigkeiten in Industrieberufen vor, während allein 24 Maßnahmen Fortbildungsangebote für Facharbeiter und Meister aus Metall- und Elektroberufen sind, in denen Zusatzqualifikationen in Steuerungstechnik, Elektronik, Mikroprozessortechnik u.ä. vermittelt werden. Die Fortbildungen schließen mit lehrgangsinternen Tests ab. Auch im kaufmännischen Bereich dominieren Fortbildungslehrgänge für Arbeitslose mit Berufsausbildung und/oder Berufserfahrung mit drei Schwerpunkten: elektronische Datenverarbeitung, Außenwirtschaft und Export, Textverarbeitung und Bürokommunikation. Im kaufmännischen Bereich werden nur 4 Umschulungen bzw. Fortbildungen mit staatlichem Abschluß angeboten (Industriekaufmann, geprüfter Sekretär). Ein dritter Bereich des Angebots richtet sich an arbeitslose Hochschulabsolventen, wobei keineswegs die EDV im Vordergrund steht, sondern fast die Hälfte aller Lehrgänge auf die vorhandenen Fremdsprachenkenntnisse dieser Zielgruppe aufbaut und Qualifikationen für Tätigkeiten als Fremdsprachenkaufmann, Außenhandelsassistent u.ä. vermittelt werden. Bei den 41a-Maßnahmen, die von 8 Kammern angeboten werden, sind arbeitslose Hochschulabsolventen und Kaufleute bevorzugte Zielgruppen. Diese Übersicht zeigt deutlich, daß der Schwerpunkt der Bildungsangebote der Kammern für Arbeitslose im Bereich der Anpassungsfortbildung für bereits qualifizierte Zielgruppen liegt. Eine Analyse der regionalen Verteilung dieser Angebote weist überdies einen deutlichen Schwerpunkt bei den Bundesländern Baden-Württemberg und Bayern

---

1 vgl. Deutscher Industrie- und Handelstag, IHK-Weiterbildung für Arbeitslose - Qualifizierungsbeispiele für einen neuen Start, Bonn o.J.

aus.[1] Neben diesen Regionen und NRW fallen die norddeutschen Küstenländer überhaupt nicht ins Gewicht. Dieses Ergebnis läßt sowohl im Hinblick auf die Zielgruppe wie auch im Hinblick auf die regionale Verteilung den Schluß zu, daß die Industrie- und Handelskammern sich auf Weiterbildungsbereiche beschränken, in denen die Integrationschancen der Teilnehmer und die Effektivität der Weiterbildung gemessen an diesem Kriterium vergleichsweise hoch sind.
Das Bildungswerk der Hessischen Wirtschaft, das Ende der 70er Jahre von Verbänden der hessischen Wirtschaft als eigenständige Bildungseinrichtung gegründet wurde, bemüht sich im Vergleich zu den Industrie- und Handelskammern durchaus um ein anderes Profil. Man könnte die "Philosophie des Unternehmens Bildungswerk" kurzgefaßt wie folgt beschreiben: Grundlage ist keine vorgebliche "Gemeinwohlorientierung", sondern sind die Interessen der Betriebe an qualifizierten Mitarbeitern, die Interessen der Adressaten und Teilnehmer an verwertbarer Qualifikation und das Interesse des Bildungswerks an effektiver, wettbewerbsfähiger und professioneller Bildungsarbeit. Im Hinblick auf die arbeitsmarktbezogene Bildungsarbeit heißt es: "Nach wie vor gilt das Argument, daß wir im Interesse der Wirtschaft all denen eine Brücke in die Beschäftigung bauen müssen (wenn wir können), die - aus welchen Gründen auch immer - diesen Schritt allein nicht schaffen. Es bleibt der Auftrag des Bildungswerks, modellhaft für die Zukunft neue 'Potentiale' zu erschließen und gemeinsam mit den Betrieben zu qualifizieren."[2] Als besondere Zielgruppen des Bildungswerks werden dann benannt: Frauen, Ausländer, Lernbeeinträchtigte und Lernbehinderte, Langzeitarbeitslose, Akademiker. Ein besonderes Kennzeichen der Bildungsarbeit mit den arbeitslosen Zielgruppen sind die begleitenden Bildungsangebote für betriebliche Weiterbildung und Einarbeitung. Dazu einige Beispiele:[3]

- In einem Qualifizierungslehrgang für Transport- und Speditionsarbeiter wird die betriebliche Einarbeitung an 4 Tagen pro Woche um 1 Tag Unterricht durch das Bildungswerk ergänzt. Vorgeschaltet ist

---

1 67 Angebote in diesen Ländern, wobei die bayerischen Angebote nochmals verstärkt in der Region Schwaben zu finden sind.

2 Geschäftsbericht 1988 des Bildungswerks der Hessischen Wirtschaft o.J., 9

3 Die Beispiele sind alle dem Geschäftsbericht 1988 entnommen.

ein vierwöchiger Informations- und Beratungsabschnitt.
- Die betriebliche Umschulung von Frauen nach der Familienphase in verschiedenen Berufsfeldern wird durch Bildungsangebote des Bildungswerks ergänzt, die sowohl den theoretischen Berufsschulunterricht umfassen wie eine sozialpädagogische Unterstützung der Teilnehmerinnen bei Lernproblemen und persönlichen Schwierigkeiten.[1]
- Das betriebliche Praxistraining von Langzeitarbeitslosen wird mit sozialpädagogischen und theoretischen Unterrichtsanteilen begleitet.
- Einführende und begleitende Bildungsangebote ergänzen auch das sog. "betriebswirtschaftliche Traineeprogramm" für arbeitslose Akademiker aus Sozial- und Geisteswissenschaften, das in Betrieben absolviert wird.

Aus dem Geschäftsbericht 1988 läßt sich weiter entnehmen, daß in den letzten 10 Jahren fast 10000 Personen über die Arbeitsverwaltung vermittelt an den Projekten des Bildungswerks teilgenommen haben und zu über 80 % "gemeinsam mit den Betrieben zum persönlichen Erfolg" gebracht wurden (ebd., 7).

4.3.4 Kirchliche Träger und Einrichtungen

In den Begründungen katholischer Erwachsenenbildung für ihr Engagement in der berufsbezogenen Weiterbildung lassen sich zwei Ebenen unterscheiden. Die eine Ebene ist die eines in der katholischen Soziallehre verankerten Arbeits- und Berufsverständnisses, das Arbeit als Weltauftrag der Christen und als Chance zur Selbstverwirklichung im Sinne der Gottesebenbildlichkeit versteht. Berufsbezogene Bildung allgemein hat in diesem Sinne einen Beitrag zu leisten sowohl im Hinblick auf die personale Entfaltung des einzelnen wie im Hinblick auf die soziale Gestaltung der Berufs- und Arbeitswelt. "Ausgangspunkt der berufsbezogenen Bildungsarbeit ... ist ein Arbeitsverständnis, welches davon ausgeht, daß durch Arbeit die Entfaltung der eigenen

---

1 Dieses Projekt ist auch an der Modellversuchsreihe des Bundesinstituts für Berufsbildung beteiligt, vgl. Kap. 4.4.1

Anlagen und Fähigkeiten erfolgt, Arbeit eine soziale, gemeinschaftsgebundene Verantwortung zugrunde liegt, d.h. der Gesellschaft dient, und daß Arbeit immer auch die verantwortete Gestaltung von Umwelt beinhaltet" (Hanke u.a. 1987,100). Dieses sehr stark traditionell berufsethisch eingefärbte Arbeitsverständnis prägt die Begründungen für berufsbezogene Weiterbildungen ebenso wie auf der anderen Seite Begründungen im Sinne "diakonischer Hilfe" (vgl. Kerstiens 1987,74). Begründungen auf dieser Ebene werden selten explizit formuliert, sondern ergeben sich wie selbstverständlich aus Abgrenzungen gegenüber funktionaler Berufsbildung, die technisch-fachlich begrenzt den Betrieben, Kammern und Berufsverbänden belassen bleiben soll, während die kirchliche Erwachsenenbildung dort aktiv werden soll, wo es auch um persönliche Hilfe und um "humane Werte" geht (vgl. ebd.). Hier wird auch die kirchliche Bildungsarbeit für Arbeitslose verortet. "Der Arbeitslose zum Beispiel soll sich ja nicht nur für eine Tätigkeit qualifizieren, sondern wieder Zutrauen zu sich selbst gewinnen, an der eigenen Leistung ein neues Selbstwertgefühl entwickeln, Möglichkeiten der Kommunikation wahrnehmen lernen, sich mit seiner Situation und den gesellschaftlichen Verhältnissen auseinandersetzen" (ebd.).
Die wichtigste Einrichtung berufsbezogener Weiterbildung innerhalb des katholischen Trägerbereichs sind die Kolping-Bildungswerke. Sie wurzeln in der Tradition des im 19. Jahrhundert von A. Kolping gegründeten katholischen Gesellenvereins, der 1895 auch die Einrichtung von Fachabteilungen mit der Aufgabe berufsspezifischer Weiterbildung einschließlich Vorbereitung auf die Meisterprüfung beschloß (vgl. Hanke u.a. 1987,100). Die seit 1969 gegründeten Kolping-Bildungswerke, die als Diözesanverbände organisiert sind, sind formal selbständige Bildungseinrichtungen mit dem Schwerpunkt in der "Ausbildung und Förderung von vorwiegend benachteiligten Gruppen" (ebd.). Arbeitsfelder sind berufsvorbereitende und berufsausbildungsbegleitende Angebote für Jugendliche, Berufsausbildung nach dem Benachteiligtenprogramm des Bundes und Fortbildung und Umschulung nach AFG. 1987 haben 16558 Teilnehmer an entsprechenden Angeboten teilgenommen, davon allein 8147 im Bereich Fortbildung und Umschulung (vgl. Deutsche Kolpingfamilie e.V. 1988,11ff), allerdings ist der Anteil der Arbeitslosen nicht ausgewiesen. Regionaler Schwerpunkt mit 77 % aller Teilnehmer ist eindeutig Bayern. Inhaltlich sind besondere Schwerpunkte nicht zu

erkennen. Es werden Motivationskurse nach 41a AFG und Trainingsmaßnahmen in Werkstätten und Übungsfirmen ebenso wie Fortbildungen und Umschulungen im gewerblich-technischen wie kaufmännischen Bereich durchgeführt (vgl. auch Pflüger 1983,II,41). Das Kolping-Bildungswerk Augsburg unterhält eine eigene Berufsfachschule für Wirtschaft und zusammen mit der IHK eine gewerblich-technische Bildungsstätte mit 150 Teilnehmerplätzen (1981).
Berufliche Weiterbildung für Arbeitslose wird weniger systematisch und regelmäßig auch von anderen katholischen Einrichtungen durchgeführt. Herausheben möchte ich hier ein Projekt, in dem durchaus neue Wege berufsbezogener Weiterbildung beschritten werden. Zielgruppe sind Frauen, die nach der Familienphase wieder eine berufliche Tätigkeit anstreben und die ihre durch Familien- und Haushaltstätigkeit erworbenen Qualifikationen in die Weiterbildung und in die neue Arbeit einbringen wollen. Die KAB Süddeutschlands begann im März 1986 einen Fortbildungslehrgang für Frauen, die zur Sozialhelferin fortgebildet werden.[1] Der Lehrgang umfaßt 740 Unterrichtsstunden und wird in Teilzeitform über 2 Jahre durchgeführt. Ziel ist eine Berufsabschlußprüfung nach § 46,2 BBiG, formal vergleichbar den Berufsbildern des Sozialsekretärs oder des Sozialberaters für ausländische Arbeitnehmer. Mögliche Tätigkeitsfelder sollen Verbraucherschutzberatung, Umweltberatung, Haus- und Heimberatung, Schuldnerberatung, Mieterberatung, Krankendienst, Altenarbeit, Kulturarbeit u.a. sein. Entsprechend umfangreich ist das inhaltliche Programm. Es umfaßt die Felder: Partner- und Familienbeziehung, Kindererziehung, Ernährung und Wohnen, Gesundheit und Pflege, Bildung und Engagement, Betriebsführung und Organisation, Kreativität und Muße, Disposition über Geldeinkommen. Der Lehrgang wird vom Arbeitsamt als freie Maßnahme nach dem AFG gefördert. Man kann berechtigt kritisieren, daß in solchen Projekten die traditionell geschlechtsspezifische Arbeits- und Rollenverteilung auf neuer Ebene festgeschrieben wird. Allerdings muß berücksichtigt werden, daß für Frauen ohne oder mit nicht mehr verwertbaren beruflichen Qualifikationen die Fortbildungsberufe, für die sie überhaupt eine Chance haben, nur im hauswirtschaftlichen oder

---

1 vgl. Sozialinstitut der KAB für Arbeitnehmerbildung e.V., Konzeption Fortbildungslehrgang für Familienfrauen/Sozialhelferinnen

sozialpflegerischen Bereich liegen, weil nur hier Familienqualifikationen angerechnet werden. Die angestrebte Berufsabschlußprüfung verbessert zumindest ihre Chancen zu mehr als nur unbezahlter oder schlecht bezahlter "Ehrenamtlichkeit" in diesen Tätigkeitsbereichen. Kritik ist m.E. an der durch das breite Einsatzfeld bedingten Stoffülle zu üben, wobei der Verdacht besteht, daß hier nicht den Aufgaben entsprechend ausreichend qualifiziert werden kann, zumal es fraglich ist, wieviel Vorwissen, Erfahrung und Kompetenz aus Haus- und Familientätigkeit angesichts der Veränderungen der Hausarbeit überhaupt vorausgesetzt werden kann (vgl. Kapitel 1.3).
Anders als bei den Einrichtungen in katholischer Trägerschaft ist die evangelische Erwachsenenbildung an der berufsbezogenen Weiterbildung wenig beteiligt.[1] Die Arbeitslosenarbeit des Diakonischen Werks der evangelischen Kirche konzentriert sich stark auf den Bereich der Beschäftigungsinitiativen, bei denen vor allem die Betriebe unter dem Namen "Neue Arbeit" bekannt geworden sind. Die "Neue Arbeit Saar gGmbH" ist meines Wissens der einzige Träger einer beruflichen Bildungsmaßnahme, die als Gruppenmaßnahme durchgeführt wird.[2] Ziel dieses Modellversuchs ist die berufliche Qualifizierung von arbeitslosen Frauen ohne oder mit nicht verwertbaren Ausbildungen in Form einer zweijährigen Umschulung, wobei die besondere Situation dieser Frauen durch entsprechende organisatorische, finanzielle, sozialpädagogische und schulische Unterstützungsmaßnahmen Berücksichtigung findet.[3]

---

1 Das Sozialamt der evangelischen Kirche von Westfalen und das Evangelische Erwachsenenbildungswerk Nordrhein haben Ende der 70er und Anfang der 80er Jahre sog. Gesprächswochen für Arbeitslose durchgeführt. Thema war die Aufarbeitung der persönlichen Situation Arbeitslosigkeit; vgl. Landesinstitut 1984,15ff; Faulstich 1985,90

2 Ich vermute, daß in den einzelnen Betrieben und Projekten des Diakonischen Werks Umschulungen als Einzelmaßnahmen durchgeführt werden.

3 Dieses Projekt ist auch Teil der Modellversuchsreihe des BIBB; vgl. Herder 1988, Weindel 1988b

4.3.5 Das Berufsförderungszentrum Essen (BFZ)

Das BFZ, in der Trägerschaft eines eingetragenen Vereins geführt, ist eine Gemeinschaftsgründung, an der neben der Bundesanstalt für Arbeit staatliche Stellen, Arbeitgeberverbände, Kammern, Gewerkschaften und Kirchen beteiligt waren. Das BFZ führt im Auftrag der Bundesanstalt für Arbeit berufliche Weiterbildung durch, wobei durch ein angeschlossenes Internat eine Beteiligung aus dem gesamten Bundesgebiet möglich ist. Insgesamt verfügt das BFZ über 1100 Teilnehmerplätze.[1] Kern des Bildungsangebots sind Maßnahmen zur Umschulung, beruflichen Fortbildung und Angebote der Übungswerkstatt, denen verschiedene Vorförderangebote (Fernvorförderung, Berufsfindung, 41a-Maßnahmen) vorausgehen können. Die 775 Umschulungsplätze verteilen sich auf folgende Berufsfelder: kaufmännische Berufe (32 %), elektrotechnische Berufe (36 %), Metallberufe (13 %), Meß- und Regelmechaniker (10 %) und Garten- und Landschaftsbau (9 %). Im Durchschnitt sind 25 Teilnehmer in einer Lehrgangsgruppe. Die Umschulungen dauern je nach Berufsfeld zwischen 21 und 24 Monate. Von den Teilnehmern, die 1986 eine Umschulung begannen, waren 17 % Frauen und 6 % Ausländer. Nur 2 % verfügten über keine abgeschlossene schulische Bildung, während 50 % sogar einen mittleren oder höheren Bildungsabschluß vorweisen konnten. 47 % hatten vor der Umschulung schon eine Berufsausbildung abgeschlossen, aber nur bei 28 % war die vorhergehende Tätigkeit eine gelernte Tätigkeit, d.h. 72 % arbeiteten in un- und angelernten Positionen. 82 % der Teilnehmer waren vor Beginn der Umschulung arbeitslos. Das Durchschnittsalter lag 1986 bei 30 Jahren, über die Hälfte war vor Eintritt 27 Jahre oder jünger. Vor dem Hintergrund dieser Teilnehmerstruktur mit dem hohen Anteil solcher Teilnehmergruppen, die auch ohne Weiterbildung bessere Arbeitsmarktchancen haben (deutsche jüngere Männer mit relativ guten Bildungsabschlüssen), erklären sich m.E. auch die überdurchschnittlichen Erfolgsquoten der BFZ-Umschulungen. 1 Jahr nach Umschulungsende 1986 waren 73 % erwerbstätig, davon 93 % im Umschulungsberuf; 17 % waren arbeitslos bzw. arbeitssuchend. Die relativ geringe Quote der Abbrecher von 16 % ist auch darauf zurückzuführen, daß bei der

1 Die folgenden Angaben sind alle dem Jahresbericht 1986 des BFZ entnommen.

großen Anzahl verschiedener Umschulungsgruppen in einer Einrichtung der Wechsel in eine andere Umschulungsgruppe (anderes Berufsziel) oder eine Rückversetzung in eine später eingetretene Gruppe möglich ist und dadurch eine große Zahl von Umschulungsabbrüchen verhindert werden kann. Dies erklärt auch die relativ guten Ergebnisse bei den Umschulungsprüfungen. Während die Umschulungen des BFZ alle Vollzeitangebote sind, werden im Bereich beruflicher Fortbildung neben Vollzeitmaßnahmen auch berufsbegleitende Lehrgänge angeboten. Die Vollzeitmaßnahmen richten sich an arbeitslose Metallfachkräfte, die in CNC-Technik weitergebildet werden. Je nach inhaltlichem Umfang dauern diese Lehrgänge 3 oder 9 Monate. Arbeitslose Elektrofachkräfte werden in Vollzeitform in Automatisierungstechnik (Mikrocomputersteuerung) weitergebildet, wobei hier je nach Vorbildung der Teilnehmer sechs- oder zwölfmonatige Lehrgänge möglich sind. Ca. 280 Teilnehmer nahmen 1986 an diesen Lehrgängen teil.
Neben den Kernangeboten berufliche Umschulung und Fortbildung hat das BFZ Angebote entwickelt, die mit ihren trainierenden, informierenden und orientierenden Anteilen eher sozialisatorische als eine qualifikatorische Funktion erfüllen. 1986 haben neben den ca. 1000 arbeitslosen Teilnehmern an den Umschulungen und Fortbildungen in Vollzeitform ebenso viele Arbeitslose an diesen Angeboten des BFZ teilgenommen. Das berufspraktische Training in der Übungswerkstatt soll in verschiedenen Berufsfeldern Zusatzqualifikationen für un- und angelernte Arbeitstätigkeiten vermitteln. Die Teilnehmer können jederzeit aus dem Training in Arbeit vermittelt werden. Die Berufsorientierung und Belastungserprobung in der Übungswerkstatt ist dagegen ein Konzept, das ausschließlich auf die Überprüfung der Belastbarkeit der arbeitslosen Teilnehmer und deren Orientierung und Motivierung im Hinblick auf evtl. berufliche Alternativen und Weiterbildung bezogen ist. Im Grundsatz gilt dieses Konzept auch für die 41a-Maßnahmen des BFZ. Daneben führt das BFZ auch sog. Bildungserprobungen durch, in denen "in 10 Arbeitstagen mit besonders schwierigen Beratungsfällen der Arbeitsämter ein gezielter, individueller und realistischer Weiterbildungsplan erarbeitet" wird (BFZ Jahresbericht 1986,35). Dazu werden neben berufskundlichen Informationen auch psychologische Testverfahren eingesetzt. Die Gruppenmaßnahmen nach 41a mit 194 Teilnehmern 1986 nehmen im Vergleich zu den stärker individualisierten Maßnahmen

der Berufsorientierung und Belastungserprobung (237 Teilnehmer) und den Bildungserprobungen (582 Teilnehmer) an Bedeutung ab. Ganz offensichtlich zeigt sich hier die Tendenz, den Bildungseinrichtungen verstärkt Diagnose- und Beratungsfunktionen der Arbeitsämter zu übertragen.[1] Dies entspricht der Aufforderung der Bundesanstalt für Arbeit an die örtlichen Arbeitsämter, die Bildungseinrichtungen stärker an der Beratung, Motivierung und Teilnehmergewinnung in bezug auf Weiterbildung zu beteiligen.[2] Die grundlegende Problematik dieser Tendenz liegt darin, daß hier der von den Arbeitsbehörden in Ermangelung anderer arbeitsmarktpolitischer Möglichkeiten ausgehende Weiterbildungsdruck auf die Bildungseinrichtungen übertragen wird. Sie sollen Arbeitslose mit "sanftem Druck" zu Weiterbildung motivieren, deren Arbeitsmarktchancen nur zu einem geringen Teil aufgrund von Bildungsdefiziten eingeschränkt sind und die von daher schon Motivation zu Weiterbildung kaum aufbauen können.[3] Die dadurch eingeschränkte Freiwilligkeit der Teilnahme, eigentlich ein Grundprinzip erwachsenengerechter, teilnehmerorientierter Weiterbildung, führt dann zu Lehr-Lernsituationen, die didaktisch kaum zu bewältigen sind und Weiterbildung tatsächlich Gefahr läuft, zu staatlich verordneter Beschäftigungstherapie zu verkümmern.

---

1 Die Teilnehmer dieser Kurse sind überwiegend mehr als 1 Jahr arbeitslos, und vor allem sind mehr als die Hälfte der Teilnehmer von gesundheitlichen Einschränkungen betroffen.

2 vgl. Runderlaß 50/86, in: ANBA Nr. 4/86

3 In Gesprächen mit Pädagogen, die in solchen Vorförderungsmaßnahmen arbeiten, wird das Dilemma häufig deutlich: ihre Beurteilung der Teilnehmer kann bei fehlender Weiterbildungsbereitschaft, für die es durchaus gute Gründe gibt, zum Entzug der Leistungen des Arbeitsamts führen. Dies zwingt die Mitarbeiter, den Arbeitslosen taktische Hinweise zu geben, wie sie sich in solchen Situationen gegenüber dem Arbeitsamt verhalten sollen.

4.3.6 Die Stiftung Berufliche Bildung - Arbeitslosenbildungswerk Hamburg

Die Stiftung Berufliche Bildung - Arbeitslosenbildungwerk wurde 1982 von Senat und Bürgerschaft der Stadt Hamburg als Stiftung privaten Rechts gegründet. Sie hat in erster Linie regionale Bedeutung, wird aber hier wegen des exemplarischen Charakters herangezogen.[1] Zielsetzung und Auftrag des Arbeitslosenbildungswerks beziehen sich vorrangig auf Qualifizierungsangebote für die sog. Problemgruppen des Arbeitsmarkts einschließlich entsprechender Vorqualifizierungsangebote und Beratung. Ein Schwerpunkt soll die Anpassungsfortbildung im Bereich Neue Technologien sein. Ziel ist die Integration der Arbeitslosen in weiterbildungsadäquate Dauerarbeitsplätze, umgesetzt werden soll dieses Ziel durch "innovatorische Ansätze auf der Organisations-, Finanzierungs- und Inhaltsebene" (ebd., 155).

Das Arbeitslosenbildungswerk arbeitet mit einem vergleichsweise hohen Maß an institutioneller Selbständigkeit sowohl im Hinblick auf Legitimationen gegenüber den politischen Instanzen wie im Hinblick auf organisatorische Binnenstrukturen. Die einzelnen Maßnahmen und Lehrgänge sind als Projekte organisiert; Ausbilder, Lehrer und Sozialarbeiter bilden ein festes Team und sind für die Dauer der Maßnahme feste Bezugspersonen für die Teilnehmer. Die Lehrkräfte sind überwiegend hauptberuflich beim Träger beschäftigt. Die Projektorganisation bietet gute Voraussetzungen für die Umsetzung integrativer Konzepte (Verzahnung von Theorie und Praxis, Integration von allgemeiner, beruflicher und politischer Bildung, integrativer sozialpädagogischer Ansatz). Die Finanzierung der Arbeit erfolgt aus Mitteln der Stadt Hamburg, die allerdings jährlich im Rahmen der Haushaltsberatungen neu festgesetzt werden, aus Mitteln der Bundesanstalt für Arbeit und aus sonstigen Drittmitteln. Für 1988 wurde ein Umsatz von 21 Millionen DM geschätzt (vgl. ebd., 164).

Inhaltlich bezeichnet das Arbeitslosenbildungswerk seinen Ansatz als zielgruppenspezifische berufliche Weiterbildung. Ein wichtiges Ziel ist, die durch Bildungs-, Berufs- und Lebenserfahrung eher benachteiligten Teilnehmer durch gezielte didaktisch-methodische Arrangements in ihren

---

1 Alle weiteren Angaben wurden Glücklich 1988,154ff entnommen.

fachlichen und persönlichen Lernprozessen zu stützen und zu fördern. Kern der Angebotsstruktur ist ein Baukastensystem zielgruppenspezifischer Einzelangebote. Basis ist eine fachkompetente, wohnortnahe Weiterbildungsberatung, die im Vorfeld offene Fragen in bezug auf Weiterbildung klären soll und dadurch hilft, Fehlentscheidungen zu vermeiden. Ein weiteres Teilsystem des Baukastens sind die Vorqualifizierungskurse. Sie sollen je nach Teilnehmervoraussetzungen gezielt auf die abschlußbezogenen beruflichen Lehrgänge vorbereiten, um dadurch mehr Teilnehmer aus benachteiligten Gruppen für Weiterbildung zu motivieren und zu qualifizieren und durch Verbesserung der Allgemeinbildung und Persönlichkeitsstabilisierung hohe Abbruchquoten vermeiden helfen. Das dritte Teilsystem sind die abschlußbezogenen Lehrgänge und Maßnahmen. Sie sind für die Adressaten vorgesehen, die trotz Vorqualifizierung noch einer "intensiveren Förderung" bedürfen, "um anerkannte und auch auf dem Arbeitsmarkt verwertbare Qualifikationen erwerben zu können" (ebd., 134). Ein weiteres Angebot ist die Anpassungsfortbildung für Fachkräfte, deren Qualifikationen vor allem durch die technologische Entwicklung bedroht sind und entwertet werden.
Das Arbeitslosenbildungswerk verfügte 1988 über ca. 1000 Tagesteilnehmerplätze in 20 Maßnahmen. In die Vorqualifizierungskurse (Allgemeinbildende Vorbereitung, Berufsinformationsseminare nach 41a AFG, Elementarbildung und Alphabetisierung, Trainingswerkstätten und Berufsvorbereitung, Ausbildungsbegleitende Maßnahmen) traten 1987 fast 2000 Teilnehmer neu ein. Die Umschulungen und Nachqualifizierungen konzentrierten sich auf Metall- und Elektroberufe und im Handwrek auf Installationsberufe und Heizungsbau. In den ersten 5 Jahren des Arbeitslosenbildungswerks legten 292 Teilnehmer in diesen Berufen erfolgreich die Kammerprüfung ab, wobei die Abbruchquote mit 16 % vergleichsweise niedrig ist. Bei den Teilnehmern sind die Personengruppen mit besonderen Problemen am Arbeitsmarkt überdurchschnittlich vertreten. 56 % sind mehr als 1 Jahr arbeitslos, 65 % haben keine Berufsausbildung, fast 30 % sind Ausländer. Nur Frauen sind auch hier mit 33 % wieder deutlich unterrepräsentiert (vgl. ebd., 156ff). Aus einer gesonderten Statistik über die Teilnehmer an den allgemeinbildenden Vorbereitungskursen geht hervor, daß fast 80 % von ihnen Leistungen des Arbeitsamts beziehen, Personen also, die auch anschließend in den beruflichen Qualifizierungskursen Anspruch auf Unterhalts-

geld haben.[1] Das läßt darauf schließen, daß auch das Arbeitslosenbildungswerk wegen der engen Anbindungen an die Förderungsvoraussetzungen der Arbeitsbehörden die wachsende Personengruppe, die keine Leistungen mehr bezieht oder schon der stillen Reserve angehört, nicht erreicht. Insgesamt verfolgt das Arbeitslosenbildungswerk das Ziel, gerade für die benachteiligten Gruppen des Arbeitsmarkts und der beruflichen Weiterbildung durch innovatorische, didaktisch methodische Gestaltung und zielgruppenspezifische Angebote einen hohen qualitativen Standard in der beruflichen Qualifizierung zu erreichen. Das langfristige Ziel ist die dauerhafte Integration in den Arbeitsmarkt, wobei allerdings bisher noch keine Evaluationsergebnisse in dieser Richtung vorliegen. Zweifel hinsichtlich des Erfolgs von Weiterbildung sind angebracht (vgl. Kapitel 4.2), und unter diesem Blickwinkel ist m.E. die ausschließliche Fixierung auf den ersten Arbeitsmarkt kritisch zu hinterfragen.

4.4 Beurteilung und Kritik berufsbezogener Weiterbildung für Arbeitslose nach einzelnen Angebotsformen

4.4.1 Bildungsangebote nach § 41a AFG - Informations- und Motivationslehrgänge für Arbeitslose

1987 waren von allen Neueintritten in Weiterbildungen nach AFG über 64.000 Personen Teilnehmer an 41a-Kursen. Seit Beginn der 80iger Jahre hat sich diese Zahl ungefähr verdreifacht und bedeutet für 1987 über 10 % bei allen AFG-Weiterbildungsteilnehmern und ca. 17 % bei den arbeitslosen Teilnehmern. Der Absicht der Arbeitsverwaltung nach sollen die 41a-Kurse vor allem den Personengruppen angeboten werden, die einerseits auf dem Arbeitsmarkt als schwervermittelbar gelten, auf der anderen Seite auch in den üblichen Weiterbildungen (Fortbildung und Umschulung) nicht entsprechend ihren Anteilen an der Gesamtarbeitslosenzahl vertreten sind. Die Ergebnisse verschiedener Untersuchungen zeigen, daß diese Personengruppen teilweise tatsächlich überdurch-

---

1 vgl. Stiftung Berufliche Bildung - Arbeitslosenbildungswerk 1986,27f

schnittlich 41a-Maßnahmen besuchen.[1] Arbeitslose ohne Hauptschulabschluß, Arbeitslose, die zuvor als un- und angelernte Arbeiter beschäftigt oder die länger als 1 Jahr arbeitslos waren, sind an diesen Bildungsangeboten durchschnittlich stärker beteiligt als ihrem Anteil an der Gesamtarbeitslosenzahl entspricht. Dies gilt allerdings nicht für Frauen.

Untersuchungen, die u.a. nach der Beurteilung von "41a" durch die Teilnehmer fragten, ergaben folgende Ergebnisse: Nach Kritik gefragt, äußerten über ein Drittel der Teilnehmer Kritik an der zu kurzen Lehrgangsdauer, ein Drittel äußerte Kritik an der verspäteten Zahlung des Unterhaltsgelds durch das Arbeitsamt und jeweils ein Viertel kritisierte schlechte Organisation und unzureichende Unterrichtsmethoden. Der Kritikpunkt Zahlung des Unterhaltsgeldes deutet indirekt darauf hin, daß ein Motiv zum Lehrgangsbesuch auch in dem damals (1981) noch höheren Unterhaltsgeld im Vergleich zum Arbeitslosengeld/-hilfe gelegen hat. Positiv bewertet wurde von zwei Dritteln der Teilnehmer die Kontaktmöglichkeit mit anderen während des Lehrgangs. Im Hinblick auf die eingesetzten Unterrichtsmethoden wurden Gruppenarbeit und praktische Übungen hoch gewertet, während z.B. Rollenspiel vergleichsweise weniger oft positiv beurteilt wurde. Über den Berufsverlauf nach Abschluß des Lehrgangs ergab die Untersuchung, daß 27 % eine Arbeit aufgenommen und 21 % eine berufliche Weiterbildung begonnen hatten. Der Anteil der anschließenden Weiterbildungsteilnahme dürfte heute höher liegen; Zahlen des Berufsförderungszentrums Essen weisen einen Anteil von ca. 60 % aus, der allerdings auch nicht repräsentativ sein kann, da hier wegen der Größe der Einrichtung eine stärkere Einbindung der 41a-Maßnahmen in das Lehrgangsangebot insgesamt vermutet wird (vgl. BFZ Jahrgangsbericht 1986).

Obwohl durch den Erlaß der Bundesanstalt der Rahmen für 41a-Kurse weitgehend festgelegt ist, lassen sich die durchgeführten Maßnahmen bzw. die zugrunde liegenden Konzeptionen der Bildungsträger nach Schwerpunkten und hauptsächlichen Zielsetzungen unterscheiden. Konzeptionen und Maßnahmen unterscheiden sich im wesentlichen danach, ob sie allgemeinbildende und berufsbezogene Information und Qualifika-

---

1 vgl. Hofbauer/Dadzio 1982; vgl. auch Dobischat 1985, 124, Lotz 1983,29ff. mit Ergebnissen aus kleineren Fallzahlen.

tion in den Vordergrund rücken oder eher psychologisch bei einer Veränderung der vorgeblich defizitären Persönlichkeit des arbeitslosen Teilnehmers ansetzen, um dadurch seine Vermittlungschancen zu verbessern. Daneben gibt es eine zunehmende Zahl von 41a-Kursen, die als Vorförderung für weitergehende Bildungsangebote konzipiert sind und oft nur noch formal aufgrund der Förderungsbedingungen des AFG als 41a-Angebot laufen, tatsächlich aber mehr oder weniger fest in das Lehrgangskonzept einer Umschulung oder Fortbildung integriert sind.

Als ein Beispiel für die erstgenannte Richtung kann die 41a-Konzeption des BFW gelten (vgl. Lotz 1983; BFZ 1988). Die drei Bausteine des Konzepts sind ein berufsqualifizierender Teil, ein allgemeinqualifizierender Teil und eine sozialpädagogische Betreuung während des Kurses. Ziel des berufsqualifizierenden Teils ist das "Wiedererkennen bzw. Erweitern von beruflichen Fähigkeiten, Fertigkeiten und Kenntnissen" (Lotz 1983,31). Methodisch umgesetzt wird dieses Ziel durch projektorientierte praktische Arbeit in der Werkstatt, durch Betriebsbesichtigungen, Gespräche mit Personalleitern u.ä., Informationen über Berufsbilder und Berufsausbildungen. Themen des allgemeinbildenden Teils sind Informationen über Bildungsangebote, Lerntechniken, Bewerbung und Bewerberauslese, Bedingungen, Situation und Folgen der Arbeitslosigkeit, rechtliche und finanzielle Informationen. Methodisch bevorzugt werden Kleingruppenarbeit, Rollen- und Planspiele mit Einsatz von audiovisuellen Medien, Einzelberatung, Gespräche mit Experten von außen. Aufgabe der sozialpädagogischen Betreuung ist die Hilfe und Beratung bei der "Organisation der persönlichen Lebensumstände" (ebd., 31) unter Umständen in Kooperation mit anderen Einrichtungen. Ähnliche Konzeptionen werden auch bei der Mehrzahl der Volkshochschulen verfolgt, wobei die Volkshochschulen i.d.R. nicht über Werkstätten verfügen, die berufsqualifizierenden Anteile entsprechend entfallen müssen (vgl. Dobischat/Wassmann 1982).

Für den zweiten Typus von 41a-Maßnahmen stehen beispielhaft die Konzeption des BFZ Essen und das Kurskonzept "Von der Arbeitslosigkeit zum Beruf" der VHS Ostkreis Hannover (vgl. Blum u.a. 1983; Krauss u.a. 1982). Die Kurse des BFZ sind stark auf den einzelnen Teilnehmer orientiert. Durch Information und Reflexion soll der Teilnehmer zu einer realistischen Selbsteinschätzung seiner Fähigkeiten und zu mehr Eigenaktivität und eigenverantwortlicher Entscheidungsfä-

higkeit gelangen. Sehr selbstverständlich und kritiklos werden in diesem Zusammenhang nicht nur Rechen- und Rechtschreibtests, sondern auch psychometrische Testverfahren zur Feststellung intellektueller Fähigkeiten eingesetzt. Ziel der Maßnahmen des BFZ ist es, zu einer Beurteilung des individuellen Teilnehmers im Hinblick auf weitere Schritte (Vermittlung in Arbeit, Weiterbildung, Therapie etc.) - auch im Interesse der Arbeitsbehörden - zu kommen. Daß diese Beurteilung der Selbstbeurteilung des Teilnehmers entsprechen soll, ist zwar im Interesse der Teilnehmer wichtig, dürfte aber auch funktional sein für Bildungsträger und Arbeitsamt. Der Einsatz von Testverfahren, die offensichtlich nicht freiwillig sind, relativiert m.E. die hohe Priorität der Selbstverantwortlichkeit der Teilnehmer, die Gefahr der Selektion durch Tests wird nicht gesehen.
Explizit mit einem psychologischen Ansatz, "die Kurse vor allem auf dem Boden sozialpsychologischer Überlegungen zu konzipieren und mit sozialpsychologischen Methoden durchzuführen", arbeitet die VHS Ostkreis Hannover (Krauss u.a. 1982; Wesely 1985). Lernziele der Kurse beziehen sich vor allem auf eine positive Veränderung der Persönlichkeit des Arbeitslosen, von der angenommen wird, daß durch längerfristige Arbeitslosigkeit das Selbstwertgefühl beeinträchtigt wurde. In der quasi-therapeutischen Selbsterfahrungsgruppe soll der Teilnehmer lernen, den subjektiven Problemdruck durch Arbeitslosigkeit besser zu bewältigen, mit den evtl. neu entstandenen Erwartungen im Hinblick auf Arbeit und Beruf "realitätstüchtig" umzugehen und Sozialtechniken zu trainieren, sich in Zukunft erfolgreich zu behaupten (vgl. Krauss u.a. 1982,41ff.). Die Dominanz des psychologisch persönlichkeitsorientierten Ansatzes zeigt sich auch in dem Vorgehen der wissenschaftlichen Begleitung. Sie arbeitet u.a. methodisch mit einem Persönlichkeitstest[1], der zu Beginn und am Ende des Kurses eingesetzt, den pädagogischen Erfolg der Maßnahme, sofern er sich in Veränderungen der Selbstwahrnehmung des Teilnehmers widerspiegelt, zu messen beabsichtigt (vgl. ebd., 64ff.). Unter Berücksichtigung der grundsätzlich positiven Zielsetzung, die individuelle Handlungsfähigkeit des einzelnen arbeitslosen Teilnehmers zu stärken, besteht in diesem sozialpsychologischen Ansatz die Gefahr der Verengung der Problemsicht Arbeitslosigkeit.

1 "Gießen-Test" von D. Beckmann/H.E. Richter

Noch schwerwiegender ist aber das offensichtlich nicht bedachte Problem, daß die Teilnehmer an 41a-Maßnahmen häufig nicht freiwillig in solche Kurse kommen.[1] Eine therapeutische Situation bedarf aber nicht nur aus Gründen der Wirksamkeit, sondern auch aus berufsethischen Gründen der Freiwilligkeit desjenigen, der sich in eine solche Situation begibt.

Unter dem anhaltenden Druck des Arbeitsmarkts, der die Wirkungslosigkeit der 41a-Kurse im Hinblick auf eine Verbesserung der Vermittlungsfähigkeit unmittelbar vor Augen führt, gehen offensichtlich immer mehr Bildungseinrichtungen dazu über, 41a-Kurse direkt auf weiterbildende Qualifizierungskurse zu orientieren. Hauptsächliche Inhalte sind dabei die allgemeine Verbesserung der Lernfähigkeit der Teilnehmer und evtl. ergänzende bildungs- und berufsorientierende Inhalte, wenn die Entscheidung für eine bestimmte Weiterbildung noch nicht getroffen ist (vgl. Dobischat 1985; Grau u.a. 1985).

Eine abschließende Bewertung der 41a-Kurse ergibt, daß sie trotz ihrer Festlegungen durch die Rahmenbedingungen des AFG Spielräume für die didaktische Gestaltung bieten. In größerem Maße als in qualifizierenden Kursen werden hier erwachsenengerechte und aktivierende methodische Ansätze in der Bildungsarbeit verfolgt. Die gebotenen Handlungsorientierungen sind aber, soweit sie sich nicht auf die Verbesserung der unmittelbaren Lebenssituation beziehen, beschränkt auf den Arbeitsmarkt bzw. auf berufliche Qualifizierung für diesen Arbeitsmarkt. Ansätze in Richtung auf gemeinschaftliche Formen von Selbsthilfe und Selbstorganisation konnten nicht ausgemacht werden. Das zentrale Problem dieser Maßnahmeart liegt aber in der Funktion, die sie für das Arbeitsamt zu erfüllen hat: 41a-Lehrgänge haben auch überwachende Funktion, und die Freiwilligkeit der Teilnahme ist erheblich eingeschränkt. Dieser Bedingungsrahmen von Kontrolle und Zwang behindert von vornherein die Möglichkeit verständigungsorientierter Lernprozesse; psychologisch-therapeutische Ansätze, die das Problem Arbeitslosigkeit unzulässig individualisieren, verstärken noch diesen Zwang.

---

1 Die Freiwilligkeit in 41a-Maßnahmen ist schon deswegen oft nicht gegeben, weil die Arbeitslosen gegenüber dem Arbeitsamt kaum plausible Gründe finden können, warum sie die Teilnahme an einer solchen kurzfristigen und berufsunspezifischen Maßnahme ablehnen.

4.4.2 Umschulung

Bei Umschulungen ist der Anteil der vorher arbeitslosen Teilnehmer überdurchschnittlich hoch; 76,6 % aller neu eingetretenen Umschulungsteilnehmer waren 1987 vorher arbeitslos gemeldet. Allerdings ist der Anteil der Teilnehmer in Umschulungen gemessen an der Gesamtzahl der Teilnehmer mit ca. 11 % relativ gering und überdies seit 1982 (16 %) kontinuierlich gesunken.[1] Frauen, Ausländer und Langzeitarbeitslose sind an Umschulungen nicht stärker beteiligt als an Weiterbildung insgesamt; nur die Personengruppe ohne abgeschlossene Berufsausbildung ist mit 48 % in Umschulungen deutlicher vertreten als im Durchschnitt.

Nach Berufsbereichen streben 23 % der Teilnehmer Abschlüsse im Bereich der Metall- und Elektroberufe an, während nur 12 % aus diesem Berufsfeld stammen. 25 % streben Organisations-, Verwaltungs- und Büroberufe an, nur 10 % kommen dagegen aus diesem Bereich. Die Zahlen zeigen eine deutliche Orientierung auf Arbeitsmarktbereiche mit vergleichsweise noch hoher Nachfrage nach Arbeitskräften, obwohl unter langfristiger Perspektive hier auch hohe, technologisch bedingte Rationalisierungsreserven liegen dürften. Andere Berufsbereiche wie Bauberufe, sog. grüne Berufe und soziale und haushaltsnahe Dienstleistungsberufe, die Träger sozialer und ökologischer Umbauprozesse sein könnten, haben dagegen im Hinblick auf die Schere zwischen Herkunfts- und Zielberufen stagnierende oder negative Wandlungstendenzen. Bei Umschulungen sind die Betriebe als Maßnahmeträger mit 22 % überdurchschnittlich stark vertreten.

Bei Umschulungen fallen weiter die hohen Abbruchquoten auf. Von den 1987 aus Umschulungen ausgetretenen Teilnehmer sind fast 32 % vorzeitig ausgeschieden, darunter nur 4,7 % wegen vorzeitiger Arbeitsaufnahme. Über weitere Ursachen geben die Statistiken der Bundesanstalt für Arbeit keine schlüssige Auskunft. 65,5 % erreichten das Schulungsziel, davon 29,3 % mit einem Abschluß in einem staatlich anerkannten Ausbildungsberuf, 26,4 % mit einer sonstigen Prüfung und 9,9 % ohne Prüfung. 2,7 % bestanden die Abschlußprüfung nicht.

---

1 Alle Zahlen entstammen der Teilnehmerstatistik in Bundesanstalt für Arbeit 1988 bzw. sind eigene Berechnungen nach dieser Statistik.

Es gibt nur wenige empirische Untersuchungen zum Bereich Umschulung, die zudem noch aus einer Zeit datieren, als sich die Arbeitsmarktlage noch weniger krisenhaft darstellte (vgl. Baethge u.a. 1976; Gummersbach 1976; Pintar 1978). Eine aktuellere Untersuchung wurde 1982 bis 1984 im nordbayerischen Raum von einer Projektgruppe an der Uni Bamberg durchgeführt (vgl. Faber 1985), die schon wegen der begrenzten Zahl der Untersuchungsfälle (7 Maßnahmen aus einer Region) eher explorativen Charakter hat. Sie gibt aber wesentliche Hinweise auf den problematischen "Alltag" ganz normaler Umschulungen, die vermutlich auch die hohen Abbruchquoten ursächlich mitbewirken. Mehr als die Hälfte der befragten Umschüler kamen aufgrund eigener persönlicher Überlegungen zu dem Schluß, an einer Umschulung teilzunehmen, verbunden auch mit gezielten Berufsvorstellungen. Aber nur ein knappes Drittel konnte eine Umschulung im gewünschten Beruf antreten. Fast alle Befragten beklagten, vom Arbeitsamt und von der Weiterbildungseinrichtung nicht ausreichend informiert worden zu sein. Nach ihren Umschulungserfahrungen befragt, äußert die Hälfte der Teilnehmer positive Gefühle im Hinblick auf die neue Möglichkeit des Lernens. Das Verhältnis zu den Ausbildern wird überwiegend mit dem Begriff "zurechtkommen" beschrieben. Diese eher "resignative" Zufriedenheit kennzeichnet auch die Beurteilung der räumlichen Gegebenheiten und das Verhältnis zur Lerngruppe. Die Ergebnisse der Beobachtung durch die Projektmitarbeiter, als weitere Erhebungsform dieser Untersuchung, zeigen dagegen oft unzureichende räumliche Bedingungen, Spannungen und Konflikte in der Lerngruppe und mit den Ausbildern und Dozenten. Es ist daher nicht verwunderlich, daß rund 40 % der Befragten schon an einen Abbruch gedacht hat. Zusammenfassend wird festgehalten: "Das mehr oder weniger deutlich erfahrene Stigma der Arbeitslosigkeit, die Enttäuschung im Hinblick auf früher eingenommene Positionen und die jetzige lebensmäßige Irritation, die oft geringe Nähe zum neuen Zielberuf und seinen Begleiterscheinungen und Ausbildungsanforderungen, die von Lebenslauf und Lebensalter bedingte Fähigkeit oder größere Belastung, wieder zum "Schüler" werden zu müssen, die Reduzierung bereits erworbener Erwachsenheit in dieser "Zwangslage", außerdem zahlreiche Spannungen zwischen den Angehörigen der Lerngruppe wie auch oft geringe Affinität gegenüber Dozenten oder Ausbildern, schließlich das zumeist belastende "Gepäck" aus Lebenslauf und derzeitiger Lebenssituation (vielfach mit Familie und Kindern, dazu Einschränkungen durch Abhängigkeiten wie Alkohol oder gesundheitliche Defizite) - dies alles gehört in eine, dabei immer noch unvollständige Beschreibung dieser als 'Ausnahmesituation' bezeichneten Realität, die Umschulung heißt." (ebd., 36f.)

Die Befragung der Dozenten und Ausbilder (überwiegend Berufsschullehrer und Handwerksmeister) ergab, daß 75 % von ihnen diese Tätigkeit nebenberuflich ausführen und keiner von ihnen erwachsenenpädagogisch vorgebildet war. Häufig wurde eine negative Einstellung zu den Umschülern geäußert mit Etikettierungen wie "faul" oder "unfähig", wie überhaupt fast alle Befragten Lernschwierigkeiten der Teilnehmer ausschließlich durch Merkmale der Teilnehmer (lange Lernabstinenz, Bildungsdefizite, Alter etc.) verursacht sahen. Überwiegend wurde die Form des Frontalunterrichts praktiziert, die fachliche Qualifizierung stand eindeutig im Vordergrund, bei Störungen im Unterricht reagierten die meisten mit autoritärer Disziplinierung.

Weitere Daten zur Umschulung lassen sich Berichten aus Modellversuchen entnehmen, die häufig wissenschaftlich begleitet, Erfahrungen aus Kursen und Lehrgängen dokumentieren, aufarbeiten und veröffentlichen. Modellversuche weichen allerdings auch von der Normalität ab, weil sie sich auf bestimmte Zielgruppen beziehen und i.d.R. auch besser ausgestattet sind. Trotz dieser besonderen Bedingungen lassen sie m.E. Rückschlüsse auf die Probleme und Defizite der "Regelmaßnahmen" in der Umschulung zu. Im folgenden beziehe ich mich auf die Modellversuchsreihe zur Qualifizierung von Erwachsenen, die keine abgeschlossene Berufsausbildung haben und ein besonderes Arbeitsmarktrisiko tragen, die unter der fachlichen Betreuung des BIBB und gefördert vom BMBW seit 1984 von 12 Trägern mit unterschiedlichen Zielgruppen im gesamten Bundesgebiet durchgeführt wird.[1] Ziel der Modellversuchsreihe ist es, solche Personen für Umschulungen zu gewinnen, die wegen schulischer und beruflicher Benachteiligungen, wegen Alter, Geschlecht, Nationalität oder wegen längerfristiger Arbeitslosigkeit ein besonderes Arbeitsmarktrisiko tragen und auch bisher in der Weiterbildung aus

---

1 Alle Projekte werden wissenschaftlich begleitet, die Pädagogische Arbeitsstelle des DVV entwickelt und erprobt im Rahmen des Modellversuchs Handreichungen und ein Fortbildungskonzept für die Lehrkräfte und Projektleiter; vgl. Djafari/Kade, Praxishilfen für die Umschulung, Heft 1-5

gleichen Gründen benachteiligt waren. Durch verbesserte berufliche Qualifikation sollen ihre Chancen der Eingliederung in das Beschäftigungssystem erhöht werden. Die Modellversuchsreihe geht davon aus, daß im Rahmen der Regelmaßnahmen des AFG diese Zielgruppen nicht ausreichend gefördert werden, daher sollen organisatorische und finanzielle Verbesserungen der Rahmenbedingungen und eine verbesserte erwachsenenpädagogische und didaktische Qualität der Lehrgänge die Erfolgsaussichten der Zielgruppe im Hinblick auf einen erfolgreichen Abschluß der Umschulung gewährleisten.
Ein wesentliches Element aller Modellversuchskonzeptionen ist ein der eigentlichen Umschulung vorgeschalteter Vorbereitungs- und Orientierungsabschnitt von 3-6 monatiger Dauer. Ziele dieser Vorförderung sind:

- "Lernvoraussetzungen zu verbessern und an systematisches Lernen heranzuführen
- unterschiedliche Lernniveaus der erwachsenen Teilnehmer in der Gruppe auszugleichen
- Selbstfindungs- und Gruppenfindungsprozesse voranzutreiben
- eine Berufswahl- und Umschulungsentscheidung zu ermöglichen
- berufsspezifische Eignung und Neigung zu erproben
- direkte Handlungshilfen bei der Umstellung im Alltag zu geben" (Djafari/Kade, Heft 2, 1987,10).

Je nach Modellversuch unterschiedlich gewichtet, besteht das Lernangebot der Vorförderung aus vier Elementen: Stützkurse in Deutsch und Mathematik, Orientierungshilfen bei persönlichen und berufsbezogenen Problemen, Fachpraxis und Fachtheorie (vgl. ebd.). Die Vorförderungskurse unterscheiden sich nicht zuletzt durch die Vorgaben des eigentlichen Umschulungslehrgangs. In solchen Kursen, wo der Umschulungsberuf vorgegeben oder eine Wahl allenfalls noch zwischen zwei oder drei Ausbildungsvarianten in einem Berufsfeld möglich ist, hat die Vorförderung mehr den Charakter einer direkten Umschulungsvorbereitung, während bei den Modellprojekten, wo der Bildungsträger nur die Vorförderung und begleitende Angebote trägt, die Umschulungen selbst aber mit einem breiten Berufsspektrum bei verschiedenen Betrieben durchgeführt werden, die Vorförderung mehr den Charakter von Berufsorientierung und Berufserkundung hat. In einigen Modellversuchen war nach der Vorförderung eine Beurteilung im Hinblick auf eine weitere Teilnahme an der Umschulung vorgesehen oder die Zahl der

Umschulungsplätze lag von vornherein unter der Zahl der Teilnehmer an der Vorförderung.[1] So entsteht leicht der Eindruck, daß in der Vorförderung nicht nur Förderung, sondern auch Selektion stattfindet. Problematisch ist der Abbruch einer Umschulung nach oder während der Vorförderung auch dann, wenn notwendige Beratungen und Informationen, z.B. über die Höhe des Unterhaltsgeldes, vor Beginn gefehlt haben, weil Teilnehmer auch in dieser Phase den Abbruch als persönliches Scheitern erleben können, der ohne Not nicht in Kauf genommen werden darf.

Alle Kurse der Modellversuchsreihe verfügen über Möglichkeiten, sozialpädagogische Arbeit zu leisten, i.d.R. durch Beschäftigung eines Sozialpädagogen. Zum Aufgabenspektrum dieses Bereichs gehört u.a.:

- "die Förderung der Lern- und Leistungsmotivation,
- die Verbesserung des Lernklimas,
- die Beobachtung und Steuerung gruppendynamischer Prozesse,
- die Stabilisierung im psycho-sozialen Bereich,
- die Vorbereitung auf die Anforderungen des Ausbildungsalltags,
- die Vermittlung von Lernkompetenzen,
- die Bearbeitung von Konflikten und Erarbeitung sozialer Kompetenzen im Rahmen des Unterrichtes,
- die Durchführung von Unterricht, z.B. Wirtschafts- und Sozialkunde,
- Förderunterricht als Einzel- oder Gruppenangebot,
- Beratung oder Hilfestellung bei finanziellen, rechtlichen, familiären Schwierigkeiten,
- die Regelung von Angelegenheiten mit Behörden (Arbeitsamt, Sozialamt etc.),
- die Organisation und Durchführung von Freizeitangeboten,
- die Vorbereitung auf die Stellensuche (Bewerbungstraining, Öffentlichkeitsarbeit),
- die Nachbetreuung während der Arbeitslosigkeit und Einarbeitung." (Dickert-Laub/Rose 1985,116)

1 In einem Kurs hätten 4 Teilnehmer nach entsprechend aufgestellten Leistungskriterien nicht übernommen werden können, wurden dennoch bewußt integriert, und 3 dieser Teilnehmer bestanden erfolgreich die Abschlußprüfung; vgl. Federwisch 1987b,11. In einem anderen Kurs erkämpften sich die Teilnehmerinnen die Zusage, trotz begrenzter Umschulungsplätze alle in den Hauptkurs übernommen zu werden; vgl. Niehoff 1987,23.

Je nach Konzept kann die sozialpädagogische Arbeit in einer Umschulung sehr unterschiedlich aussehen.[1] Beim Konzept der sozialpädagogischen Begleitung nimmt der Sozialpädagoge überwiegend allein die obengenannten Aufgaben wahr, die additiv zu der Vermittlung der fachspezifischen Inhalte hinzukommen. Das Konzept der sozialpädagogischen Orientierung verpflichtet alle beteiligten Ausbilder und Lehrer zur Berücksichtigung sozialpädagogischer Gesichtspunkte bei der Planung und Durchführung des Unterrichts; der Sozialpädagoge übernimmt Vermittlungsfunktionen. Bei der integrierten Sozialpädagogik nimmt der Sozialpädagoge mit Doppelqualifikationen auch Ausbildungsfunktionen wahr und die Ausbilder mit sozialpädagogischen Zusatzqualifikationen leisten Beratungs- und Betreuungsaufgaben.[2]
Die vorliegenden Berichte aus den Modellversuchen gehen von einer hohen Wirksamkeit sozialpädagogischer Arbeit im Hinblick auf den erfolgreichen Abschluß der Umschulungen aus. Auf der anderen Seite fehlen kritische Reflexionen über die Ambivalenz sozialpädagogischer Arbeit, die trotz der unbestreitbaren Bedeutung für die Zielgruppen des Modellversuchs immer auch eine Stigmatisierung der lernenden Umschüler als Lernungewohnte, Defizitgruppe etc. bedeutet (vgl. Dobischat/Voigt 1987). Nicht zuletzt aus der Definition der Berufsrolle des Sozialpädagogen scheint es vonnöten, den Umschülern ein entsprechendes Etikett "anzuhängen", während es m.E. auch möglich wäre, ausreichend erwachsenenpädagogisch qualifizierte Lehrkräfte in ausreichender Zahl in solchen Kursen einzusetzen. Für einen Erwachsenenpädagogen sollte es selbstverständlich sein, daß er in der Erwachsenenbildung auf Lerngruppen trifft, die i.d.R. im Hinblick auf Lernvoraussetzungen, Lebensumstände, soziale Herkunft, kulturelle Milieus, Alter etc. heterogen zusammengesetzt sind. Je nach Lerngruppe und Teilnehmervoraussetzungen wird seine professionelle Kompetenz u.U. anders oder auch stärker beansprucht, ohne daß er den Einsatz dieser

---

1 vgl. zur folgenden Unterscheidung Djafari/Kade 1987, Heft 3, 8f.

2 Ein Beispiel für eine integrierte Sozialpädagogik ist der Ansatz in einem Modellversuchslehrgang des Arbeitslosenbildungswerk Hamburg. Drei Bereich werden hier genannt:
- Einsatz von Fach- und Kursberatern mit Doppelqualifikation als Berater, Betreuer und Lernprozeßbegleiter
- umfassende Gestaltung des Unterrichts nach pädagogischen Kriterien
- institutionalisierte Reflexion des Ausbildungsgeschehens durch alle Lehrkräfte, regelmäßige Mitarbeiterfortbildung (vgl. Esser-Krapp 1988,6f.)

Kompetenz durch eine Bewertung und Ausgrenzung der Teilnehmergruppe legitimieren müßte.
Alle diese Modellversuche werden wissenschaftlich begleitet. Erklärtes Ziel der Arbeit der wissenschaftlichen Begleitung ist auch, einen Beitrag zur Arbeitslosenforschung zu leisten. Diese Forschung versteht sich dabei "weniger als versuchsbegleitende, sondern stärker als versuchsstützende Forschung. Das Forschungsinteresse liegt dabei einmal im Bereich einer Differenzierung von Typologisierungen bei der Bewältigung von Arbeitslosigkeit in unterschiedlichen Personengruppen wie ältere Arbeitslose, Frauen nach der Familienphase, Ausländer oder insgesamt formal nicht Qualifizierte. Zum anderen gehen - mit jeweils unterschiedlichen methodischen Akzentuierungen - die Ergebnisse der wissenschaftlichen Begleitungen in die pädagogische und inhaltliche Gestaltung des Modellversuchs wie der Arbeit des Lehrkräfte-Teams zurück" (Markert 1988,2). Eine differenzierte Analyse der Lebenssituation und Arbeitsbedingungen der Zielgruppe und ihrer strukturellen Benachteiligungen soll u.a. verhindern, daß die Modellversuche zu einer nur bei individuellen Defiziten ansetzenden "Benachteiligten"-Pädagogik werden (vgl. ebd.).
Mehr als die Hälfte der Modellversuche sind Kurse und Lehrgänge für Frauen. Der Ansatz der wissenschaftlichen Begleitung wie auch die übergeordnete Perspektive der Modellversuchsreihe läßt sich am Beispiel der Frauenprojekte gut darstellen. Mehr oder weniger typisch für viele Frauen - schon von daher verbietet sich die Stilisierung zu einer Randgruppe - ist eine eher rigide, traditionelle, geschlechtsspezifische Erziehung, Einschränkungen bei der Berufswahl (wenn überhaupt eine Berufsausbildung gemacht werden konnte), wechselnde ungeschützte Arbeitsverhältnisse, problematische Partnerschaften oder mit/ohne Kinder alleinstehend lebend. Die Tatsache der Arbeitslosigkeit und die fehlende Perspektive auf dem Arbeitsmarkt ist oft nur ein letzter Punkt in einer krisenhaften persönlichen oder beruflichen Biographie, die als überwiegend fremdbestimmt erfahren wurde und damit auch Selbstwertgefühl und Bewußtsein eigener Fähigkeiten verkümmern ließ.[1] Die pädagogischen und didaktischen Ansätze gehen nun davon aus, daß eine erfolgreiche Bewältigung der Umschulung die produktive Auseinander-

1 vgl. die Beiträge von Weindel, Axhausen und Keicher in Markert/Zimmer 1988

setzung mit dieser Lebensgeschichte voraussetzt. Ziel dieser Auseinandersetzung sollte es aber nicht sein, daß Frauen sich trotz Fremdbestimmung und Abhängigkeit als persönliche Opfer gesellschaftlicher Problemlagen betrachten. Die Hypothesen der wissenschaftlichen Begleitungen gehen vielmehr davon aus, daß die Bewältigung vorgängiger und gegenwärtiger Lebenssituationen erst gelingt, wenn die Frauen lernen, "ihr Leben überhaupt als planbares und von den eigenen Entschlüssen und Entscheidungen abhängiges zu sehen" (Axhausen/Dorn 1988,28). Der Aufbau einer stabilen Berufsorientierung und die Stärkung des Selbstwertgefühls u.a. durch die Bewußtmachung der eigenen Fähigkeiten aus typisch weiblichen "Arbeitsbiographien" werden als wesentliche Elemente in der Umsetzung einer zielgerichteten Lebensplanung gesehen.

Die Konzepte gehen alle mehr oder weniger davon aus, daß für die Zielgruppe der Modellversuchsreihe die Umschulung nur dann erfolgreich sein kann bzw. die Teilnehmer die Anforderungen des Lernens nur dann bewältigen, wenn sie entweder schon einen relativ stabilen Motivationskomplex im Hinblick auf das Umschulungsziel und eine berufsbezogene Zukunft haben oder diesen im Verlauf der Umschulung wiedergewinnen. Die Ansätze, identitätsstützende und persönlichkeitsfördernde Bildungs- und Lernprozesse in die Umschulung zu integrieren, basieren sehr stark auf der angestrebten Identifikation mit dem zu erlernenden Beruf. Sehr deutlich wird dies in Berichten aus einem Umschulungslehrgang in Metallberufen. Die Identifikation mit dem angestrebten Beruf wurde "zum Leitbild der Stabilisierung auch der persönlichen Lebensverhältnisse. Mit der positiven Antizipation des angestrebten Facharbeiter-Berufsbildes, überwiegend im schlosserischen Bereich, und basierend auf der Hoffnung, die erworbenen handwerklichen Fertigkeiten auch umsetzen zu können, wurde eine Persönlichkeitsstabilisierung erreicht" (Markert 1988,9; vgl. auch Peters 1987 und 1988).

Nur an wenigen Stellen in den Berichten der wissenschaftlichen Begleitungen wird auf die Ambivalenz dieser Strategie verwiesen. Die Tendenz zur Entberuflichung der Arbeit, die ständigen Veränderungsprozesse der beruflichen Anforderungsstrukturen im Beschäftigungssystem, die Entwertung handwerklicher Qualifikationen in computergesteuerten Produktionsstätten führen dazu, daß "der Beruf neben seinen Sicherheitsversprechen auch seine biographische und identitätsstützende Leit- und Führungsfunktion weitgehend einbüßt" (Keicher 1988,16). Gefordert wird daher mehr persönliche Distanz zum Beruf und die Vermittlung von Schlüsselqualifikationen, um auch bei weiteren, absehbaren berufsbiographischen Krisen beruflich handlungsfähig zu bleiben (vgl. ebd., 18).[1]

Über den Erfolg der Modellversuche hinsichtlich Prüfungsabschluß und Arbeitsvermittlung liegen erst wenige Ergebnisse vor, da die meisten Modellversuchslehrgänge noch nicht abgeschlossen sind. Es ist schwer zu beurteilen, ob Zahlen wie 49 erfolgreiche Absolventen bei 76 Teilnehmern am Anfang bzw. 13 von 32 unter Berücksichtigung der mit vielen Schwierigkeiten kämpfenden Teilnehmer und angesichts der hohen Anforderungen in einer Umschulung als Erfolg zu bewerten sind (vgl. zu den Zahlen Federwisch 1987a, 1988; Peters 1988). Es ist aber m.E. auch eine berufsethisch notwendige Frage, ob genügend berücksichtigt wurde, welche möglicherweise zusätzlichen Problemlagen bei den Abbrechern und erfolglosen Prüfungsteilnehmern ausgelöst wurden und ob die auch nach erfolgreichen Umschulungsprüfungen nach wie vor schwierige Situation der langfristig arbeitslosen Teilnehmer auf dem Arbeitsmarkt (vgl. Kap. 4.2) die hohen individuellen Anstrengungen einer Umschulung rechtfertigt.

Die Modellversuchsreihe ging u.a. von der Feststellung aus, daß die Regelförderung des AFG für diese Zielgruppen nicht ausreicht, um eine volle berufliche Qualifikation zu erreichen. Deswegen wurden als ein erstes Zwischenergebnis Empfehlungen zu einem Rahmenmodell für Regelmaßnahmen entwickelt (vgl. Klein u.a. 1988):

- Die Qualifizierungsphase soll 24 Monate und zusätzlich 6 Monate Vorbereitungs- und 6 Monate Nachbetreuungszeit umfassen.
- Für die gesamte Zeit ist eine sozialpädagog. Begleitung notwendig.

---

1 In einem Bericht aus einem anderen Modellversuch formuliert eine Wissenschaftlerin diese Ambivalenzen persönlich: "Ich persönlich befinde mich in dem Widerspruch zu sehen, daß es die derzeit einzige, wenn auch geringe Chance für die Zielgruppe ist, ihre Lebensbedingungen langfristig zu verbessern. Andererseits bedeutet die Anpassung an die Strukturen der Berufsarbeit für Frauen keinen Ausweg aus dem Dilemma. Langfristig gesehen ist für mich die Durchsetzung der Forderung nach einer strukturellen Veränderung der Berufsarbeit, die bessere Vereinbarungsmöglichkeiten von Beruf und Familie für Frauen und Männer beinhaltet, das Ziel, will man nicht die Widersprüchlichkeiten in der paradoxen Handlungsaufforderung gipfeln lassen: 'Du hast keine Chance - nutze sie'"; Weindel 1988a,76

- Die Lehrkräfte müssen erwachsenenpädagogisch und didaktisch methodisch ausreichend qualifiziert sein.
- Theorie und Praxis müssen in der Ausbildung soweit als möglich verzahnt werden und die Teilnehmer-Ausbilder-Relation soll 1:15 nicht übersteigen.
- Die materielle Situation der Teilnehmer muß verbessert werden; alle sollten mindestens 1200,- DM Unterhaltsgeld erhalten.

Trotz dieser unbestreitbar notwendigen Rahmenbedingungen für die berufliche Qualifizierung, stellt sich die Frage, ob angesichts der hohen Anforderungen und der nach wie vor schwierigen Arbeitsmarktlage nicht auch Alternativen zur beruflichen Qualifizierung sinnvoll und notwendig sind. Möglichkeiten liegen m.E. in einer öffentlich finanzierten Beschäftigung, die ausreichend Einkommen garantiert und prinzipiell in gleichem Maße positive Auswirkungen im Hinblick auf Persönlichkeitsstabilisierung und Verbesserung der Handlungskompetenz haben kann. In einem solchen Rahmen könnte auch eine abschlußbezogene berufliche Qualifizierung langfristig vorbereitet werden.

4.4.3 Berufsbezogene Fortbildung

Die Fortbildungsangebote sind gemessen an der Zahl der Neueintritte in Weiterbildung der umfangreichste Teil der AFG-geförderten Weiterbildung.[1] 1987 traten 70,4 % aller Teilnehmer in Fortbildungslehrgänge ein, davon waren 54 % vorher arbeitslos. Innerhalb der Fortbildung dominiert die Anpassungsfortbildung mit 69 % gegenüber der Aufstiegsfortbildung, die nur 27 % umfaßt.[2] Extrem unterschiedlich ist die Beteiligung vorher arbeitsloser Teilnehmer. Bei der Anpassungsfortbildung betrug diese Quote 1987 70 %, bei der Aufstiegsfortbildung dagegen nur 16,7 %. Entsprechend ist auch der Anteil von Auftragsmaßnahmen und Vollzeitangeboten im Bereich der Anpassungsfortbildung deutlich höher. Ursachen für diese Unterschiede liegen in den

---

1 Alle folgenden Zahlen vgl. Bundesanstalt für Arbeit 1988

2 Der Rest sind Vorbereitungslehrgänge zum Nachholen beruflicher Abschlüsse und zur Ausbildereignungsprüfung.

Bestimmungen des AFG bzw. der Anordnung F u. U, nach denen Aufstiegsfortbildung als arbeitsmarktpolitisch zweckmäßig betrachtet wird, während für Arbeitslose i.d.R. nur die Anpassungsfortbildung als arbeitsmarktpolitisch notwendig eingestuft wird und je nach dieser Einschätzung auch die Förderung (Übernahme der Teilnahmegebühren, Unterhaltsgeld) variiert. Die Anpassungsfortbildung wird in der Statistik der Bundesanstalt nicht weiter differenziert, an der Aufstiegsfortbildung sind mit 53 % der Teilnehmer die Vorbereitungslehrgänge zur Meisterprüfung und zur Prüfung zum staatlich anerkannten Techniker bzw. Betriebswirt beteiligt. Generell läßt sich sagen, daß die Aufstiegsfortbildung überwiegend mit staatlichen oder öffentlich anerkannten Prüfungen abschließt, während dies bei der Anpassungsfortbildung eher eine Ausnahme darstellt.

In einer allerdings nicht nach Fortbildungsarten differenzierten Übersicht über die Ergebnisse der Fortbildung 1987 ergaben sich folgende Zahlen: 34,5 % schlossen die Fortbildung ohne Prüfung ab, 30,1 % mit einer sonstigen Prüfung und 16,5 % mit einer staatlich anerkannten Prüfung, wobei unter sonstige Prüfung jedes beliebige einrichtungsspezifische Zertifikat fallen kann. Fast 20 % erreichten überwiegend wegen vorzeitigem Abbruch das Schulungsziel nicht.

Hinsichtlich der Berufsschwerpunkte und der Verschiebungen zwischen den Berufsbereichen zeigen sich bei der Fortbildung ähnliche Tendenzen wie bei der Umschulung. 31 % aller Teilnehmer, die 1987 begannen, waren auf Organisations-, Verwaltungs- und Büroberufe orientiert, 20 % auf Metall- und Elektroberufe und 11 % strebten Berufe im technischen Bereich an. In diesem Berufsbereich zeigen sich Verschiebungen zwischen Herkunftsberuf (4,3 %) und Zielberuf (11,3 %) besonders deutlich.

Typische Lehrgänge der Anpassungsfortbildung im kaufmännischen Berufsfeld sind Kurse für Kaufleute zur Weiterqualifizierung in Datenverarbeitung und Bürokommunikation. Ein Beispiel ist der Lehrgang Informationsverarbeitung für Kaufmännische Sachbearbeiter/-innen der Deutschen Angestellten-Akademie, der als Modellversuch mit Unterstützung des BIBB von 1984 bis 1987 entwickelt und erprobt

wurde.[1] Der Lehrgang umfaßt 1300 Unterrichtsstunden und dauert 8 Monate. Das Lehrgangskonzept geht von der Annahme aus, daß durch die Dezentralisierung der EDV heute größere Anforderungen an die selbständige Handhabung der EDV durch den Kaufmännischen Sachbearbeiter gestellt werden. Dies erfordert dynamische Qualifikationen wie "Flexibilität, Eigenständigkeit, Durchsetzungsvermögen, Kooperationsfähigkeit, problemlösendes Denken und Abstraktionsfähigkeit" und den "Abbau affektiver Barrieren gegenüber der Verwendung moderner Bürotechnologien" (ebd., 15 und 18); auf der fachlichen Seite sind Betriebssystemkenntnisse und Kenntnisse der Logik der Programmierung ebenso erforderlich wie gute Schreibmaschinenkenntnisse. Überwiegender Teil der Inhalte ist aber neben der Wiederholung kaufmännischer Ausbildungsinhalte die Schulung in der Handhabung gängiger Anwenderprogramme. Inhalte, die den Einsatz der EDV und ihre Folgen kritisch betrachten, fehlen fast völlig. Durch Kleingruppenarbeit, Unterrichtsprojekte und Rollenspiele werden erwachsenengerechte Methoden eingesetzt.
Typische Lehrgänge im technisch-gewerblichen Bereich sind Fortbildungen für Arbeitslose aus Metall- und Elektroberufen, deren Qualifikationen an die Erfordernisse durch den Einsatz Neuer Technologien angepaßt werden sollen. Je nach Berufsbereich und Tätigkeitsfeld sind dies z.B. CNC-Steuerung und andere Steuerungsverfahren, Automatisierungstechnik, Mikrocomputertechnik, Elektronik allgemein, computergestütztes Zeichnen und Entwerfen. Angesichts der großen Bedeutung, die die Neuen Technologien in der beruflichen Weiterbildung für Arbeitslose spielen, scheinen kritische Anfragen wie diese von Mertens (1984,442) mehr als angebracht. Er formuliert im Hinblick auf solche Kurse: "Gerade diejenigen, die am meisten empfohlen werden, scheinen den Keim zur Selbstaufhebung in sich zu tragen, wegen ihrer großen Bedeutung für die Wegrationalisierung von Arbeitsplätzen - Programmieren, Mikroelektronik, wie lange hat so etwas noch 'Zukunft', oder beschleunigt man nur die Entwicklung zum reinen Knopfdrucksystem?". Die Frage ist, welche anderen Ansätze außer den der noch stärker und offensichtlicher Aufbewahrungsfunktionen erfüllenden Trainingsmaßnah-

1 vgl. Abschlußbericht der Deutschen Angestellten-Akademie e.V., Informationsverarbeitung für Kaufmännische Sachbearbeiter/innen

men in Übungsfirmen und Übungswerkstätten im Bereich der Anpassungsfortbildung entwickelt wurden. Ein Beispiel sind die Kompaktkurse für junge Arbeitslose mit Berufsabschluß, die im Rahmen eines Modellprojekts der pädagogischen Arbeitsstelle des DVV entwickelt wurden. Ziel ist, arbeitsmarktbezogen und abschlußorientiert (VHS-Zertifikate) Zusatzqualifikationen im jeweiligen Berufsfeld der Adressaten zu vermitteln. In der Konzeption wurden allerdings auch darüber hinausgehende Perspektiven verfolgt. "Die Rahmenkonzeption, in der die Vermittlung von sowohl arbeits- als auch lebensweltbezogenen Qualifikationen als Kursziele genannt wurden, versuchte diesen Ansprüchen sowohl durch die inhaltliche als auch durch die strukturelle Ausgestaltung der Kurse gerecht zu werden. Aufgabe war nicht nur die erwachsenengerechte Vermittlung der abschlußbezogenen Inhalte (u.a. Zertifikate) in einer teilnehmeradäquaten Verbindung von Theorie und Praxis, die einen ständigen Rückbezug zwischen der praktischen Arbeit und der daraus deutlich werdenden Notwendigkeit, sich die entsprechenden theoretischen Grundlagen zu erwerben, ermöglichte. Darüber hinaus sollte vor allem durch Formen professioneller Projektarbeit versucht werden, an den erstberuflich erworbenen Kompetenzen und Fertigkeiten anzusetzen. Arbeitsgruppen, die ihre Schwerpunkte im kreativ-musischen Bereich hatten und die Einrichtung regelmäßiger Plena, die sowohl der Diskussion der Arbeitsschritte und -ergebnisse als auch der Gruppensituation dienten, sowie die Einbeziehung von Unterrichtsteilen, die eher der allgemeinen und der politischen Bildung zuzuordnen sind, ermöglichten es den Teilnehmern, ihre Interessen und Bedürfnisse einzubringen und sich gemeinsam über Zielsetzungen zu verständigen." (Reutter o.J.,15)
Ein in diesem Rahmen realisiertes Projekt an der VHS Leer, das allerdings aus vielen Gründen für die Kompaktkurse nicht repräsentativ ist, konnte diese Ansprüche weitgehend realisieren. Die jungen arbeitslosen Metallfacharbeiter erwarben in dem 10-monatigen Kurs die VHS-Zertifikate Elektrotechnik und Elektronik und konnten gleichzeitig im Rahmen von Projekten ihre erstberuflichen und neu erworbenen Kenntnisse und Fertigkeiten praktisch anwenden. Planung, Durchführung und Bewertung der einzelnen Projekte (Bau einer Windkraftanlage, einer Luft-Wasser-Wärmepumpe und einer Wärme-Kraft-Koppelungsanlage) war Aufgabe der Teilnehmer, die dabei von Projektkursleitern beraten

wurden. Das Projektlernen und -arbeiten stellte an die Teilnehmer hohe Anforderungen an Selbstorganisation, Eigenverantwortlichkeit und Kooperation in der Gruppe, was - so läßt sich den Teilnehmeräußerungen entnehmen - von ihnen sehr positiv beurteilt wurde (vgl. Reutter 1987,49).

Ein weiteres Beispiel sind die Fortbildungsangebote des Entwicklungszentrums Dortmund (EWZ)[1] im Bereich Umweltschutz, Umwelttechnik und Umweltberatung.[2] Der Kurs "Umweltschonendes Bauen" wurde als 10-monatiger Vollzeitlehrgang für Arbeitslose aus Bauberufen 1987/88 erstmals durchgeführt. Zugrunde lagen Überlegungen, daß die erwartete Zunahme der Nachfrage nach umweltfreundlichen und ökologischen Bauverfahren eine verstärkte Nachfrage nach entsprechend qualifizierten Bauhandwerkern nachsichziehen würde. Die Inhalte des Lehrgangs: Grundlagen der Baubiologie, Wärme- und Schallschutz, Holzverarbeitung, Anstriche, Baustoffe, Raumklima und Heizung sowie Baurecht wurden soweit als möglich im Rahmen von Projekten (Umbau eines früher industriell genutzten Gebäudes, Wintergartenbau, Bau und Einbau einer Solarenergieanlage) erarbeitet, die Theorie und Praxis integrieren und selbständiges und kooperatives Handeln der Teilnehmer fördern und ermöglichen. Eine sechswöchige Einweisung in die Bereiche Mauern, Putzen, Fliesenlegen, Estriche, Holzbearbeitung und Lehmbau für alle Teilnehmer fand im Ausbildungszentrum Bau der Handwerksinnung statt und sollte die Teilnehmer befähigen, später kleinere Arbeiten aus benachbarten Handwerksbereichen selbst durchführen zu können, wenn diese im Rahmen von Modernisierungs-, Umbau- und Sanierungsaufträgen anfallen.[3] Ein zweimonatiges Praktikum war ein weiterer Teil des Lehrgangs.

Ein anderes Angebot richtet sich an arbeitslose Verkäuferinnen, die als Umweltfachkraft im Einzelhandel fortgebildet werden. Der 10-monatige Lehrgang, der mit 20 bis 25 Wochenstunden den Anforderungen von

---

1 Das EWZ wurde 1985 von Gewerkschaften, Stadt Dortmund, Arbeitslosenzentrum und Kirchen als Projekt der Beschäftigungs- und Regionalentwicklung gegründet. Aufgabenbereiche sind neben Fortbildung die umweltverträgliche Produkt- und Verfahrensentwicklung und die Planung und Beratung zur Erschließung ökologischer Arbeitsfelder.

2 vgl. Greiwe/Peschel 1988 und 1989

3 Entsprechend breite Qualifikationen sind auch für Eigenarbeit und Aufträge aus dem nachbarschaftlichen Umfeld nutzbar und sinnvoll.

Frauen mit Kindern besonders Rechnung trägt, vermittelt spezielle Kenntnisse in ökologisch orientierter Warenkunde, Informationen über Arbeits- und Tätigkeitsfelder von Umweltfachkräften, allgemeinbildende gesellschaftsbezogene Inhalte wie erfahrungsorientierte, auf die Zielgruppe der arbeitslosen Frauen bezogene Inhalte.
Zukünftig wird das EWZ den Bereich umweltschonendes Bauen in einzelnen Bausteinen als Fortbildung für spezielle Zielgruppen des Bauhandwerks anbieten und zusätzlich ein Angebot zur Fortbildung als Umweltfachkraft im öffentlichen und privaten Dienstleistungsbereich machen.
Das EWZ bietet als Einrichtung beruflicher Weiterbildung, das diesen Bereich in sein umfassendes Aufgabenfeld integriert hat und zudem als Einrichtung Teil eines Gewerbehofs ist, besondere Möglichkeiten, da die Teilnehmer während der Fortbildung notwendige und sinnvolle Bauarbeiten erledigen können und größere Möglichkeiten der Übernahme in Beschäftigung bei den benachbarten Betrieben und Einrichtungen bestehen. Das Modell EWZ hat m.E. wegen der inhaltlichen Ausrichtung seiner Angebote und wegen der Integration der Weiterbildung in Regionalentwicklungs- und Beschäftigungsprojekte eine besondere zukunftsweisende Bedeutung.
Ein weiterer Fortbildungsbereich sind die Fortbildungskurse für arbeitslose Akademiker. Der inhaltliche Schwerpunkt der Fortbildungen für diese Zielgruppe unterscheidet sich quantitativ kaum von den Fortbildungen allgemein. Nach einer Untersuchung von Hofbauer (1985), die sich auf das 1. Halbjahr 1984 bezieht, begannen 27 % aller arbeitslosen Jungakademiker (unter 35 Jahre) eine Weiterbildung im Berufsfeld Datenverarbeitungsfachleute, gefolgt von Ingenieurberufen (17 %) und Bürofachkräften (11 %). Nach Ausbildungsfachrichtungen (Fachhochschul- oder Hochschulabschlüsse) sind auch Ingenieure mit 26 %, gefolgt von Wirtschafts- und Sozialwissenschaftlern mit 16 % im Vergleich zu ihrem Anteil an der Gesamtzahl der arbeitslosen Akademiker überdurchschnittlich vertreten (Ingenieure 14 %, Wirtschafts- und Sozialwissenschaftler 12 %). Unterdurchschnittlich vertreten sind sozialpflegerische Berufe (4 % zu 11 %) und Künstler und Geisteswissenschaftler (7 % zu 11 %).
Quantitativ vergleichsweise geringe Bedeutung haben Fortbildungen in Richtung Umweltberatung/Fachkraft für Umweltschutz. Die Angebote

richten sich überwiegend an Hochschulabsolventen naturwissenschaftlich-technischer Fachrichtungen und unterscheiden sich sehr stark im Hinblick auf Dauer, Inhalte und angestrebte Tätigkeitsfelder.[1] In der Regel ist eine Förderung nach dem AFG möglich. Die Mitarbeiter des Wissenschaftsladens Bonn äußern sich sehr kritisch, ob in allen Fällen die Angebote ausreichend geplant sind, ob die zum Teil privaten Anbieter durch ausgearbeitete Curricula, qualifizierte Ausbilder und geeignete Räume die notwendige Qualität der Angebote gewährleisten können (vgl. ebd., 34f.). Kritisch angemerkt wird weiterhin, daß die Umweltberater fast alle - auch im kommunalen Bereich - als Arbeitsbeschaffungsmaßnahmen finanziert werden.
Auch Fortbildungskurse und Lehrgänge im Bereich soziale und kulturelle Dienstleistungen in neuartigen Tätigkeitsfeldern knüpfen häufig an ein schon absolviertes Fachhochschul- oder Hochschulstudium an. Ein Beispiel ist hier das Angebot der VHS Bremen, das in Kooperation mit Bremer Hochschulen entwickelt wurde:

- Fortbildung in Sozialmanagement
- Weiterbildung zur Fachkraft für psychosoziale Gerontologie
- Weiterbildung zum Suchtberater
- Weiterbildung: Therapeut/in für sexuelle Delinquenz und sexuelle Störungen
- Weiterbildung zur Fachkraft in der Rehabilitation und Behindertenhilfe
- Weiterbildung zur Fachkraft für kommunale Gesundheitsförderung
- Weiterbildung zum Kulturanimateur/-pädagogen

Die Lehrgänge dauern zwischen 6 und 24 Monate, wobei längere Praktika vorgesehen sind. Die VHS verfolgt die Absicht, "durch die Schaffung neuartiger Qualifikationen Einfluß auf die Bedarfsdynamik des Arbeitsmarkts zu nehmen. Im Hinblick auf die potentiellen Arbeitgeber als Beschäftigungsträger gilt dabei für uns das Prinzip, durch umfangreiche und angeleitete Praktika zu gewährleisten, daß die Absolventen der Lehrgänge das gesamte Tätigkeitsfeld kennenlernen können. Nur in Verbindung mit dieser Ausbildung zum Praktiker erhält

1 vgl. Wissenschaftsladen Bonn e.V. (Hrsg.), Leitfragen Umweltberatung, Allgemeine Informationen und kritische Anmerkungen zur Ausbildung von Umweltberatern, Bonn 1988

die kompakte Schulung der entsprechenden theoretischen Kenntnisse ihre Bedeutung."[1]
Bildungsangebote, die Arbeitslose zur Vorbereitung auf eine Existenzgründung bzw. auf eine selbständige Beschäftigung nutzen können, sind selten, da einmal nach dem AFG i.d.R. eine Förderung solcher Fortbildungskurse nicht möglich ist und zweitens die traditionellen Existenzgründungskurse, z.B. der VHS, nicht speziell für Arbeitslose konzipiert sind. Die wenigen zielgruppenspezifischen Angebote beziehen sich eher auf eine Beschäftigung im Bereich der informellen Arbeit, für den neuerdings auch der Begriff unkonventionelle, örtliche oder lokale Beschäftigungsinitiative gewählt wird (vgl. Kaiser 1987 und 1988; vgl. auch Kap. 1.2).
Im Rahmen des Projekts SOLA (Subjektorientiertes Lernen und Arbeiten) der Pädagogischen Arbeitsstelle des DVV wurden in Kooperation mit Volkshochschulen und Bildungswerken Bildungsangebote konzipiert, die perspektivisch auf die Gründung eigenständiger Beschäftigungsinitiativen zielten, d.h. die diese im Rahmen von Bildungsarbeit vorbereiten und evtl. durch weitere geeignete Lernangebote begleiten wollten. Auf diese Weise entstanden aus VHS-Kursen ein Arbeitslosenzentrum mit Beschäftigungsmöglichkeiten und ein Verein, unter dessen Dach verschiedene Beschäftigungsprojekte in Kooperation miteinander realisiert werden sollten. Aus einem Katholischen Bildungswerk heraus wurde eine Arbeitslosen-Selbsthilfe-Genossenschaft entwickelt, die subventionierte Arbeitsplätze für Langzeitarbeitslose schaffen konnte.[2]
Ein anderes Beispiel ist das Projekt Frauenbetriebe des Frankfurter Vereins "Sozialwissenschaftliche Forschung und Bildung für Frauen". In diesem einjährigen Kurs (Halbtagsausbildung) für arbeitslose Frauen, die eine berufliche Selbständigkeit anstreben, wird die Vermittlung von betriebswirtschaftlichem Sachwissen und die Förderung persönlicher Kompetenz mit der gemeinsamen Ausarbeitung von Betriebsideen verbunden. Das Projekt wird nicht vom Arbeitsamt, sondern vom Hessischen Wirtschaftsministerium gefördert.[3] Ebenfalls eher im alterna-

1 Aus einer Broschüre der VHS Bremen.

2 vgl. Abschlußbericht des Projekts SOLA, Manuskript, Frankfurt 1988; vgl. auch Hester 1987

3 vgl. Infoblatt des Projekts Frauenbetriebe, Frankfurt

tiv-ökonomischen Spektrum angesiedelt ist das Forum Berufsbildung, Berlin, das einen 5-monatigen Fortbildungslehrgang "Wirtschaftliche Führung von Kleinbetrieben" konzipiert hat, der sogar vom Arbeitsamt gefördert werden kann (vgl. Bühler 1986,101).
Gemeinsam ist diesen Angeboten, daß sie mehr oder weniger qualifikatorisches Lernen (Betriebswirtschaft, Organisationswissen u.ä.) mit individuellen und sozialen Bildungsprozessen mit Bezug auf die Bewältigung der gemeinschaftlichen oder individuellen Arbeitsprojekte verbinden wollen. Vor allem da, wo Bildungs- und Arbeitsprojekte sehr stark miteinander verbunden sind, entstehen aber auch neue Probleme. Ähnlich wie sich Qualifikationserwerb durch systematische Aneignung von Kenntnissen und Fähigkeiten von dem ad-hoc-Lernen in konkreten Arbeitsprozessen unterscheidet, läßt sich auch bei sozialen Lernprozessen die mehr oder weniger zufällige Verhaltensänderung durch Interaktionsprozesse in Gruppen von solchen sozialen oder kollektiven Lernprozessen unterscheiden, die erst durch die reflexive Aneignung der Interaktionsprozesse und Interaktionsstrukturen in diesen Gruppen bewirkt werden. Nur dann kann m.E. erst sinnvoll von Bildung geredet werden, die in diesem Zusammenhang das Ziel des Lernens von kollektiver Argumentation verfolgt, die als subjektive Fähigkeit nicht vorausgesetzt, aber ohne die soziale Interaktion in der Gruppe auch nicht gelernt werden kann.[1]

---

1 vgl. das Transkript einer Gruppendiskussion aus einem SOLA-Projekt und die verschiedenen Interpretationen dazu in Ebert u.a. 1986

5 Zusammenfassung und Schluß

Das Ziel der Arbeit bestand darin, einen Beitrag zu leisten zu einer konzeptionellen Weiterentwicklung arbeitsbezogener Erwachsenenbildung, dieses Vorhaben theoretisch zu fundieren wie auch für die Zielgruppe der arbeitslosen Adressaten und Teilnehmer zu präzisieren und vor diesem Hintergrund die Praxis der Arbeitslosenbildung aus erziehungswissenschaftlicher Sicht kritisch zu beleuchten.

Um allerdings ein Konzept arbeitsorientierter Erwachsenenbildung bzw. berufsbezogener Weiterbildung ausreichend theoretisch zu fundieren, ist es notwendig, die zentralen Kategorien Arbeit und Bildung begrifflich zu entwickeln.

Der vorherrschende Arbeitsbegriff, wie er auch in der beruflichen Erwachsenenbildung benutzt wird, ist - so die These - zu stark an eine bestimmte Sozialform, nämlich die berufs- und betriebsförmig organisierte industrielle Lohnerwerbsarbeit, gebunden und vernachlässigt daher zwangsläufig alle anderen Formen von Arbeit. Es ging daher in einem ersten Schritt darum, den Arbeitsbegriff vom Umfang her zu erweitern, gleichzeitig aber auch den Begriff Erwerbsarbeit inhaltlich zu differenzieren. Arbeit als gesonderter Handlungsbereich menschlicher Tätigkeit hat sich im historischen Prozeß entwickelt und differenziert und zeigt sich heute in einer Vielzahl von Arbeitsformen, die auch als lohnabhängige Erwerbsarbeit nicht mehr einheitlich z.B. unter dem ökonomischen Rationalitätsbezug berechenbarer Kosten-Nutzen-Verhältnisse zu fassen sind. Gerade für personenbezogene Dienstleistungsarbeit gilt, daß sie sich in der Regel nicht so weit normieren und kontrollieren läßt, als daß hier nicht Spielräume für autonomes Handeln bleiben, unter Funktionsgesichtspunkten sogar bleiben müssen. Wesentlich ist darüber hinaus die Erweiterung des Arbeitsbegriffs durch die systematische Berücksichtigung der sogenannten informellen Arbeit wie Hausarbeit, unentgeltliche Gemeinschaftsarbeit und Arbeit im alternativ-ökonomischen Sektor.

In einem zweiten Schritt wurde dann der Arbeitsbegriff vor dem Hintergrund von Habermas' Theorie des kommunikativen Handelns und im besonderen vor dem Hintergrund seiner Auseinandersetzung mit der marxistischen Praxisphilosophie theoretisch expliziert. Ausgangspunkt ist dabei nicht die alte Definition von Arbeit als instrumentelles Handeln,

sondern seine Definition von sozialem Handeln. Auch Arbeit ist eine soziale Handlung, bei der die Verfolgung eines Handlungszwecks mit Mechanismen der Handlungskoordination verknüpft ist, so daß letztlich die Frage, wie die Menschen zusammenarbeiten, d.h. wie sie sich über Arbeit verständigen, zum entscheidenden Kriterium einer kritischen Beurteilung der Arbeit wird.
Dieser umfangslogisch erweiterte wie auch theoretisch neu bestimmte Arbeitsbegriff bildet den Bezugspunkt zum didaktischen Leitprinzip Arbeitsorientierung. Dadurch verbietet sich von vornherein eine Begrenzung dieses didaktischen Prinzips auf Arbeit als Erwerbsarbeit wie auch die Festlegung von Bildungs- und Lernprozessen auf bloße Qualifikation der Arbeitskraft zur Erfüllung definierter Arbeitsanforderungen.
Auch die im weiteren formulierten gesellschaftspolitischen Perspektiven als Alternative zur Massenarbeitslosigkeit wie zur vorherrschenden Form der Lohnerwerbsarbeit dienen in diesem Zusammenhang dem Zweck, den Rahmen anzugeben, in welche Richtung sich das inhaltliche Angebot in der Arbeitslosenbildungsarbeit entwickeln muß, wenn sie sich nicht bloß affirmativ auf die bestehenden Strukturen der Arbeitsgesellschaft beziehen will.
Wesentlicher Inhalt des zweiten Kapitels ist die Rekonstruktion eines für den Untersuchungsgegenstand angemessenen Bildungsbegriffs. An wichtigen bildungstheoretischen Arbeiten von Blankertz sollte zweierlei verdeutlicht werden: Blankertz' Interpretation des neuhumanistischen Bildungsdenkens geht entgegen geläufiger Interpretation dieser Tradition von der grundsätzlichen Einheit von Allgemeinbildung und Berufsbildung aus, die festzuhalten hier wichtig erscheint. Blankertz' Bildungstheorie zeigt aber auch und gerade in ihrer Fortentwicklung zu einer kritischen Bildungslehre die Grenzen subjekt- und bewußtseinstheoretischer Argumentation. Allerdings kann die Verwendung des Qualifikationsbegriffs in diesem Zusammenhang keine sinnvolle Alternative sein, da der Qualifikationsbegriff menschliches Vermögen, insbesondere Arbeitsvermögen, nur unter der Perspektive gesellschaftlicher Anforderungen beschreiben kann.
Diesem Dilemma zwischen emphatischem Subjektverständnis und funktionalistischen Verwertungsimperativen entgeht ein Bildungsverständnis, das Bildungs- und Lernprozesse an die Kommunikationsprozesse in den intersubjektiven Erfahrungszusammenhängen menschlichen

Zusammenlebens anschließt. Grundlagen dafür wurden am ehesten in der phänomenologisch orientierten Pädagogik der Kommunikation gefunden, deren Bildungsverständnis nicht abstrakt an menschlicher Individualität orientiert ist, sondern an der Verbesserung gesellschaftlicher Praxis.
Einen impliziten Bezug zur Pädagogik der Kommunikation lassen die theoretischen Ansätze in der Erwachsenenbildung erkennen, die Erwachsenenbildung auf die Lebenswelt der Adressaten und Teilnehmer beziehen, d.h. auf die aus ihrer Lebenspraxis resultierenden Problemlagen und die dort praktizierten Modi der Problembewältigung. Defizite weisen die in diesem Zusammenhang herangezogenen Theorieansätze dort auf, wo sie die komplexe soziale Realität in den Lehr-Lernsituationen der Erwachsenenbildung theoretisch nicht ausreichend berücksichtigen. Die Festlegung von Erwachsenenbildung als einem stark von den pädagogischen Interventionen des Kursleiters beeinflußtem Reflexions- und Erkenntnisprozeß vernachlässigt diese Dimension ebenso wie die Festlegung von Erwachsenenbildung auf sprachlich gebundene Verständigung.
Spezifische Defizite weist auch die Beschäftigung der Wissenschaft von der Erwachsenenbildung mit dem Thema Arbeitslosigkeit auf. Der sozialisationstheoretisch fundierte Ansatz einer sozialökonomischen Erwachsenenbildung reagiert zwar auf die Begründungsdefizite der bildungsökonomischen und qualifikationsbezogenen Anpassungsweiterbildung, indem er Arbeitslosigkeit als individuelles Problem nicht isoliert betrachtet, sondern in den umfassenden Zusammenhang von Lebenswelt und Lebensgeschichte stellt, aber im Hinblick auf die konkrete Frage der Beschäftigung bleiben diese Ansätze im beschränkten Handlungsrahmen des offiziellen Arbeitsmarkts. Keine Lösung kann allerdings darin liegen, den Bezug zwischen Bildung und Arbeit gänzlich aufzulösen. Paradoxerweise führt in diesem erwachsenenpädagogischen Diskussionsfeld der Ansatz am ehesten weiter, der Erwachsenenbildung als eine mögliche Hilfe zur eigenständigen und selbstverantworteten Bewältigung des Lebensereignisses Arbeitslosigkeit versteht, andererseits die Frage nach den konkreten Inhalten eines solchen Bildungsprogramms offenhält. Mit dem hier vorgelegten Konzept einer arbeits- und berufsbezogenen Weiterbildung für Arbeitslose wurde auch beabsichtigt, diese Lücke zu schließen.

Es muß allerdings berücksichtigt werden, auf welche Bedingungen die Umsetzung eines solchen Konzepts der Arbeitslosenbildung stoßen wird. Entlang unterschiedlicher didaktischer Handlungsebenen wurde der für diesen spezifischen Untersuchungsgegenstand Arbeitslosenbildung gegebene politische, ökonomische und institutionelle Strukturrahmen rekonstruiert, in dem didaktisches Handeln eingebunden ist. Wesentlich sind hier die im einzelnen dargelegten Restriktionen des Arbeitsförderungsgesetzes und die pluralistische Trägerstruktur der Erwachsenenbildung mit den jeweiligen Eigeninteressen der Träger, die begrenzend wirken, Spielräume für didaktisches Handeln dennoch offenhalten.

Aber im Kern ging es im dritten Kapitel darum, das didaktische Konzept durch die Formulierung didaktischer Leitprinzipien zu entwickeln, d.h. aus erziehungswissenschaftlicher Sicht Kriterien und Ziele der Bildungsarbeit für Arbeitslose zu benennen, wobei dieses Konzept gleichzeitig geeignet sein sollte, daran die Praxis der Arbeitslosenbildungsarbeit kritisch zu messen.

Die im wesentlichen inhaltsbezogenen Kriterien, wie sie unter dem Leitprinzip Arbeitsorientierung entwickelt wurden, stellen den Anspruch an entsprechende Bildungsangebote, sich inhaltlich umfassend und kritisch auf den Handlungsbereich Arbeit zu beziehen. Dies heißt, sowohl die Begrenzungen auf die Lohnerwerbsarbeit zu überwinden als auch die kommunikativen, sozialen und ökologischen Aspekte gesellschaftlicher Arbeit ausreichend zu berücksichtigen.

Das Leitprinzip Erfahrungsorientierung schließt unter didaktischen Gesichtspunkten an die bildungstheoretischen Grundlegungen an und wird unter dem Aspekt der Zielgruppe Arbeitslose präzisiert. Die zu Deutungsmustern geronnenen Erfahrungen der Adressaten und Teilnehmer in der Erwachsenenbildung sind keine bloßen Rahmenbedingungen zur Verwirklichung eines vorab normativ-inhaltlich bestimmten Bildungsanspruchs, sondern sie sind Ausgangspunkt von Bildungs- und Lernprozessen mit dem Ziel, diese Deutungsmuster in ihrer erkenntnis- und handlungsleitenden Funktion für die Bewältigung von Lebenspraxis zu stärken.

Auch die individuelle Verarbeitung von Arbeitslosigkeit hängt offensichtlich von den jeweils unterschiedlichen individuellen Deutungen in bezug auf dieses lebensbiographische Ereignis und von den über Arbeits- und Berufskompetenzen hinausgehenden lebenspraktischen

Handlungskompetenzen ab. Dies wiederum beeinflußt je individuell Rolle und Bedeutung von Erwachsenenbildung in diesem Prozeß der Verarbeitung von Arbeitslosigkeit.
Das didaktische Leitprinzip Gruppenbezug knüpft insofern auch an das Prinzip Erfahrungsorientierung an, als dort davon ausgegangen wurde, daß nicht nur an Erfahrungen, sondern auch durch Erfahrungen gelernt werden kann; es präzisiert daher auch diese zweite Dimension des Erfahrungsbezugs. Ausgangspunkt des Leitprinzips Gruppenbezug ist die begriffliche Fassung von Bildung als soziale Kategorie, die Bildung in der Intersubjektivität mitmenschlichen Zusammenlebens verortet. Vor diesem Hintergrund sind grundlegende Lernprozesse kollektive Lernprozesse, die ohne die soziale Interaktion in Gruppen nicht möglich wären. Erst in der Kooperation bzw. in der Konfrontation mit anderen entsteht eine Differenz oder ein Dissens, der zum Lernen motiviert; der Modus der Überwindung dieser Differenz ist die argumentative Verständigung oder die kollektive Argumentation. Vor diesem Hintergrund hat die Lerngruppe eine konstitutive Bedeutung in der Didaktik der Erwachsenenbildung und muß in ihrer Interaktionsfähigkeit durch methodische Arrangements gestärkt werden.
Im Hinblick auf die vorfindliche Praxis der Arbeitslosenweiterbildung, die im zweiten Teil dieser Arbeit untersucht wurde, ging ich davon aus, daß hier eigenständige erwachsenenpädagogisch-didaktische Begründungen eher eine untergeordnete Rolle spielen. Tatsächlich dominieren dagegen arbeitsmarktpolitische und sozialpolitische bzw. sozialpädagogische Begründungen für die Weiterbildung der Arbeitslosen. Auf der anderen Seite liegen die Schwierigkeiten dieser Weiterbildung, die doch Wirksamkeit im Hinblick auf die Behebung des Problems Arbeitslosigkeit beabsichtigt, in ihrer weitgehenden Wirkungslosigkeit.
Die Ergebnisse soziologischer Analysen des Arbeitsmarkts und der Arbeitslosigkeit zeigten, daß das Risiko, arbeitslos zu werden und arbeitslos zu bleiben, nicht gleichverteilt ist, sondern sich bei sozialen Gruppen konzentriert, die entweder aufgrund askriptiver Merkmale wie Geschlecht, Nationalität und Alter in arbeitsmarktexterne Alternativrollen gedrängt werden oder die aufgrund der Segmentierungs- und Strukturierungsprozesse auf dem Arbeitsmarkt zumindest von den stabilen Beschäftigungsbereichen dauerhaft ausgeschlossen sind. Diese Risiken sind nur zu einem geringen Teil qualifikationsbedingt und entsprechend

durch arbeitsmarktbezogene Qualifizierungsstrategien auch kaum zu beeinflussen. Dies gilt selbst für formal nicht qualifizierte Arbeitslose, die zwar deutlich stärker von Arbeitslosigkeit betroffen sind, bei denen sich aber andere Merkmale häufen, die ihre Reintegration in dauerhafte Beschäftigung erschweren.

Eine genauere Betrachtung der Ergebnisse soziologischer bzw. sozialpsychologischer Arbeitslosenforschung läßt zudem den Schluß zu, daß die psychosozialen Belastungen vor allem bei Langzeitarbeitslosigkeit eher überschätzt, die materielle Verarmung der Arbeitslosen und die als deren Folge dann auftretenden nicht nur finanziellen Belastungen eher unterschätzt werden. Auch eine sozialpolitisch und sozialpädagogisch begründete Bildungsarbeit, die sich an der Bewältigung der durch Arbeitslosigkeit verursachten individuellen Belastungen orientiert, stößt hier an Probleme, die sie mit ihren Mitteln nicht oder nur in Grenzen bearbeiten kann.

Die Praxis der Weiterbildung für Arbeitslose zeigt dann auch deutlich, daß durch sie wenig an der Arbeitslosigkeit bzw. an der Situation der Arbeitslosen verändert wird. Selbst ein Anspruch, allgemein das Ausbildungs- und Qualifikationsniveau durch Weiterbildung während der Arbeitslosigkeit zu verbessern, kann so nicht eingelöst werden. Der überwiegende Teil der Kurse und Lehrgänge für Arbeitslose besteht aus kurzzeitigen Anpassungsmaßnahmen ohne anerkannte Abschlüsse und weiterführende Berechtigungen. Von der Aufstiegsfortbildung mit Abschlüssen auf höherem Niveau sind die Arbeitslosen zum großen Teil ausgeschlossen, und selbst die Umschulungen enden nur zu ca. 30 % mit einem Abschluß in einem anerkannten Ausbildungsberuf, der auch unabhängig vom Arbeitsmarkt z.B. im Bildungswesen weitere Möglichkeiten eröffnet. Entsprechend können auch Untersuchungen im Auftrag der Bundesanstalt, die von einer anderen Annahme ausgehen, nicht schlüssig beweisen, daß Weiterbildung eine signifikante Wirksamkeit im Hinblick auf eine Wiedereingliederung in Beschäftigung entfaltet. Entlastend wirkt Weiterbildung allenfalls auf die Statistik registrierter Arbeitslosigkeit, die um die Zahl der in Weiterbildung "Beschäftigten" reduziert wird.

Die Untersuchung der praktischen Bildungsarbeit für Arbeitslose stieß sowohl unter quantitativen wie unter qualitativen Aspekten auf erhebliche Probleme im Hinblick auf verfügbare Daten. Von daher kann sie im Rahmen dieser Arbeit auch nur explorativen Charakter haben. Vor allem bei den untersuchten Einrichtungen fehlen mangels verfügbarer Information die vielen kleinen Einrichtungen, die zum Teil kommerziell betrieben, mit der Arbeitslosenweiterbildung auch Gewinnerzielungsabsichten verbinden. Da fast keine empirischen Untersuchungen aus der Teilnehmerforschung und aus der Lehr-Lernforschung zu diesem Gegenstandsbereich vorliegen und entsprechende Daten im Rahmen dieser Arbeit nicht erhoben werden konnten, müssen sich vor allem die Beurteilungen im Hinblick auf die didaktischen Leitprinzipien Erfahrungsorientierung und Gruppenbezug auf die Modellprojekte, die entsprechende Informationen veröffentlichten, beschränken. Vor dem Hintergrund dieser Einschränkungen lassen sich im folgenden die wesentlichen Ergebnisse zusammenfassen:

Die Analyse der Weiterbildung bei den quantitativ bedeutsamsten Trägergruppen zeigt, daß bei den Volkshochschulen, die keine spezifischen Einrichtungen der beruflichen Weiterbildung sind, die Beteiligung an der AFG-geförderten Bildung quantitativ extrem unterschiedlich ist, wobei ein deutliches Nord-Süd-Gefälle auffällig ist. In den Volkshochschulen werden noch am ehesten Versuche unternommen, die engen Grenzen arbeitsmarktbezogener Anpassungsqualifizierung zu überwinden und über Qualifizierung hinaus einen Bildungsanspruch zu realisieren, was im einzelnen nur exemplarisch an zwei Volkshochschulen gezeigt werden konnte, der Tendenz nach aber auch den Diskussionsstand in den VHS-Verbänden prägt.
Bei den gewerkschaftlichen Einrichtungen ist die Abhängigkeit von der Maßnahmeförderung der Arbeitsbehörden besonders hoch. Das Angebot ist strikt arbeitsmarktorientiert, wobei allerdings zumindest beim BFW versucht wird, auch mögliche langfristige Perspektiven auf dem Arbeitsmarkt prospektiv zu berücksichtigen.
In der AFG-geförderten Weiterbildung der Betriebe und der wirtschaftsnahen Einrichtungen haben die Arbeitslosen als Adressaten - abgesehen von der betrieblichen Einarbeitung - eine geringere Bedeutung. Bei den Kammern als den zusammengenommen größten Einrichtungen innerhalb dieser Trägergruppe dominiert die Aufstiegsfortbildung; bei der Weiterbildung für Arbeitslose konzentrieren sich die Angebote auf Regionen, Bereiche und Zielgruppen, bei denen angenommen werden

kann, daß die Wirksamkeit im Hinblick auf Beschäftigung noch vergleichsweise hoch ist. Inhaltlich ist das Angebot berufsbezogener Weiterbildung für Arbeitslose überwiegend an kurzfristiger Nachfrage auf dem Arbeitsmarkt orientiert und konzentriert sich daher stark auf technische Berufe, auf die industriellen Metall- und Elektroberufe und im kaufmännischen Bereich auf die Organisations-, Verwaltungs- und Büroberufe. Schwerpunkt ist die Anpassung der Qualifikationen an die Anforderungen durch den Einsatz der neuen Informations- und Kommunikationstechniken in Industrie und Verwaltung. Bauberufe, sog. grüne Berufe und soziale und haushaltsnahe Dienstleistungsberufe haben dagegen nur eine geringe Bedeutung im Weiterbildungsangebot. Angebote, die auf Eigenarbeit und Selbstversorgung außerhalb des offiziellen Arbeitsmarkts zielen oder die die selbstorganisierte Schaffung von Beschäftigung unterstützen, sind schon deswegen kaum vorhanden, weil sie nicht unter die Finanzierungsregelungen des AFG fallen. Am ehesten noch werden in Volkshochschulen und kleineren freien Einrichtungen Versuche unternommen, Angebote zu entwickeln, deren Qualifikationen polyvalent auch außerhalb des offiziellen Arbeitsmarkts zu verwenden sind.

Die besondere Situation der arbeitslosen Teilnehmer scheint in den rein arbeitsmarkt- und qualifikationsorientierten Lehrgängen keine Rolle zu spielen. Dies gilt nicht für die Angebote, die wie die 41a-Kurse und Trainingsmaßnahmen in Übungsfirmen und Übungswerkstätten in erster Linie für Langzeitarbeitslose und aus sonstigen Gründen schwer vermittelbare Arbeitslose konzipiert sind. Hier besteht allerdings die Gefahr, daß Bildung als additive Sozialarbeit oder als psychosoziale Therapeutisierung mit dem Ziel sozialpolitischer Befriedung des Problems Arbeitslosigkeit mißverstanden wird.

Entsprechend gelingt es hier auch nicht, Handlungs- und Deutungsmuster in Hinblick auf Arbeit, Arbeitslosigkeit und Lebensperspektive zu verändern und damit Handlungsspielräume zu öffnen, wenn nicht - im wesentlichen unabhängig von der Weiterbildungserfahrung - ein beweglicher lebensweltlicher Kontext für Veränderungen disponiert (vgl. Dieterich/Weymann 1987).[1]

In den Modellprojekten zur Umschulung und Nachqualifizierung von Langzeitarbeitslosen ohne Berufsabschlüsse wird dagegen der Versuch unternommen, eine qualifizierende Ausbildung mit der Unterstützung der eigenständigen Bewältigung der lebens- und berufsbiographischen Krisensituation zu verbinden. Vor allem über die Möglichkeit, vergangene Lebens- und Berufserfahrungen reflektieren zu können und dabei nicht nur Schwächen, sondern auch Stärken in der eigenen Leistungsfähigkeit zu entdecken und die Möglichkeit, in der Umschulung selbst die Erfahrung von Können und Kompetenz zu machen, verändert die eher negativen Selbstdeutungen der Teilnehmer im Hinblick auf ihre eigene persönliche und arbeitsbezogene Handlungsfähigkeit und führt zu mehr Autonomie. Problematisch ist hier eher die Fixierung auf die positive Identifikation mit dem neuen Beruf, weil damit die Gefahr besteht, an einer Fiktion festzuhalten. Weder lassen die jetzigen und zukünftigen Beschäftigungsverhältnisse eine Orientierung an der Berufsidee zu, noch wird dies den langzeitarbeitslosen Teilnehmern gerecht, die trotz der Weiterbildungserfolge große Schwierigkeiten haben werden, eine stabile Beschäftigung im neuen Berufsfeld zu finden.

Das didaktische Leitprinzip des Gruppenbezugs zielt im Hinblick auf die praktizierte Weiterbildung vor allem auf die Frage, in welchem Maße Spielräume für Selbstorganisation, Kooperation und Verständigung in den Lerngruppen offengelassen sind. In der Regel sind diese Möglichkeiten nicht vorhanden, weil rigide äußere Strukturvorgaben hier hindernd wirken, aber wahrscheinlich auch, weil durch die Klientelisierung der arbeitslosen Teilnehmer von vornherein asymmetrische Kommunikationsstrukturen geschaffen werden, die Selbstorganisation und Kooperation systematisch verhindern. Dagegen zeigen wiederum Erfahrungen aus Modellversuchen, daß eine auf Selbstorganisation und Kooperation zielende Organisation des Lernens durchaus auf Lernvoraussetzungen der Teilnehmer trifft, die diesen Zielen entgegenkommen. Vor allem bei Frauen wurde aufgrund ihrer weniger durch Berufsar-

---

1 Leider liegen über das von Dieterich und Weymann durchgeführte Projekt: Weiterbildung und Kontrollbewußtsein, das für diesen Untersuchungsbereich von Bedeutung wäre, außer der angegebenen Quelle keine weiteren Berichte vor.

beit als durch Familienarbeit geprägten Erfahrungen eine größere Bereitschaft und Fähigkeit zu solidarischen und kooperativen Lernbeziehungen in der Gruppe festgestellt (vgl. Zimmer 1988, Niehoff 1988).

Insgesamt lassen die Analysen der Praxis der Arbeitslosenbildung nur diese sehr globalen Aussagen zu. Es fehlen hier die dringend notwendigen empirischen Forschungsarbeiten vor allem im Bereich der Lehr-Lernforschung und der Teilnehmerforschung.
Diese Arbeit ist kein Plädoyer gegen die Weiterbildung für Arbeitslose. Aber auch eine Erwachsenenbildung, die nach dem hier vorgelegten, aus originär erwachsenenbildungsspezifischer Sicht formulierten Konzept verfahren würde, müßte zur Kenntnis nehmen, daß sie zur Lösung des gesellschaftlichen wie individuellen Problems Arbeitslosigkeit nur einen sehr beschränkten Beitrag leisten kann.

Abkürzungen

ABM	Arbeitsbeschaffungsmaßnahmen nach AFG
AFG	Arbeitsförderungsgesetz
ANBA	Amtliche Nachrichten der Bundesanstalt für Arbeit
BBiG	Berufsbildungsgesetz
BA	Bundesanstalt für Arbeit
BFZ	Berufsförderungszentrum Essen
BFW	Berufsfortbildungswerk
BIBB	Bundesinstitut für Berufsbildung, Berlin
BMA	Bundesminister für Arbeit und Sozialordnung
BMBW	Bundesminister für Bildung und Wissenschaft
CNC	Computer-Numerical-Control
DAG	Deutsche Angestelltengewerkschaft
DGB	Deutscher Gewerkschaftsbund
DIHT	Deutscher Industrie- und Handelstag
DVV	Deutscher Volkshochschulverband
FuU	Fortbildung und Umschulung
HBV	Hessische Blätter für Volksbildung
IAB	Institut für Arbeitsmarkt- und Berufsforschung, Nürnberg
KAB	Katholische Arbeitnehmerbewegung
MittAB	Mitteilungen aus der Arbeitsmarkt- und Berufsforschung
PAS	Pädagogische Arbeitsstelle des DVV
VHS	Volkshochschule

Literatur

Alheit, P./Wollenberg, J.: Der Erfahrungsansatz in der Arbeiterbildung, in: Nuissl (Hrsg.), Taschenbuch der Erwachsenenbildung, Baltmannsweiler 1982

Arnold, R.: Deutungsmuster und pädagogisches Handeln in der Erwachsenenbildung, Bad Heilbrunn 1985

Axhausen, S./Dorn, C.: Ergebnisse aus dem Modellversuch "Umschulungsvorbereitung und Umschulung alleinerziehender Sozialhilfeempfängerinnen, BIBB Modellversuchsreihe, a.a.O., Heft 12, Berlin 1988

Axmacher, D.: Integration von politischer und allgemeiner Bildung, in: Nuissl (Hrsg.), Taschenbuch der Erwachsenenbildung, Baltmannsweiler 1982

Baacke, D.: Vom Nutzen und Nachteil der "kommunikativen Didaktik" für die Planung und Durchführung von Unterricht, Düsseldorf 1978

Baethge, M: Qualifikation - Qualifikationsstruktur, in: Wulf, C. (Hrsg.), Wörterbuch der Erziehung, München/Zürich 1975

Baethge, M./Schumann, M.: Weiterbildung und die Verfassung gesellschaftlicher Arbeit, in: Neue Sammlung, Nr. 2/1973

Baethge, M. u.a.: Sozialpolitik und Arbeiterinteresse, Frankfurt 1976

Beck, U.: Risikogesellschaft. Auf dem Weg in eine andere Moderne, Frankfurt 1986

Beck, U./Brater, M.: Berufliche Arbeitsteilung und soziale Ungleichheit, Frankfurt/New York 1978

Beckel, A.: Recht der Erwachsenenbildung, in: Beckel/Senzky (Hrsg.), Management und Recht der Erwachsenenbildung, Stuttgart 1974

Berger, J.: Zur Zukunft der Dualwirtschaft, in: Benseler u.a. (Hrsg.), Zukunft der Arbeit, Hamburg 1982

Berger, J.: Die Wiederkehr der Vollbeschäftigungslücke, in: Matthes, J. (Hrsg.), a.a.O. 1983

Berger, J.: An den Grenzen der Lohnarbeit. Ist der gesellschaftliche Fortschritt an Beschäftigungsverhältnisse gebunden? in: Schmidt, T. (Hrsg.), Das pfeifende Schwein, Berlin 1985

Berger, J.: Die Versprachlichung des Sakralen und die Entsprachlichung der Ökonomie, in: Honneth/Joas (Hrsg.), Kommunikatives Handeln, Frankfurt 1986a

Berger, J.: Bestimmt die Lohnarbeit noch die Zukunft der Arbeit? in: Berger u.a. (Hrsg.), Selbstverwaltete Betriebe in der Marktwirtschaft, Bielefeld 1986b

Berger, J./Offe, C.: Die Entwicklungsdynamik des Dienstleistungssektors, in: Offe, C., a.a.O., 1984

Berufsförderungszentrum Essen: Jahresbericht 1986, Essen o.J.

Berufsfortbildungswerk des DGB: Geschäftsbericht 1987, Düsseldorf 1988

Berufsfortbildungswerk des DGB: Soziale und pädagogische Arbeit in Maßnahmen für langfristig Arbeitslose (Maßnahmen nach § 41a AFG, Übungswerkstatt, Übungsfirma), PZ-Dokumentation, Düsseldorf 1988

Beywl, W.: Jugendarbeitslosigkeit. Zu den individuellen Auswirkungen eines verschleppten Arbeitsmarktproblems, in: Aus Politik und Zeitgeschichte, Heft 38/1985

Bildungswerk der Hessischen Wirtschaft: Geschäftsbericht 1988, Frankfurt o.J.

Blankertz, H.: Bildung - Bildungstheorie, in: Wulf, C. (Hrsg.), Wörterbuch der Erziehung, München/Zürich 1974

Blankertz, H.: Pädagogische Theorie und erzieherische Praxis im Spiegel des Verhältnisses von Wissenschaftstheorie und Wissenschaftspraxis, in: König/ Zedler (Hrsg.), Erziehungswissenschaftliche Forschung, Positionen, Perspektive, Probleme, Paderborn/München 1982

Blankertz, H.: Berufsbildung und Utilitarismus, Weinheim/München 1985 (Reprint von Düsseldorf 1963)

Blum, R. u.a.: Realistische berufliche Alternativen entwickeln! Das Informationsseminar nach § 41a AFG, ein arbeitsmarktpolitisches Instrument für arbeitslose Arbeitnehmer, in: Gewerkschaftliche Bildungspolitik, Heft 2/1983

Bonß, W./Heinze, R.G. (Hrsg.): Arbeitslosigkeit in der Arbeitsgesellschaft, Frankfurt 1984

Bonß, W./Heinze, R.G.: Arbeit, Lohnarbeit, ohne Arbeit. Zur Soziologie der Arbeitslosigkeit, in: dies. (Hrsg.), a.a.O., 1984

Bonß, W. u.a.: Das Ende des Belastungsdiskurses? Zur subjektiven und gesellschaftlichen Bedeutung von Arbeitslosigkeit, in: Bonß/Heinze (Hrsg.), a.a.O., 1984

Bravermann, H.: Die Arbeit im modernen Produktionsprozeß. Frankfurt/New York 1985

Briefs, U.: Anders produzieren. Anders arbeiten. Anders leben, Köln 1986

Brock, A. u.a. (Hrsg.): Lernen und Verändern, Marburg 1987

Brödel, R.: Zum Funktionswandel von (beruflicher) Weiterbildung und den didaktischen Implikationen dieses Wandels, in: Schlutz/ Siebert (Hrsg.), Erwachsenenbildung zwischen Sozialpolitik und sozialen Bewegungen, Hannover 1983

Brödel, R.: Erziehungswissenschaftliche Anmerkungen zur Arbeitsgruppe "Arbeitsmarkt, Arbeitslosigkeit, Berufliche Weiterbildung", in: Görs/Voigt (Hrsg.), a.a.O., 1984

Brödel, R.: Perspektiven sozialökonomischer Erwachsenenbildung, in: Weymann (Hrsg.), Staatliche Antworten auf soziale Probleme, Frankfurt/New York 1986

Brödel, R./Schmitz, E.: Weiterbildung als Vorbeugung gegen Arbeitslosigkeit, CEDEFOP - Europäisches Zentrum für die Förderung der Berufsbildung, Luxemburg 1984

Brunkhorst, H.: Kritische Erziehungswissenschaft und Kritische Theorie, in: Zeitschrift für Sozialisationsforschung und Erziehungssoziologie, Nr. 1/1983

Büchtemann, C.F.: Der Arbeitslosigkeitsprozeß. Theorie und Empirie strukturierter Arbeitslosigkeit in der BRD, in: Bonß/Heinz (Hrsg.), a.a.O., 1984

Bühler, T.: Bildungswesen und Schritt in die wirtschaftliche Selbständigkeit, Bonn/Bad Honnef 1986

Bundesanstalt für Arbeit: Förderung der beruflichen Weiterbildung, Nürnberg, Sept. 1988

Bundesinstitut für Berufsbildung (BIBB): Modellversuchsreihe zur beruflichen Qualifizierung von Erwachsenen, die keine abgeschlossene Berufsausbildung haben und ein besonderes Arbeitsmarktrisiko tragen, Berlin, mehrere Jg.

Bundesminister für Arbeit und Sozialordnung (BMA): Arbeits- und Sozialstatistik, Hauptergebnisse 1988, Bonn 1988

Bundesminister für Bildung und Wissenschaft (Hrsg.): Stand und Perspektiven der beruflichen Weiterbildung in der Bundesrepublik Deutschland, Bad Honnef 1984

Buschmeyer, H.: Die Theorie des kommunikativen Handelns von Jürgen Habermas als eine mögliche Grundlage einer Theorie professionellen pädagogischen Handelns in der Erwachsenenbildung, in: Harney, K. u.a. (Hrsg.): Professionalisierung der Erwachsenenbildung, Frankfurt/Bern 1987

Deutsche Angestellten-Akademie e.V.: Informationsverarbeitung für Kaufmännische Sachbearbeiter/-innen, Abschlußbericht, o.O., o.J.

Deutsche Angestelltengewerkschaft (Hrsg.): Jahresbericht 1987 der Bildungseinrichtungen der DAG, Hamburg, o.J.

Deutsche Kolpingfamilie e.V. (Hrsg.): Engagement für die berufliche Bildung (II), Köln 1988

Deutscher Industrie- und Handelstag: IHK-Weiterbildung für Arbeitslose - Qualifizierungsbeispiele für einen neuen Start, Bonn o.J.

Deutscher Industrie- und Handelstag: Berufsbildung, Weiterbildung, Bildungspolitik 1987/88, Bonn 1988

Deutscher Volkshochschulverband: Statistische Mitteilungen, Arbeitsjahr 1987, Bonn 1988

Dewe, B: Kultursoziologische Bildungsforschung. Zum Wechselverhältnis von lebenspraktischen Deutungsmustern und wissenschaftlichen Orientierungen, in: Zeitschrift für Sozialisationsforschung und Erziehungssoziologie, Heft 2/1984

Dickert-Laub, M./Rose, A.: Analyse der Erfahrungen in der Qualifizierung von Personengruppen, die aufgrund sozialer Benachteiligungen oder schulischer Defizite oder aufgrund ihres Geschlechts oder ihrer Nationalität im Alter der Erstausbildung keine volle Qualifikation erhalten haben. Forschungsstudie im Auftrag des BMBW, Essen 1985

Dieterich, I./Weymann, A.: Arbeitslosigkeit, Weiterbildung und Handlungskompetenz, in: Herlyn/Weymann (Hrsg.), Bildung ohne Berufsperspektive, Frankfurt/New York 1987

Dikau, J.: Berufliche Weiterbildung als arbeitsorientierte Erwachsenenbildung, in: Das Argument, AS 21, 1978

Djafari, N./Kade, S.: Praxishilfen für die Umschulung, Heft 1-5, Bonn 1987/1988

Dobischat, R.: Zum aktuellen Diskussionsstand der Weiterbildung von Arbeitslosen durch Maßnahmen nach § 41a AFG. Eine Zwischenbilanz, in: Berufsbildung in Wissenschaft und Praxis, Heft 4/1985

Dobischat, R./Neumann, G.: Qualifizierungsoffensive in wessen Interesse? in: Berufsbildung in Wissenschaft und Praxis, Heft 1/1987

Dobischat, R./Voigt, J.: Lernungewohnte in der beruflichen Aus- und Weiterbildung, oder auf dem Weg vom Benachteiligtenprogramm zum "Benachteiligungsprogramm"? - Kritische Anmerkungen aus berufspädagogischer Sicht, in: Görs, D. u.a. (Hrsg.), a.a.O., 1987

Dobischat, R./Wassmann, H.: Hilfen für einen neuen Staat, Bonn 1982

Dunkel, W.: Wenn Gefühle zum Arbeitsgegenstand werden. Gefühlsarbeit im Rahmen personenbezogener Dienstleistungstätigkeiten, in: Soziale Welt, Heft 1/1988

Dybowski, G./Thomssen, W.: Praxis und Weiterbildung, unveröffentl. Manuskript, Berlin 1976

Ebert, G.: Interpretation als Erfahrung, in: Tietgens, H. u.a., Forschung und Fortbildung, Bonn 1987

Ebert, G./Pflüger, A. (Hrsg.): Arbeitslosigkeit und berufliche Bildung, Bonn 1984

Ebert, G. u.a.: Subjektorientierte Weiterbildung für Arbeitslose, in: HBV Nr. 2/1986a

Ebert, G. u.a.: Subjektorientiertes Lernen und Arbeiten - Ausdeutung einer Gruppeninteraktion, Bonn 1986b

Eder, K.: Geschichte als Lernprozeß? Frankfurt 1985

Eder, K.: Die Vergesellschaftung der Natur, Frankfurt 1988

Erd-Küchler, H.: Die Aufgabenteilung der Ehegatten bei der Hausarbeit, Frankfurt 1981

Faber, W.: Andragogische Untersuchungen zum Problem der Umschulung, Beiträge und Materialien zur wissenschaftlichen Weiterbildung, Heft 2, Uni Bamberg 1985

Faulstich, P.: Arbeitsorientierte Erwachsenenbildung, Frankfurt 1981

Faulstich, P.: "Maßnahmen" gegen Arbeitslosigkeit - Aufgaben der Erwachsenenbildung? in: Schlutz, E. (Hrsg.), a.a.O., 1985

Faulstich, P./Ebner, H.: Erwachsenenbildung und Arbeitslosigkeit. Zur Praxis eines schwierigen Verhältnisses, München 1985

Federwisch, J.: Kurzbericht über den 1. Durchgang des Modellversuchs, in: BIBB, Modellversuchsreihe, a.a.O., Heft 1, Berlin 1987a

Federwisch, J.: Das Förderangebot bei der Umschulung von deutschen und ausländischen Arbeitslosen in Installationsberufen, in: BIBB, Modellversuchsreihe, a.a.O., Heft 6, Berlin 1987b

Federwisch, J.: Umschulungsabbruch, in: BIBB, Modellversuchsreihe, a.a.O., Heft 18, Berlin 1988

Flechsig, K.H./Haller, H.D.: Einführung in didaktisches Handeln, Stuttgart 1977[2]

Foster, H./Oels, M.: Neue Ziele der beruflichen Weiterbildung, in: Berufsbildung in Wissenschaft und Praxis, Nr. 2/1982

Geißler, K.H.: Ökonomisierung der Subjektivität und planvolle Bewirtschaftung des Menschen, in: Widersprüche, Heft 27, 1984

Gerhards, J.: Emotionsarbeit. Zur Kommerzialisierung von Gefühlen, in: Soziale Welt, Nr. 1/1988

Gerl, H.: Methoden der Erwachsenenbildung, in: Raapke/Schulenberg (Hrsg.), a.a.O., 1985

Gernert, W.: Das Recht der Erwachsenenbildung als Weiterbildung, München 1985

Giesecke, W.: Erfahrungsorientierte Lernkonzepte, in: Raapke/Schulenberg (Hrsg.), a.a.O., 1985

Glücklich, F.: Kapitulation vor der Dauerarbeitslosigkeit - Welchen Weg nimmt die Bundesrepublik? Hamburg 1988

Görs, D./Voigt, W. (Hrsg.): Grundfragen der beruflichen Weiterbildung (Tagungsbericht Nr. 11), Uni Bremen 1984

Görs, D./Markert, W./Voigt, W. (Hrsg.): Wandel der Arbeitsanforderungen als Herausforderung an die berufliche Weiterbildung, (Tagungsbericht Nr. 15), Uni Bremen 1987

Gottsleben, V.: Randgruppe in der zertifizierten Arbeitsgesellschaft? Zur abnehmenden Bedeutung der nicht formal Qualifizierten (NFQ) am Arbeitsmarkt, in: MittAB, Nr. 1/1987

Grau, U. u.a.: Ziele, Methoden und Ergebnisse von Maßnahmen nach § 41a AFG, in: Berufsbildung in Wissenschaft und Praxis, Heft 4/1985

Greiwe, U./Peschel, J.: Umweltorientierte Qualifizierung im Entwicklungszentrum Dortmund, Manuskript, Dortmund 1988

Greiwe, U./Peschel, J.: Umweltorientierte berufliche Qualifizierung im Entwicklungszentrum Dortmund, in: Berufsbildung in Wissenschaft und Praxis, Heft 1/1989

Gross, P.: Die Verheißungen der Dienstleistungsgesellschaft, Opladen 1983

Gruschka, A.: Kritische Theorie und Pädagogik. Eine Begegnung und ihre Folgen, in: Widersprüche, Nr. 29, 1988

Gummersbach, A.: Die berufliche Umschulung: Berufsausbildung Erwachsener, Berlin 1976

Habermas, J.: Technik und Wissenschaft als Ideologie, Frankfurt 1968

Habermas, J.: Erkenntnis und Interesse, Frankfurt 1973

Habermas, J.: Theorie des kommunikativen Handelns, Bd. I. + II, Frankfurt 1981

Habermas, J.: Der philosophische Diskurs der Moderne, Frankfurt 1984

Habermas, J.: Replik auf Einwände, in: ders., Vorstudien und Ergänzungen zur Theorie des kommunikativen Handelns, Frankfurt 1986a

Habermas, J.: Entgegnung, in: Honneth, A./Joas, H. (Hrsg.), Kommunikatives Handeln, Frankfurt 1986b

Habermas, J.: Erläuterungen zum Begriff des kommunikativen Handelns, in: ders., Vorstudien und Ergänzungen zur Theorie des kommunikativen Handelns, Frankfurt 1986c

Hanesch, W.: Verarmung in der Beschäftigungskrise. Ursachen, Erscheinungsformen, Lösungsperpektiven, in: Balon/Dehler/Hafeneger (Hrsg.), Arbeitslosigkeit, Frankfurt 1986

Hanke, M. u.a.: Berufliche Bildung im Kolpingwerk, in: Erwachsenenbildung, Nr. 2/1987

Heinze, R.G.: Soziale Strukturierung der Arbeitslosigkeit: Auf dem Weg zu einer gespaltenen Gesellschaft? in: Bonß/Heinze (Hrsg.), a.a.O., 1984

Heinze, R.G./Olk, T.: Selbsthilfe, Eigenarbeit, Schattenwirtschaft, in: Benseler u.a. (Hrsg.), Zukunft der Arbeit, Hamburg 1982

Herder, J.: Ausgangslage, Verlauf und erste Zwischenergebnisse einer Umschulungsmaßnahme für Frauen, BIBB, Modellversuchsreihe, a.a.O., Heft 16, Berlin 1988

Herget, H./Kloas, P.-W.: Teilzeitarbeit nach der Lehre, in: Berufsbildung in Wissenschaft und Praxis, Heft 4/1986

Hester, W.: Subjektorientierte Lern- und Arbeitsangebote, in: Meisel u.a., a.a.O., 1987

Heydorn, H.-J.: Über den Widerspruch von Bildung und Herrschaft, Frankfurt 1969

Hofbauer, H.: Untersuchungen des IAB über die Wirksamkeit der beruflichen Weiterbildung, in: MittAB, Nr. 3/1981

Hofbauer, H.: Berufliche Weiterbildung für arbeitslose Jungakademiker, in: MittAB, Nr. 3/1985

Hofbauer, H./Dadzio, W.: Die Wirksamkeit der Maßnahmen zur Verbesserung der Vermittlungsaussichten für Arbeitslose nach § 41a AFG, in: MittAB, Nr. 4/1982

Hofbauer, H./Dadzio, W.: Berufliche Weiterbildung für Arbeitslose, in: MittAB, Nr. 2/1984

Hofbauer, H./Dadzio, W.: Mittelfristige Wirkungen beruflicher Weiterbildung, in: MittAB Nr. 2/1987

Honneth, A.: Arbeit und instrumentales Handeln, in: Honneth, A./ Jaeggi, U. (Hrsg.), Arbeit, Handlung, Normativität, Frankfurt 1980

Honneth, A.: Kritik der Macht, Frankfurt 1985

Horkheimer, M./Adorno, T.W.: Dialektik der Aufklärung, Frankfurt 1969

Huber, J.: Die zwei Gesichter der Arbeit, Frankfurt 1984

Icking, M.: Erwachsenenbildung als öffentliche Aufgabe, unveröffentlichte Diplomarbeit, Uni Frankfurt 1975

Jäger, A.: Nachqualifizierung arbeitsloser junger erwachsener Italiener zum Elektromechaniker, in: Markert/Zimmer, a.a.O., 1988

Jäger, W.: Alternative Arbeit. Materialien zur Geschichte, Gegenwart und Zukunft. Karlsruhe 1988

Joerges, B.: Konsumarbeit - Zur Soziologie und Ökologie des "informellen Sektors", in: Matthes, J. (Hrsg.), a.a.O., 1983

Jütting, D.H.: Methoden des Erwachsenenunterrichts. SESTMAT-Studieneinheit, DVV, Bonn 1980

Jütting, D.H.: Erfahrungsorientiertes Lernen, didaktisches Handeln und pädagogische Arbeitsorganisation, in: HBV, Nr. 3/1982

Jung, W.: Disparität und Verständigungszwang. Zur Sinnstruktur erwachsenenpädagogischen Handelns, unveröffentlichte Dissertation, Uni Frankfurt 1985

Kade, J.: Bildung oder Qualifikation? Zur Gesellschaftlichkeit beruflichen Lernens, in: Zeitschrift für Pädagogik, Nr. 6/1983

Kade, J.: Gestörte Bildungsprozesse, Bad Heilbrunn 1985

Kade, J.: Ökologie, Bildung und Beruf, in: Schlutz/Siebert (Hrsg.), a.a.O., 1987

Kaiser, A.: Sinn und Situation. Grundlinien einer Didaktik der Erwachsenenbildung, Bad Heilbrunn 1985

Kaiser, M.: Qualifizierung in Beschäftigungsinitiativen, in: MittAB, Nr. 3/1987

Kaiser, M.: Qualifizierungs- und Beschäftigungsinitiativen in der Bundesrepublik Deutschland, in: BBJ-Consult Info Nr. 14/15, Nov. 1988

Kehnen/Pflüger/Schiebel: Erfassung von Struktur und Umfang des Angebots beruflicher Weiterbildung an Volkshochschulen, BIBB, Berlin 1979

Keicher, S.: Berufskrise und Biographiegestaltung, in: Markert/Zimmer (Hrsg.), a.a.O., 1988

Kerstiens, L.: Thesen zum Verhältnis von Berufsbildung und Allgemeinbildung, in: Erwachsenenbildung, Nr. 2/1987

Klauder, W. u.a.: Arbeitsmarktperspektiven der 80er und 90er Jahre. Neue Modellrechnungen für Potential und Bedarf an Arbeitskräften, in: MittAB, Nr. 1/ 1985

Klein, R. u.a.: Berufliche Qualifizierung von längerfristig arbeitslosen Erwachsenen. Empfehlungen zu einem Rahmenmodell für Regelmaßnahmen, BIBB, Modellversuchsreihe, a.a.O., Heft 19, Berlin 1988

Klein, T.: Familiale Verarmung durch Arbeitslosigkeit, in: Kölner Zeitschrift für Soziologie und Sozialpsychologie, Heft 3/1987

Kommission Weiterbildung: Weiterbildung. Herausforderung und Chance. Bericht für die Landesregierung Baden-Württemberg, Stuttgart 1984

Koubek, N.: Zum Stellenwert der Kritik an der Arbeitsorientierten Einzelwirtschaftslehre (AOEWL) und Möglichkeiten ihrer Weiterentwicklung, in: Bartölke u.a. (Hrsg.), Arbeitsqualität in Organisationen, Wiesbaden 1978

Krauss, T. u.a.: Von der Arbeitslosigkeit zum Beruf. Zwischenbericht über Auftragsmaßnahmen des Arbeitsamts Celle gem. § 41a AFG. Veröffentlichung der VHS-Ostkreis Hannover, 1982

Kreisvolkshochschule Landkreis Diepholz: Langfristige Bildungsmaßnahmen im Bereich der Beruflichen Bildung, unveröffentlichtes Manuskript, 1986

Kuhlenkamp, D.: Ansatz und Wirksamkeit von Weiterbildungspolitik in der BRD, in: Kuhlenkamp/Schütze (Hrsg.), Kosten und Finanzierung der beruflichen und nicht-beruflichen Weiterbildung, Frankfurt/Berlin/München 1982

Kuhlenkamp, D.: Die Antiquiertheit der Weiterbildung. Zum gegenwärtigen Funktions- und Bedeutungswandel des organisierten Lernens Erwachsener, in: Schlutz/ Siebert (Hrsg.), a.a.O., 1987

Kuratorium der Deutschen Wirtschaft für Berufsbildung: Außerbetriebliche Weiterbildung der Wirtschaft 1987, Pressemitteilung Okt. 1988

Kursleiterteam der KVHS Diepholz: Projekt "Umstellung einer Firma auf EDV" - im Rahmen einer Auftragsmaßnahme des Arbeitsamts, in: Meisel, K. u.a., a.a.O., 1987

Landesinstitut für Curriculumentwicklung, Lehrerfortbildung und Weiterbildung: Arbeitslosigkeit als Herausforderung für die Weiterbildung - Neuntes Soester Weiterbildungsforum, Neuss 1982

Landesinstitut für Schule und Weiterbildung (Hrsg.): Bildungsarbeit mit Benachteiligten, Soest 1984

Lauritzen, G.: Die Rolle der betrieblichen Weiterbildung in der Qualifizierungsoffensive der Bundesanstalt für Arbeit, in: Gewerkschaftliche Bildungspolitik, Heft 10/1986

Lippitz, W.: "Lebenswelt" oder die Rehabilitierung vorwissenschaftlicher Erfahrungen, Weinheim/Basel 1980

Lorenzer, A.: Das Konzil der Buchhalter, Frankfurt 1981

Lotz, H.: Informations- und Orientierungsveranstaltungen nach § 41a AFG, in: Gewerkschaftliche Bildungspolitik Heft 2/1983

Luckmann, T./Sprondel, W.M. (Hrsg.): Berufssoziologie, Köln 1972

Mader, W.: Modell einer handlungstheoretischen Didaktik als Sozialisationstheorie, in: Mader/Weymann, Erwachsenenbildung, Bad Heilbrunn 1975

Mader, W.: Didaktik und Sozialwissenschaften, in: Weymann, A. (Hrsg.), Handbuch für die Soziologie der Weiterbildung, Köln/Neuwied 1980

Mader, W.: Didaktik als Handlungshermeneutik: Bezüge zwischen Didaktik und Sozialwissenschaften, in: Becker, H. u.a., Wissenschaftliche Perspektiven zur Erwachsenenbildung, Braunschweig 1982

Mader, W.: Lernen oder Heilen? Zur Problematik offener und verdeckter Therapieangebote in der Erwachsenenbildung, in: Schlutz, E. (Hrsg.), a.a.O., 1983

Markert, W.: Qualifizierungsoffensive - Theoretische Begründung und praktische Relevanz für die berufliche Erwachsenenbildung, in: Siebert/Weinberg (Hrsg.), Literatur- und Forschungsreport Weiterbildung, Heft 17, 1986

Markert, W.: Lebens- und berufsbiographische Krise bei Langzeitarbeitslosen - Zur Einführung, in: Markert/ Zimmer (Hrsg.), a.a.O., 1988

Markert, W./Zimmer, G. (Hrsg.): Lernen in Umschulungsmaßnahmen - Lebens- und berufsbiographische Krise und Lernprozesse bei Langzeitarbeitslosen, BIBB, Modellversuchsreihe, a.a.O., Heft 10, Berlin 1988

Márkus, G.: Die Welt menschlicher Objekte. Zum Problem der Konstitution im Marxismus, in: Honneth, A./ Jaeggi, U. (Hrsg.), Arbeit, Handlung, Normativität, Frankfurt 1980

Marx, K.: Die deutsche Ideologie, MEW Bd. 3, Berlin 1969

Matthes, J. (Hrsg.): Krise der Arbeitsgesellschaft? Verhandlungen des 21. Dt. Soziologentags, Frankfurt 1983

Meisel, K.: Erwachsenenbildung mit Arbeitslosen, in: HBV, Nr. 2/1986

Meisel, K.: Berufliche Weiterbildung an Volkshochschulen im gesellschaftlichen Spannungsfeld von Technikentwicklung und Massenarbeitslosigkeit, in: ders. u.a., a.a.O., 1987

Meisel, K. u.a.: Berufliche Bildung Erwachsener in der Krise der Arbeitsgesellschaft, Bonn 1987

Mertens, D.: Das Qualifikationsparadox. Bildung und Beschäftigung bei kritischer Arbeitsmarktperspektive, in: Zeitschrift für Pädagogik, Heft 4/1984

Mertens, D.: Das Konzept der Schlüsselqualifikationen als Flexibilisierungsinstrument, in: Nuissl/Siebert/ Weinberg (Hrsg.), a.a.O., 1988

Meyer-Drawe, K.: Lernen als Umlernen - Zur Negativität des Lernprozesses, in: Lippitz W./dies., Lernen und seine Horizonte, Königstein Ts. 1982

Meyer-Drawe, K.: Leiblichkeit und Sozialität. Phänomenologische Beiträge zu einer pädagogischen Theorie der Inter-Subjektivität, München 1984

Miedema, S.: Pädagogik an der Nahtstelle zwischen System und Lebenswelt, in: Pädagogische Rundschau, 1987, S. 747ff.

Miller, M.: Kollektive Lernprozesse. Studien zur Grundlegung einer soziologischen Lerntheorie, Frankfurt 1986

Mohr, G./Frese, M.: Arbeitslosigkeit und Depression, in: Wacker (Hrsg.), Vom Schock zum Fatalismus? Soziale und psychische Auswirkungen der Arbeitslosigkeit, Frankfurt/New York 1981[2]

Mollenhauer, K.: Theorien zum Erziehungsprozeß, München 1972

Müller, H.: Auswirkungen der beruflichen Weiterbildungsförderung nach dem Arbeitsförderungsgesetz, Frankfurt 1987

Müller-Wichmann, C.: Von wegen Freizeit. Ein Gutachten für die IG-Metall, Frankfurt 1987

Negt, O.: Soziologische Phantasie und exemplarisches Lernen, Frankfurt 1971

Negt, O.: Lebendige Arbeit, enteignete Zeit. Frankfurt 1984

Neumann, G.: Die Übungsfirma in der beruflichen Fortbildung, unveröffentlichte Diplomarbeit, Uni Essen 1980

Neumann, G.: Die Übungsfirma in der beruflichen Weiterbildung - Anspruch und Perspektive, in: Görs/Voigt (Hrsg.), a.a.O., 1984

Neumann, G.: Umschulung in neue Arbeitslosigkeit? Umschulungsmaßnahmen für Arbeitslose, in: Faulstich/ Ebner, a.a.O., 1985

Niehoff, E.: Berufsorientierung für Frauen und Männer - Konzeption, Ablauf, Konflikte und Lernhaltungen, in: BIBB, Modellversuchsreihe, a.a.O., Heft 5, Berlin 1987

Niehoff, E.: Weibliche und männliche Lernkulturen, in: Markert/ Zimmer (Hrsg.), a.a.O., 1988

Nottenbohm, H.-G.: Gedanken zur politischen Ökonomie der Alternativen, in: Bertels/ders. (Hrsg.), ... außer: man tut es! Beiträge zu wirtschaftlichen und sozialen Alternativen, Bochum 1983

Nuissl/Siebert/Weinberg (Hrsg.): Literatur- und Forschungsreport Weiterbildung, Nr. 22, 1988

Oelkers, J.: Intention und Wirkung. Vorüberlegungen zu einer Theorie pädagogischen Handelns, in: Luhmann/Schorr (Hrsg.), Zwischen Technologie und Selbstreferenz, Frankfurt 1982

Oelkers, J.: Pädagogische Anmerkungen zu Habermas' Theorie des kommunikativen Handelns, in: Zeitschrift für Pädagogik, Heft 2/1983

Oels, M.: Nicht die Arbeitslosen verändern, sondern das Berufsbildungssystem, in: Pflüger, A. (Hrsg.), a.a.O., 1984

Oels, M.: Erfahrungen aus Projekten der beruflichen Bildungsarbeit mit Frauen - Konsequenzen für weiteres didaktisches Planungshandeln, in: Meisel, K. u.a., a.a.O., 1987

Offe, C.: "Unregierbarkeit". Zur Renaissance konservativer Krisentheorien, in: Habermas, J. (Hrsg.), Stichworte zur "Geistigen Situation der Zeit", Frankfurt 1979

Offe, C.: "Arbeitsgesellschaft" - Strukturprobleme und Zukunftsperspektiven, Frankfurt 1984 (a,b,c)

Offe, C.: Arbeit als soziologische Schlüsselkategorie? in: ders., a.a.O., 1984a

Offe, C.: Das Wachstum der Dienstleistungsarbeit, in: ders., a.a.O., 1984b

Offe, C.: Perspektiven auf die Zukunft des Arbeitsmarkts. "Orthodoxie", "Realismus" und "dritte Wege", in: ders., a.a.O., 1984c

Offe, C.: Die Utopie der Null-Option, in: Berger, J. (Hrsg.), Die Moderne - Kontinuitäten und Zäsuren, Sonderheft 4 der Sozialen Welt, Göttingen 1986

Offe, C./Heinze, R.G.: Am Arbeitsmarkt vorbei. Überlegungen zur Neubestimmung "haushaltlicher" Wohlfahrtsproduktion in ihrem Verhältnis zu Markt und Staat, in: Leviathan, 1986, S. 471ff.

Offe, C./Hinrichs, K.: Sozialökonomie des Arbeitsmarkts: primäres und sekundäres Machtgefälle, in: Offe, C., a.a.O., 1984

Opielka, M.: Ökologische Sozialpolitik, in: ders., (Hrsg.), Die ökosoziale Frage. Alternativen zum Sozialstaat, Frankfurt 1985

Ostner, I.: Prekäre Subsidiarität und partielle Individualisierung - Zukünfte von Haushalt und Familie, in: Berger, J. (Hrsg.), Die Moderne - Kontinuitäten und Zäsuren, Sonderheft 4 der Sozialen Welt, Göttingen 1986

Ostner, I./Willms, A.: Strukturelle Veränderungen der Frauenarbeit in Haushalt und Beruf, in: Matthes, J. (Hrsg.), a.a.O., 1983

Peters, S.: Berufliche Selbstdeutungen nach längerfristiger Arbeitslosigkeit und Veränderungen in einer betrieblichen Umschulung, BIBB, Modellversuchsreihe, a.a.O., Heft 4, Berlin 1987

Peters, S.: "Jetzt bin ich Facharbeiter - und was nun?" - Bilanzierung und Antizipation beruflicher Selbstdeutungen zu Lernen, Leistung und Arbeit bei längerfristig arbeitslosen Erwachsenen in einer betrieblichen Umschulung, BIBB, Modellversuchsreihe, a.a.O., Heft 23, Berlin 1988

Pflüger, A.: Nichtbetriebliche berufliche Weiterbildung, Kurseinheiten 1 + 2, Fernuni Hagen, 1983

Pflüger, A. (Hrsg.): Weiterbildung im Zeichen der Arbeitslosigkeit. Erfahrungsberichte aus Volkshochschulen, Bonn 1984

Pintar, R.: Die Entscheidung zur Umschulung, Frankfurt 1978

Polanyi, K.: The Great Transformation, Frankfurt 1978

Projekt EMKA: Weiterbildung mit Arbeitslosen, Bd. 1-5, Bonn 1980, 1981, 1982

Projektgruppe im wirtschafts- und sozialwissenschaftlichen Institut des DGB: Grundelemente einer arbeitsorientierten Einzelwirtschaftslehre, Köln 1974

Raapke, H.-D./Schulenberg, W. (Hrsg.): Didaktik der Erwachsenenbildung, Stuttgart 1985

Rauschenbach, T./Trede, W.: Arbeit und Erziehung. Ein Beitrag zur soziologischen Debatte um Arbeit in pädagogischer Absicht, in: Neue Praxis, Nr. 1/1988

Reutter, G.: Kompaktkurse für junge Arbeitslose mit Berufsabschluß - ein Versuch, Manuskript, o.O., o.J.

Reutter, G.: Berufliche Weiterbildung zwischen Teilnehmer- und Arbeitsmarktorientierung - Kompaktkurse für junge Arbeitslose mit Berufsabschluß, in: Meisel u.a., a.a.O., 1987

Robinsohn, S.B.: Bildungsreform als Reform des Curriculums, Neuwied 1967

Rosewitz, B.: Weiterbildungssystem und Erwachsenensozialisation, Weinheim 1985

Rustemeyer, D.: Kommunikation oder Didaktik? Aporien kommunikativer Didaktik und Konstruktionsprobleme kommunikativer Bildungstheorie, in: Pädagogische Rundschau, 1985, S. 61ff.

Sauter, E.: Erwachsenenbildung in Relation zum Arbeitsmarkt, in: Schmitz/Tietgens (Hrsg.), Erwachsenenbildung. Enzyklopädie Erziehungswissenschaft, Bd. 11, Stuttgart 1984

Sauter, E.: Anforderungen an die Qualität beruflicher Weiterbildung, in: Berufsbildung in Wissenschaft und Praxis, Nr. 3/4, 1987

Sauter, E./Fink, E.: Planung, Organisation und Durchführung von Weiterbildung von Bildungswerken der Wirtschaft, BIBB, Berlin 1980

Sauter, E. u.a.: Berufliche Weiterbildung und Arbeitslosigkeit, Heft 47 der Materialien und statistischen Analysen zur beruflichen Bildung, BIBB, Berlin 1984

Sauter, E./Ehmann, C.: Probleme der Institutionalisierung beschäftigungswirksamer Weiterbildung, in: Berufsbildung, Nr. 3/1987

Siebert, H.: Curricula für die Erwachsenenbildung, Braunschweig 1974

Siebert, H.: Instrumente der didaktischen Planung, SESTMAT Studieneinheit, DVV, Bonn 1980

Siebert, H.: Curriculumplanung und Teilnehmerorientierung, in: Raapke/Schulenberg (Hrsg.), a.a.O., 1985

Sozialinstitut der KAB für Arbeitnehmerbildung e.V.: Konzeption Fortbildungslehrgang für Familienfrauen/ Sozialhelferinnen, o.O., o.J.

Schäfer, K.H./Schaller, K.: Kritische Erziehungswissenschaft und kommunikative Didaktik, Heidelberg 1976[3]

Schäffter, O.: Verstehen als alltägliche Fiktion, in: Ebert, G. u.a., a.a.O., 1986

Schäffter, O.: Organisationstheorie und institutioneller Alltag der Erwachsenenbildung, in: Tietgens, H. (Hrsg.), a.a.O., 1987a

Schäffter, O.: Lernen als Ausdruck von Widerstand, in: Ebert u.a., Subjektorientiertes Lernen und Arbeiten, Bd. II, Bonn 1987b

Schaller, K.: Pädagogik der Kommunikation. Annäherung - Erprobungen, Sankt Augustin 1987

Schaller, K.: Kritisch-kommunikative Pädagogik, in: ders., Pädagogik der Kommunikation, Sankt Augustin 1987(a)

Scherer, A.: Freie Mitarbeiter in der Erwachsenenbildung zwischen Professionalisierung, Deprofessionalisierung, Neuer Selbständigkeit und Grauzonenarbeit, in: Harney/Jütting/Koring (Hrsg.), Professionalisierung der Erwachsenenbildung, Frankfurt/Bern 1987

Schiel, T.: Suche nach Sicherheit und Sehnsucht nach Geborgenheit. "Dualwirtschaft" und "informeller Sektor" als Phänomen und Fiktion, in: Zeitschrift für Soziologie, Heft 2/1987

Schienstock, G.: Arbeitslosigkeit. Streß im Abseits der Gesellschaft, in: Karmaus, W. u.a. (Hrsg.), Streß in der Arbeitswelt, Köln 1979

Schiersmann, C.: Berufsbezogene Weiterbildung und weiblicher Lebenszusammenhang, Bielefeld 1987

Schlutz, E. (Hrsg.): Erwachsenenbildung zwischen Schule und sozialer Arbeit, Bad Heilbrunn 1983

Schlutz, E. (Hrsg.): Krise der Arbeitsgesellschaft - Zukunft der Weiterbildung, Frankfurt/Berlin/München 1985

Schlutz, E.: Über Verständigung als Prinzip von Erwachsenenbildung, in: Zeitschrift für Pädagogik, Heft 5/1985

Schlutz, E.: Zur Halbbildung verurteilt? Aspekte des Spannungsverhältnisses von Allgemeinbildung und Erwachsenenbildung, in: ders./Siebert (Hrsg.), a.a.O., 1987

Schlutz, E./Siebert, H. (Hrsg.): Erwachsenenbildung zwischen Sozialpolitik und sozialen Bewegungen, Hannover 1983

Schlutz, E./Siebert, H. (Hrsg.): Zur Entwicklung der Erwachsenenbildung aus wissenschaftlicher Sicht, Tagungsbericht Nr. 16, Uni Bremen 1987

Schmitz, E.: Zur Struktur therapeutischen, beratenden und erwachsenenpädagogischen Handelns, in: Schlutz, E. (Hrsg.), a.a.O., 1983

Schmitz, E.: Erwachsenenbildung als lebensweltbezogener Erkenntnisprozeß, in: ders./Tietgens (Hrsg.), Erwachsenenbildung, Enzyklopädie Erziehungswissenschaft, Bd. 11, Stuttgart 1984

Schöne, I.: Ökologisches Arbeiten. Zur Theorie und Praxis ökologischen Arbeitens als Weiterentwicklung der marktwirtschaftlich organisierten Arbeit, Wiesbaden 1988

Stiftung Berufliche Bildung - Arbeitslosenbildungswerk: Allgemeinbildende Vorbereitungskurse aus Teilnehmersicht, Hamburg 1986

Strunk, G.: Tendenzen in der Weiterbildungspolitik. Zur Stellung der freien Träger in einem öffentlichen Weiterbildungssystem, in: Schlutz/Siebert (Hrsg.), a.a.O., 1987

Strunk, G.: Bildung zwischen Qualifizierung und Aufklärung, Bad Heilbrunn 1988

Tenorth, H.-E.: Bildung, allgemeine Bildung, Allgemeinbildung, in: ders. (Hrsg.), Allgemeine Bildung, Weinheim/München 1986

Thomssen, W.: Deutungsmuster - eine Kategorie der Analyse von gesellschaftlichem Bewußtsein, in: Weymann, A. (Hrsg.), Handbuch für die Soziologie der Weiterbildung, Köln/Neuwied 1980

Thomssen, W.: Deutungsmuster und soziale Realität, in: Becker, H. u.a., Wissenschaftliche Perspektiven der Erwachsenenbildung, Braunschweig 1982

Thiel, G.: Lernort Volkshochschule am Beispiel der Arbeit im Bereich "Berufliche Bildung" einer kommunalen Kreisvolkshochschule, in: Pflüger, A. (Hrsg.), a.a.O., 1984

Thiel, G.: Aktivitäten für Arbeitslose in der Volkshochschule, in: Tietgens, H. (Hrsg.), a.a.O., 1987

Tietgens, H.: Die Erwachsenenbildung, München 1981

Tietgens, H. (Hrsg.): Wissenschaft und Berufserfahrung, Bad Heilbrunn 1987

Tillmann, H.: Verrechtlichung der beruflichen Weiterbildung - Einige Thesen zur Regelungstätigkeit des Bundes, in: Görs/Voigt (Hrsg.), Berufliche Weiterbildung in der Diskussion, Uni Bremen 1982

Ulrich, P.: Transformation der ökonomischen Vernunft. Fortschrittsperpektiven moderner Industriegesellschaften, Bern 1986

Vonderach, G.: Eigenintiativen - Beginn einer "kulturellen Mutation"? in: Benseler u.a. (Hrsg.), Zukunft der Arbeit, Hamburg 1982

Voigt-Weber, L.: Alternative Betriebe. Genese, Strukturen und Funktionsprobleme, Frankfurt 1984

Vobruda, G.: Wenn das Angebot an Arbeitskräften bis 2010 nicht abnimmt ..., aus: Frankfurter Rundschau vom 27.1.1989

Voigt, W.: Didaktische Probleme der beruflichen Weiterbildung für Arbeitslose, in: Schlutz, E. (Hrsg.), a.a.O., 1985

Voigt, W.: Berufliche Weiterbildung, München 1976

Volpert, W.: Der Zusammenhang zwischen Arbeit und Persönlichkeit aus handlungstheoretischer Sicht, in: Groskurth, P. (Hrsg.), Arbeit und Persönlichkeit, Reinbek 1979

Wacker, A.: Differentielle Verarbeitungsformen von Arbeitslosigkeit, in: Prokla 1983, S. 77ff.

Wacker, A.: Arbeitslosenforschung und Weiterbildung, in: Unterrichtswissenschaft, Heft 2/1984

Wacker, A.: Arbeitslosenforschung - Fragestellungen, Trends, Probleme, in: Balon/Dehler/Hafeneger (Hrsg.), Arbeitslosigkeit, Frankfurt 1986

Wacker, A./Welzer, H.: Arbeitslosigkeit und Weiterbildungsaktivitäten, in: Tietgens, H. (Hrsg.), a.a.O., 1987

Weindel, K.: Widersprüche zwischen Lebenserfahrungen von Frauen und beruflichen Anforderungen in betrieblichen Umschulungsmaßnahmen, in: Markert/Zimmer (Hrsg.), a.a.O., 1988a

Weindel, K.: Modellversuchsbedingungen, theoretischer Rahmen und Anfangsphase einer Umschulungsmaßnahme für Frauen, BIBB, Modellversuchsreihe, a.a.O., Heft 11, Berlin 1988b

Werlhof, C. von: Der weiße Mann versucht noch einmal durchzustarten, in: Opielka, M. (Hrsg.), Die ökosoziale Frage. Alternativen zum Sozialstaat, Frankfurt 1985

Wesely, W.: Lernort Volkshochschule - Berufliche Weiterbildung für Arbeitslose, in: Pflüger, A. (Hrsg.), a.a.O., 1985

Weymann, A.: Weiterbildung für Arbeitslose, in: ders. (Hrsg.), Staatliche Antworten auf Soziale Probleme, Frankfurt/New York 1986

Weymann, A.: Einleitung, in: ders (Hrsg.), Bildung und Beschäftigung, Soziale Welt, Sonderband 6, Göttingen 1987

Wiesenthal, H.: Lücken und Lehren - Alternative Technologie als Konzept, in: Wechselwirkung, Nr. 22, 1984

Wilms, D.: Von der Notwendigkeit der Allgemeinbildung - gerade heute. Pressemitteilung des Bundesministers für Bildung und Wissenschaft, 151/1985, Bonn 1985

Wingens, M.: Weiterbildung und gesellschaftliche Ordnung, Weinheim 1985

Winkel, R.: Die kritisch-kommunikative Didaktik, in: Gudjons u.a. (Hrsg.), Didaktische Theorien, Hamburg 1986

Zimmer, G.: Selbstorganisation des Lernens. Kritik der modernen Arbeitserziehung, Frankfurt 1987

Zimmer, G.: Lernen in Umschulungsmaßnahmen, in: Markert/Zimmer (Hrsg.), a.a.O., 1988

STUDIEN ZUR ERWACHSENENBILDUNG

Herausgegeben von Klaus Harney und Dieter H. Jütting

Band 1 Klaus Harney; Dieter H. Jütting; Bernhard Koring: Professionalisierung der Erwachsenenbildung. 1987.

Band 2 Alfred Scherer: Freie Mitarbeiter in der Erwachsenenbildung. 1987.

Band 3 Horst Dräger: Pestalozzis Idee von der Einheit der Erziehung. Pädagogik, Andragogik, Politik. 1989.

Band 4 Wolfgang Seitter: Volksbildung als Teilhabe. Die Sozialgeschichte des Frankfurter Ausschusses für Volksvorlesungen 1890 - 1920. 1990.

Band 5 Harald Bechberger: Freie Mitarbeiter in der außerbetrieblichen beruflichen Weiterbildung. Empirische Untersuchungen zur Berufsentwicklung in der Weiterbildung. 1990.

Band 6 Maria Icking: Arbeit - Arbeitslosigkeit - Erwachsenenbildung. Zur Kritik der Arbeitslosenbildung aus erziehungswissenschaftlicher Sicht. 1990.

Rolf Dobischat / Herbert Wassmann

Berufliche Weiterbildung, Arbeitsmarkt und Region
Empirische Untersuchungen in ausgewählten Teilräumen unter besonderer Berücksichtigung der Teilnehmer in AFG-geförderten Bildungsmaßnahmen

Frankfurt/M., Bern, New York, 1985. 691 S.
Europäische Hochschulschriften: Reihe 22, Soziologie. Bd. 106
ISBN 3-8204-5673-2 br. DM 118.--/sFr. 98.--

Das übergeordnete Forschungsziel bestand darin, Strukturdaten von Teilnehmern an der institutionalisierten beruflichen Weiterbildung in einen Kontext mit regionalspezifischen bevölkerungs-, wirtschafts- und weiterbildungsrelevanten Daten zu setzen, um aus diesem Bedingungsgefüge Zusammenhänge zwischen Regionalstruktur und Weiterbildungschancen ableiten zu können und die Ergebnisse für die berufliche Weiterbildungsplanung und -politik nutzbar zu machen. Dabei wurde das besondere Augenmerk auf Teilnehmergruppen mit formalen Qualifikationsdefiziten und demzufolge hohen Arbeitsmarktrisiken gelenkt, zumal diese Personengruppe in geringem Umfang an der beruflichen Weiterbildung teilnehmen. In der Untersuchung wird u.a. der Frage nachgegangen, inwieweit die öffentlich-geförderte berufliche Weiterbildung nach dem AFG in unterschiedlich strukturierten Regionen solche, aus der individuellen Bildungs- und Berufsbiographie mitgebrachten Benachteiligungen kompensieren oder negativ verstärken können; bzw. welche zusätzlichen Benachteiligungen sich aus der Situation des regionalen beruflichen Weiterbildungssystems im Hinblick auf die Teilnahmechancen ergeben können. Die Untersuchungen wurden in ausgewählten Teilräumen in den Bundesländern Hessen und Nordrhein-Westfalen durchgeführt.

Aus dem Inhalt: Als allgemeines Resümee konnte festgestellt werden, daß die globale Beschäftigungskrise zur Polarisierung von Arbeitsmarkt- und Weiterbildungschancen zwischen veschiedenen Arbeitskräftegruppen geführt hat, wobei sich regionale Gesichtspunkte noch verschärfend auf diese Ungleichheiten auswirken. Regionale Ungleichgewichte erhöhen den Problemdruck und erfordern einen regionalen Handlungszwang im Sinne von adäquaten arbeitsmarktpolitischen Strategien zum Abbau regionaler Disparitäten.

Adult Education in West Germany in Case Studies
Edited by Jost Reischmann

Frankfurt/M., Bern, New York, Paris, 1988. 184 pp.
Beiträge zur empirischen Erziehungswissenschaft und Fachdidaktik, Vol. 4
Herausgegeben von Leo Roth
ISBN 3-631-40391-7 br. DM 51.--/sFr. 42.--

Adult Education is becoming a field of interest in many countries. This makes it both valuable and necessary to share experience across national borders. This reader documents important fields of Adult Education in the Federal Republic of Germany: It gives an overview concerning the goals, content, participation, organization, and finances of a wide range of programs as well as over the actual mainstreams of Adult Education. This book can serve to transfer knowledge about Adult Education in West Germany, can foster comparison, and can supply ideas for one's own work in Adult Education.

Contents: Adult Education Centers; church-related, political, and cultural Adult Education - University Extension - Courses by Radio - Continuing Vocational Training - Human Resource Development - Training for Professionals - Agricultural Extension -Programs for the unemployed and immigrants.
"This is a valuable collection of adult education material because it provides in English a wide introduction to West German practice."
Peter Jarvis in *International Journal of Lifelong Education*